专业技术人员继续教育培训教材
ZHUANYE JISHU RENYUAN JIXU JIAOYU PEIXUN JIAOCAI

专业技术人员
法治思维与法治能力建设

杨伟东 / 主编

中国人事出版社

图书在版编目(CIP)数据

专业技术人员法治思维与法治能力建设/杨伟东主编. -- 北京：中国人事出版社，2022

专业技术人员继续教育培训教材

ISBN 978-7-5129-1680-7

Ⅰ.①专… Ⅱ.①杨… Ⅲ.①法制教育-中国-继续教育-教材 Ⅳ.①D920.5

中国版本图书馆 CIP 数据核字(2022)第 008032 号

中国人事出版社出版发行

(北京市惠新东街 1 号　邮政编码：100029)

*

保定市中画美凯印刷有限公司印刷装订　　新华书店经销

787 毫米×1092 毫米　16 开本　15.75 印张　209 千字

2022 年 2 月第 1 版　　2022 年 2 月第 1 次印刷

定价：39.00 元

读者服务部电话：(010) 64929211/84209101/64921644

营销中心电话：(010) 64962347

出版社网址：http://www.class.com.cn

本书编委会

主　　　编： 杨伟东

副　主　编： 张效羽

编委会成员： 杨伟东　张效羽　张艳蕊　马　丽　张薰尹

前　言

法治是文明的重要标志，也是一国人民不断努力追求的目标。人类社会发展的事实证明，依法治理是最可靠、最稳定的治理。中华人民共和国成立后，我国法治建设进入新阶段。改革开放后，法治在我国国家和社会中的地位日益提高。党的十八大以来，党中央高度重视法治，把全面依法治国确定为“四个全面”战略布局的重要组成部分，把法治确立为党领导人民治理国家的基本方式。

法治建设是系统工程，有赖于全社会和各个方面的努力。专业技术人员主要运用科技文化知识以及各类专业能力为国家和社会发展贡献力量。专业技术人员不仅要成为各自专业技术领域发展的引领者，而且要成为我国法治建设的引领者，成为法治的自觉遵守者、坚定捍卫者和有力推动者，这就要求专业技术人员具备较高的法治素质和能力，在想问题、作决定、办事情时站在法治基础上，运用法律精神和法律逻辑，依照法律规定，对相关问题进行分析判断并形成结论，能够充分运用法治思维和法治方式保护自己、开展工作和推进事业。

本书适应我国建设社会主义现代化强国的新目标、法治建设的新要求和专业技术人员的新需要，以提高专业技术人员的法治思维和法治能力为基点，向专业技术人员传播法治观念、培养法治思维、提高法治能力。本书共分六章，前三章结合专业技术人员的特点侧重介绍法治的指导思想、一般理论和体系构成，旨在为专业技术人员提供法治思维和法治能力的基本理念和基本要求，后三章侧重于为专业技术人员提供与其直接相关且经常使用的法律知识和法治要求，与前三章形成呼应。

全书力求突出三方面的特点。一是针对性。能够契合专业技术人员的特点，满足专业技术人员的阅读需求。二是能力性。注重在传递知识的同时，提升专业技术人员的相关能力。因此，全书不仅介绍法治原理和知识，而且提供一些与专业技术人员工作实践密切相关的案例以及思考题，以便加深专业技术人员的认识和理解。三是可读性。力求去除简单援引法律规定的枯燥，增加全书文字的可读性和通俗性。

本书由杨伟东担任主编，张效羽担任副主编，撰稿人及分工如下。杨伟东：第一、二章；张效羽：第三章；马丽：第四章；张薰尹：第五章；张艳蕊：第六章。

由于专业技术人员所涉及领域多，加之编写有关专业技术人员法治思维和法治能力的书籍是新的尝试，错误与疏漏不可避免，敬请批评指正。

杨伟东

2021 年 6 月

目　录

上篇　总　论

下篇　专业技术人员需要掌握的法律制度

上篇　总论

第一章
中国特色社会主义法治体系

导读

法治是指一个国家和社会的治理应建立在法律基础上，在法律轨道上运行。中国特色社会主义法治体系，是全面依法治国总目标的重要组成部分，是全面依法治国的总抓手，由完备的法律规范体系、高效的法治实施体系、严密的法治监督体系、有力的法治保障体系和完善的党内法规体系组成。习近平法治思想顺应实现中华民族伟大复兴时代要求应运而生，是马克思主义法治理论中国化最新成果，是党领导法治建设规律的科学总结和重大理论创新成果，是全面依法治国的根本遵循和行动指南，是引领新时代法治建设的思想旗帜。

第一节　法治的内涵、作用和意义

对专业技术人员而言，提高法治思维和法治能力的第一步，是理解法治是什么、有何作用、为何重要。

一、法治的内涵

简言之，法治指法律之治（rule of law），指一个国家和社会的治理应建立在法律基础上，在法律轨道上运行。法治是与人治相对立的治国理论和方略。人治是一人（或几人）之治（君主专制或贵族政治），强调“依据领导人个人的意志”① 管理。法治并不否认人在国家治理中的积极作用，但是强调运用规则和制度对人的行为规范、引导和约束的作用，因此法治本质上是规则之治或者制度之治。习近平总书记指出：“法律是什么？最形象的说法就是准绳。用法律的准绳去衡量、规范、引导社会生活，这就是法治。”② 对法治的内涵可以从以下方面把握。

（一）法律有特定的内涵

法律是规则，但并非所有的规则都能称为法律，如单位内部规则不能称为法律。法治中的“法”有特定的内涵和范围，是指由国家制定或认可并以国家强制力作保障的规则。在现代社会，法律通常是特定的国家机关根据自身的法定权限通过一定的程序制定颁布，以一定形式表现并由相关机关执行的规则或者文件，是国家意志的体现。

在我国，法律规范主要有下列表现形式：①宪法，如《中华人民共和国

---

① 张文显. 法哲学范畴研究（修订版）[M]. 北京：中国政法大学出版社，2001：151.

② 中共中央文献研究室. 习近平关于全面依法治国论述摘编 [M]. 北京：中央文献出版社，2015：8-9.

宪法》；②全国人民代表大会及其常务委员会制定的法律，一般称为狭义的法律，以区别于广义的法律，也就是所有法律规范，如《中华人民共和国刑法》《中华人民共和国民法典》《中华人民共和国专利法》；③国务院制定的行政法规，如《关于实行专业技术职务聘任制度的规定》《事业单位人事管理条例》；④地方人民代表大会及常务委员会制定的地方性法规，如《北京市专业技术人员继续教育规定》《重庆市专业技术人员继续教育规定》；⑤国务院各部门制定的部门规章，如《专业技术人员资格考试违纪违规行为处理规定》《出版专业技术人员职业资格管理规定》；⑥地方政府制定的地方政府规章，如《河北省专业技术人员继续教育规定》《上海市专业技术人员继续教育暂行规定》。这些法律规范对国家事务或社会事务加以规定，为个人、组织提供行动规范。

（二）法治有特定的价值

从外在表现形式上看，法治表现为规则、规范，但这些规则、规范不是机械的规则，而是蕴含着特定的价值或者追求，向社会和特定人群释放或传递特定信号，从而取得特定的效果。法治的价值指法律对满足和实现个人、群体、阶级、社会需要的积极意义。[①] 秩序、自由、人权和正义通常被作为法治的基本价值。

社会有序是人类生存和发展的前提。秩序是人类追求的价值，也是法律所维护的价值。法律通过确定明确而正式的行为标准和规则，依靠国家强制力追究违法行为的法律责任，引导人们遵守法律，实现社会和国家的有序、稳定。人能够按照自己的意愿、想法进行行为选择并作出决定，即为自由。追求自由是人类固有本性，保障自由是法律的重要价值和作用。“法律的目的不是废除或限制自由，而是保护和扩大自由。”[②] 人权指人作为人应当享有的权利。保障人权是法律的重要价值。《中华人民共和国宪法》（以下简称《宪

---

① 孙国华．法理学教程［M］．北京：中国人民大学出版社，1994：94.

② ［英］洛克．政府论（下篇）［M］．叶启芳、瞿菊农，译．北京：商务印书馆，1964：36.

法》）明确规定，国家尊重和保障人权。捍卫正义是人类的美德和理想，正义既包括社会资源、利益得到公平分配，也包括各类社会争议得到公正解决。

秩序、自由、人权和正义等价值虽是人类共同的追求，也是法治应实现的，不过，在特定情形下它们之间会发生抵触或冲突。这需要立法者在立法时对不同的价值进行权衡，立出良法；也需要行政机关、法院在个案中进行衡量和抉择，作出公正的决定或者裁判。

（三）法治是完整的系统

法治是由法律制定与法律实施形成的系统和整体。法律制定指立法，主要功能是供给规则，包括法律的创制、修改、废止等。法律实施指法律在实际工作生活中加以实施，主要功能是落实规则，包括执法、司法、守法。执法是行政机关依法实施法律、进行管理的活动，大量的法律法规由行政机关执法来落实。司法是司法机关，如法院、检察院，处理和办理案件的活动，集中体现为办理刑事诉讼、民事诉讼和行政诉讼案件。守法是个人、组织按照法律要求行使权利、履行义务的活动。法治需要国家和社会各种力量共同努力，立法、执法、司法和守法共同发挥作用，来达到良好治理的目的。

二、法治的作用

在现代社会，法治之所以受到重视，源于法治对社会发展和国家治理发挥着重要作用。人类社会发展的事实证明，依法治理是最可靠、最稳定的治理。法治通过对人的行为的调整而具有规范作用，通过对经济社会各方面产生影响而具有社会作用。

（一）法治的规范作用

法治的规范作用主要表现在五个方面。

一是指引作用。法律作为一种行为规范，是以法律条文这一明示的方式为人们提供行为规则的。这些告知人们什么样的行为为法律所禁止而不能行为（禁止性规范），如不得盗窃；什么样的行为必须行为（积极义务性规范），如公民有纳税、服兵役义务；什么样的行为可以行为（授权性规范），如财产所有人可以依法占有、处分自己的财产。法治通过这些规范指引人们的行为，塑造人的行为模式。

二是评价作用。法律规范事实上为人们的行为确立了一种明确、清晰的行为标准，借助于这些规范和标准可以判断、衡量某一行为是否合法。执法机关和司法机关通过法律程序来判断某一行为是否合乎规定，是否需要承担法律责任。如是否构成侵犯著作权，是否需要承担赔偿责任。

三是教育作用。通过法律的实施，如对闯红灯的机动车司机处以行政处罚，可以对当事人以及其他人的行为产生教育作用。对违法行为予以批评和谴责，对守法行为予以肯定和鼓励，从而产生警示或示范作用，促使人们自觉遵守法律。

四是预测作用。借助法律规范的规定和稳定实施，可以让人们预先知晓在遇到某一事务和问题时，相关方将如何行为及行为的法律后果，从而对自己的行为作出合理的安排。

五是强制作用。法律规范可以通过国家强制力制裁和惩罚违法犯罪行为，强制人们遵守法律。

（二）法治的社会作用

法治的社会作用指通过法治的规范作用，起到维护特定人群的社会关系和社会秩序的作用，即维护对统治阶级有利的社会关系和社会秩序，处理社会公共事务，保证社会各方面的有序运行。

三、厉行法治的重要意义

法治在不同国家、不同时期的地位和意义并不完全相同，当前在我国建设社会主义现代化国家的征程中，厉行法治具有重要意义。

（一）厉行法治是坚持和发展中国特色社会主义的本质要求

中国特色社会主义是在中国共产党的领导下根据中国的国情实行的社会主义，中国特色社会主义道路是实现社会主义现代化、创造人民美好生活的必由之路。中国特色社会主义制度是坚持和发展中国特色社会主义的根本保障，它是由根本制度、基本制度和重要制度构成的制度体系。法治是规则之治、制度之治，规则是制度的具体构成，制度则是规则的统一体。坚持和发展中国特色社会主义，必须坚持和发展中国特色社会主义制度，通过制度和法治推动中国特色社会主义发展。同时，作为现代民主化和法治化相统一的社会形态，中国特色社会主义也必须依靠法治，使社会主义民主制度化、法治化，为改革开放和社会主义现代化建设提供有力保障。

（二）厉行法治是实现国家长治久安与人民幸福安康的重要保障

我国地域辽阔，民族众多，国情复杂，要保证国家长治久安和人民能够过上幸福安康的生活，并非一件易事，必须通过有效的、合理的治理方式，方能既实现治理有效又保持活力。历史和现实都告诫我们，要实现国家长治久安和人民幸福安康，必须依靠法治。习近平总书记指出："小智治事，中智治人，大智立法。治理一个国家、一个社会，关键是要立规矩、讲规矩、守规矩。法律是治国理政最大最重要的规矩。""法治兴则国家兴，法治衰则国家乱。什么时候重视法治、法治昌明，什么时候就国泰民安；什么时候忽视法治、法治松弛，什么时候就国乱民怨。"①

新时代是国家强大、人民富裕的时代，是全国各族人民团结奋斗、不断创造美好生活、逐步实现全体人民共同富裕的时代。党的十九大明确指出，新时代人民的需要已不再是单一的物质需要，人民美好生活需要日益广泛，不仅对物质文化生活提出了更高要求，而且在民主、法治、公平、正义、安全、环境等方面的要求日益增长。法治建设就是要让人民真正成为国家主人，使人民的权利得到切实尊重和保障，让每一个人都活得更加幸福更有尊严。法治是社会稳定的"压舱石"，是构建和谐社会的可靠保障，是实现社会公平正义的根本途径。只有把党和国家工作纳入法治化轨道，坚持在法治轨道上统筹社会力量、平衡社会利益、调节社会关系、规范社会行为，才能保证人

① 中共中央文献研究室. 习近平关于全面依法治国论述摘编［M］. 北京：中央文献出版社，2015：8-12.

民依法享有广泛的权利和自由，承担应尽的义务，倾听人民呼声，回应人民期待，依法保障人民平等参与、平等发展的权利，维护社会公平正义，保障人民群众对美好生活的向往和追求。

（三）厉行法治是实现国家治理体系和治理能力现代化的必然要求

习近平总书记深刻指出："法律是治国之重器，法治是国家治理体系和治理能力的重要依托。"[①] 国家治理体系的完善程度及治理能力的强弱，是一个国家综合国力和竞争力的重要标志。推进国家治理体系和治理能力现代化，是实现社会主义现代化的应有之义，也是全面深化改革的总目标。党的十九大明确指出，要实现富强民主文明和谐美丽的社会主义现代化强国，必须实现国家治理体系和治理能力现代化。在现代社会，法治化是国家治理现代化的主要内容，是衡量国家治理现代化水平的主要标准，是实现国家治理现代化的关键。

第二节　中国特色社会主义法治体系的构成

中国特色社会主义法治体系是全面依法治国的总抓手，涵盖了立法、执法、司法和守法各个环节，贯通了法治国家、法治政府和法治社会建设各个领域，涉及法律规范、法治实施、法治监督、法治保障等各个方面，对推动全面依法治国具有纲举目张的作用。推动我国法治建设，需要抓住中国特色社会主义法治体系，不断向纵深推进。专业技术人员学习掌握中国特色社会主义法治体系，有助于把握我国法治建设的整体情况，是深入了解与自身有关的法律制度的基础。中国特色社会主义法治体系是由下列五个体系构成的。

一、完备的法律规范体系

法律是治国之重器，良法是善治之前提。推进我国法治建设，首先必须

---

① 中共中央文献研究室．十八大以来重要文献选编［M］．北京：中央文献出版社，2016：141.

有完备的法律规范体系，为国家、社会和公民确立一个好的规则和制度。这至少包括两方面的要求。一是要有规则、有制度。没有规则、没有制度，就根本谈不上法治，这就是我们常说的要有法可依。二是这些规则和制度是好的规则和制度，这就是所谓的“良法”。经过改革开放后法治建设持续稳定的发展，我国已形成了中国特色社会主义法律体系，解决了有法可依问题，目前更为关键的是提高立法质量和水平。

为实现良法善治，要加强党对立法工作的领导，完善党委领导、人大主导、政府依托、各方参与的立法工作格局。坚持立改废释并举，健全立法工作机制。健全立法立项、起草、论证、协调、审议机制，提高立法的针对性、及时性、系统性、可操作性。不断推进科学立法、民主立法、依法立法，以良法促进发展、保障善治。

（一）提高立法的科学性

立法是向社会提供规则、供给制度，但规则和制度不是立法机关单纯的主观意志，更不是臆想。规则和制度代表了一项工作或某一事物运作的原理，它是人们对某一事物或工作进行长期摸索和研究的结晶，往往构成了人们理解和从事某一活动的基础和根本。因此，立法应当是探求经济和社会发展规律的过程，也是将这些规律转化为制度和规则的过程。

一个国家和社会是否有活力，是否具有发展潜力，关键是要看这个国家和社会中的人民群众是否能保持活力，能否充分发挥创造力。立法所确立的制度应当有利于发挥公民、组织的积极性、主动性和创造性。立法必须注重保护公民、组织的合法权益，即使所建立的制度需要限制公民的权利和自由，也应保持达到某一目的的最低限度。过去我们的立法“管理”色彩较浓厚，不少法律、法规和规章的名称都有“管理”两字，而规则的内容主要是给相关管理机关权力，而赋予公民、组织权利不够、不充分，导致管理者的权力与普通老百姓的权利不平衡、不对等。

改革是当前我国的时代特色，改革发展过程事实上是改变传统做法，建立新体制和新制度的过程。立法必须以改革发展为导向，适应改革发展的要求，所确立的制度应力求体现改革发展精神，推进和保障改革发展，建立的制度如已不符合改革发展要求时应及时调整和修改。立法应坚持以人民为中心，注重保护人民的合法权益。

（二）提高立法的民主性

法律是各种利益的调节器，立法过程应当是一个不同意见、利益在此反映、体现的过程。民主立法要求立法机关在立法时要体现人民的意志，反映人民的心声，保障人民的权益。

一是立法或起草议案时要树立以人民为中心的理念，在立法导向上真正保护公民的权益，立法时应当进行深入调查研究，总结实践经验，全面了解人民的需求。充分利用大数据分析，为立法中的重大事项提供统计分析和决策依据。对立法涉及的重大利益调整事项加强论证咨询，推进对争议较大的重要立法事项引入第三方评估工作。建立健全重要立法争议事项协调机制，防止立法项目久拖不决。

二是广泛听取有关机关、组织和公民的意见。扩大公众参与的覆盖面和代表性，采取多种形式听取意见，可以采取书面征求意见、座谈会、论证会、听证会等多种形式。立法时直接涉及公民、法人或者其他组织切身利益，有关机关、组织或者公民对其有重大意见分歧的，应当向社会公布，征求社会各界的意见；起草单位也可以举行听证会。对与企业生产经营密切相关的立法项目，充分听取有关企业和行业协会商会意见。健全立法征求公众意见采纳反馈机制，对相对集中的意见未予采纳的，应当进行说明。

三是增加立法透明度。立法要公开透明，除依法需要保密的外，立法草案要向社会公布。在起草过程中要公开听取公众的意见，并以适当方式反馈意见采纳情况。通过后的立法，要向社会公布。

（三）提升立法的统一性

在我国，立法是多层级、多主体的。既有中央立法，也有地方立法；既有人大立法，也有行政立法。从主体看，在国家层面有全国人民代表大会及其常务委员会、国务院、国务院部委和直属机构；在地方上，有一定层级的地方人民代表大会及其常务委员会、一定层级的人民政府等。从立法表现形式看，有法律、行政法规、地方性法规、规章等。当然，除这些能称为立法的，还有大量由行政机关制定的规范性文件，虽不能称为立法，但也要遵循制定规则的要求。

如此多的主体、如此大量的规则，立法的统一性和协调性就显得十分重要，否则立法打架、立法不一致，不仅起不到立法的作用，而且会造成混乱。目前在立法中，由于部门利益和地方利益、认识上的不统一和立法质量不高等因素，导致立法冲突现象在一定范围内存在，使执法和守法难以选择。

保证立法的统一性，要求有权立法的机关必须在自己的职权范围内立法，不能超越职权。按照规定，限制人身自由的处罚和强制措施，只有全国人民代表大会及其常务委员会首先作出规定，其他立法机关无权设定，这就是“法律保留”，即保留给最高立法机关创设。更为重要的是，立法机关立法时要“瞻前顾后”“上和下睦”。“瞻前顾后”指立法时要考虑与正在进行的相关立法的衔接和协调，也要考虑与已有立法的衔接与协调，特别是后者；“上和下睦”指立法时既要考虑在立法级别上比自己高的机关制定的规则，也要考虑比自己低的机关制定的规则，特别是前者。立法确立的规则是有等级高低的，如全国人民代表大会制定的法律在效力上高于国务院制定的行政法规，行政法规又高于地方人民代表大会制定的地方性法规。“上和”就是要求级别低的规则不能与级别高的规则冲突。“下睦”不是要求级别高的立法机关制定规则时要照顾级别低的，而是级别高的规则在制定时对级别低的规则出现的问题，应通过立法加以纠正、弥补。

二、高效的法治实施体系

法律的生命力在于实施，法律的权威也在于实施。该体系涵盖面广，涉及执法、司法、守法各个层面的制度和安排，必须深入推进严格执法、公正司法、全民守法。

（一）严格执法

执法主要是指各行政机关依法行政，严格执法，建设职能科学、权责法定、执法严明、公开公正、廉洁高效、守法诚信的法治政府。行政机关严格执法，要做到以下方面。

1. 带头遵守法律

行政机关要严格执法，自己必须带头遵守法律。行政机关如果经常出现执法犯法，以执法为手段牟取私利，甚至出现执法护违法、违法养执法，行政机关执法的权威性和可信度将会受到怀疑。

2. 严格依法办事

在具体的行政执法中，行政机关应严格依法办事，合乎执法的基本要求。第一要有职权。行政机关执法的前提是有权执法，“法无授权不可为”即是对行政执法有职权的基本表述。这至少包含两项内容：行政机关的执法需要事先明定，没有明定就意味着无相应的职权；行政机关的职权由“法”明定。这里的“法”指前面提及的法律、行政法规、地方性法规和规章。不是这些“法”授予的，而是自己制定规定或者上级的指示、规定授予的职权，都不能算数。第二要依程序。行政执法的合法不仅包括结果合法，而且包括程序合法，但常被包括行政机关和公务员在内的人忽视的，正是程序合法。行政机关不计后果的执法，固然不可取；但行政机关执法只问结果不管过程、形式，或为达到目的不择手段，同样不可取。依程序要求行政执法按照法定的方式、方法和流程进行，例如要处罚违法者，处罚前要听取违法者的意见，重大处罚要举行听证会，处罚作出后要给被处罚人书面的处罚决定书等，都是程序要求，不能小视。第三要讲文明。文明执法指在执法中要树立以人民为中心的理念，尊重当事人，不能野蛮执法，以暴制暴。第四要守公正。行政机关在行政执法中应当平等对待所有当事人，对所有的当事人适用同样的标准和条件，做到一视同仁，不得因身份、地位、地域等而歧视当事人，采用不同的要求。对于当事人采取的措施要与违法情节相适应，避免过罚失当。

3. 积极履行职责

依法行政的全面内涵要求行政机关和公务员既不能越权，也不能失职。对于行政机关而言，职权在相当大程度上就是职责，不能随便放弃。例如，税务机关有征税的权力，对符合条件的纳税人，税务机关应要求其纳税，对于拒不纳税的，税务机关可以采取相应的措施，这既是税务机关的职权，也是其职责，必须履行。行政不作为不仅导致行政相对人的合法权益得不到及时有效的保障，损害了其正当权益，而且还在相当程度上丧失了行政机关的"政府信用"，严重损害了依法行政的良好形象。因此，行政机关和公务员必须树立"法定职责必须为"的理念，切实积极主动、及时有效地履行好职责。

（二）公正司法

司法制度指有关司法机关的职能和活动以及与之密切相关的制度，由规范法院、检察院各自职能和活动的审判制度和检察制度，以及仲裁制度、公证制度、调解制度、律师制度、法律援助制度和统一法律职业考试制度等组成。① 全面依法治国，必须实现司法公正。

1. 努力让人民群众在每一个司法案件中感受到公平正义

司法的使命是解决纠纷和矛盾，司法作为解决争议的机制，公平、正义是司法的内在品质，司法被认为是公正的化身。英国哲人培根曾言，一次不公的裁判比多次不公的举动为祸尤烈，因为这些不公的举动不过弄脏了水流，而不公的裁判则把水源败坏了。正源于此，司法公正被称为"法治的生命线"。一些司法实践中存在不规范、不严格、不透明、不文明现象，导致司法公信力不足。党的十八大之后司法领域的改革成为我国改革的重点之一，其目的正在于解决司法领域存在的、影响司法公正的体制机制问题。

2. 保障司法机关独立行使权力

司法机关独立行使司法权力，是公认的实现司法公正的基本前提。近年来，我国致力于消除影响司法机关独立行使权力的体制性障碍。第一是建立

① 谭世贵. 中国司法制度［M］. 北京：法律出版社，2005：5-6.

干预司法追责制度。建立领导干部干预司法活动、插手具体案件处理的记录、通报和责任追究制度，意在排除来自法院、检察院之外的干预，为司法提供良好的外部环境。第二是完善司法人员履行法定职责保护机制。非因法定事由，非经法定程序，不得将法官、检察官调离、辞退或者作出免职、降级等处分。让司法人员放心行使权力，而无后顾之忧，不必因担心不听从领导的指示而遭受不利后果。第三是推行省级以下法院、检察院人财物统一由省级管理的安排。长期以来，我国司法人员和地方法院、检察院经费按行政区域实行分级管理、分级负担的体制，不利于排除地方不当干预行为。推行省级以下法院、检察院人财物统一由省级管理，主要是建立法官、检察官统一由省提名、管理并按法定程序任免的机制。对财物的统一管理，主要是建立省级以下地方法院、检察院经费由省级政府财政部门统一管理机制，为打破司法地方性创造了条件。第四是分类管理与员额制。为提升法官、检察官的职业化和专业水平，把法院和检察院的工作人员分为法官（检察官）、审判（检察）辅助人员与司法行政人员三类，三类人员分别管理，每一类人员都有各自的晋升渠道和职业发展空间。其中，对法官、检察官与行政职级相对脱钩，实行不同于普通公务员的管理制度，并实行员额制，严格限定其员额比例。审判辅助人员包括执行员、法官助理、书记员、司法警察、司法技术人员等；检察辅助人员包括检察官助理、书记员、司法警察、检察技术人员等。

3. 保证司法权力良性运行

在司法机关能够独立行使权力的情况下，司法权力的运行机制则显得十分重要。第一是变立案审查制为立案登记制。立案是司法程序得以启动的关口。案件难以进入法院，是当前诉讼制度面临的共同问题，是司法无法良好运作和不能发挥作用的重要原因。要求改革法院案件受理制度，由奉行严格的立案审查制，变为宽松的立案登记制，力求使对法院依法应该受理的案件实现有案必立、有诉必理，保障当事人诉权。第二是完善司法责任制。传统的司法模式强调内部层层审批，导致“审者不判、判者不审、判审分离、权责不清”，为保证司法人员能够独立办理案件，改革推行“让审理者裁判、由裁判者负责”，让办案者独立办案，但办案者应对案件负责，实行办案质量终身负责制和错案责任倒查问责制。第三是构建开放、动态、透明、便民的阳光司法机制。在现代社会中，司法的公开透明，既是实现司法公正的保障，也是公众信赖司法的基础。司法体制改革要求推进司法公开，包括审判公开、检务公开、警务公开、狱务公开。相关机关要依法及时公开执法司法依据、程序、流程、结果和生效法律文书；生效法律文书应当统一上网，公众可以公开查询。

4. 推进严格司法

司法体制机制和司法环境固然重要，其作用的发挥需要转化为司法人员的实际行动。第一是司法人员严格依法办事，严格司法，是实现司法公正的关键之一。做到事实认定符合客观真相、办案结果符合实体公正、办案过程符合程序公正。以事实为根据，以法律为准绳，是司法工作的基本要求。事实认定符合客观真相，办案结果符合实体公正，办案过程符合程序公正。第二是坚持诉讼制度以审判为中心。推进以审判为中心的诉讼制度改革，意味着审判应当成为整个诉讼的中心环节，审判应当发挥实质性作用，保证庭审在查明事实、认定证据、保护诉权、公正裁判中发挥决定性作用。侦查、起诉等都应当围绕审判中事实认定、法律适用的标准和要求而展开。

（三）全民守法

促使全民守法既是法治建设的指向，也是法治建设的内容。法治建设必须致力于法治社会建设，形成公民、组织自觉守法、普遍守法局面，使尊法守法成为全体人民的共同追求和自觉行动。

全面依法治国需要全社会共同参与，全民守法是法治社会的基础工程。树立宪法法律至上、法律面前人人平等的法治理念，培育全社会法治信仰，大力弘扬社会主义法治精神，建设社会主义法治文化，引导全体人民做社会主义法治的忠实崇尚者、自觉遵守者、坚定捍卫者，使法治成为社会共识和基本原则。

增强法治宣传教育的针对性和实效性。推动落实国家机关“谁执法谁普法”“谁主管谁负责”的普法责任制，推动各级国家机关履行普法责任，对立法热点问题主动发声、解惑释疑，在行政执法、司法案件等过程中以案释法。

加快建立健全社会领域法律制度，完善多层次多领域社会规范，强化道德规范建设，深入推进诚信建设制度化，以良法促进社会建设、保障社会善治。

积极引导人民群众依法维权和化解矛盾纠纷，充分发挥人民调解的第一道防线作用，完善人民调解、行政调解、司法调解联动工作体系。整合基层矛盾纠纷化解资源和力量，充分发挥非诉纠纷解决机制作用。深化法律援助制度改革，扩大法律援助覆盖面。

三、严密的法治监督体系

（一）权力制约和监督是现代法治的基本要求

就本质而言，国家权力是借助国家强制力控制、支配、影响他人的一种力量，其存在的正当性和意义在于，在一定的情况下，一个社会的有序运转需要由超越个人和组织的力量加以调节和控制。国家权力的存在和正确运用，可以有效地组织社会人力、物力和财力，保持国家和社会的稳定、和平、有序，推动经济和社会的发展。然而，恰恰因为权力具有一定的支配作用，使得权力具有了一种潜在的扩张性和侵犯性，权力的承担者有可能背离权力存在的宗旨，从而导致权力滥用。法国著名启蒙思想家孟德斯鸠曾深刻指出：“一切有权力的人，都容易滥用权力，这是万古不易的一条经验。”英国历史学家阿克顿也指出：“权力导致腐败，绝对的权力导致绝对的腐败。”如果掌权者不受约束，那么这种潜在的扩张性就会转化为现实。习近平总书记深刻指出：“权力不论大小，只要不受制约和监督，都可能被滥用。”① “法律是行

---

① 中共中央文献研究室. 习近平关于全面依法治国论述摘编. 北京：中央文献出版社，2015：59.

使权力的依据，只有把这个依据掌握住了，才能正确开展工作。”① 实现对权力的有效约束，让权力在法治轨道上运行，是实现法治的关键。

对权力加以有效的制约和监督，建立严密的法治监督体系，是全面依法治国的基本要求。应当建立立法、执法、司法权力运行制约和监督机制，规范立法、执法、司法机关权力行使，构建党统一领导、全面覆盖、权威高效的法治监督体系。

（二）建立健全全面监督制度

我国已建立起内外结合、多途径多渠道的法治工作监督体系，由党内监督、人大监督、民主监督、监察监督、行政监督、司法监督、审计监督、社会监督和舆论监督等制度组成。但是，监督的整体性和合力还未充分发挥出来，有些监督可能还未得到严格实施。因此，需要大力强化和完善对法治工作的全方位监督机制，并围绕法治工作深入开展监督。

1. 形成监督合力

要加强党对法治监督工作的集中统一领导，把法治监督作为党和国家监督体系的重要内容，在党的统一领导下实现各项监督既能充分发挥各自作用又能相互有效衔接、贯通，形成法治监督合力，发挥整体监督效能，从而保证行政权、监察权、审判权、检察权得到依法正确行使，公民、法人和其他组织合法权益得到切实保障。

2. 加强立法监督工作

立法质量的提升离不开监督。除推进法律法规规章起草征求人大代表、政协委员意见工作外，当前要做好两方面工作。一方面，要依法处理国家机关和社会团体、企业事业组织、公民对法规规章等书面提出的审查要求或者审查建议。根据《中华人民共和国立法法》（以下简称《立法法》）第九十九条规定，特定的国家机关认为行政法规、地方性法规、自治条例和单行条例

---

① 中共中央文献研究室．习近平关于全面依法治国论述摘编．北京：中央文献出版社，2015：123.

同宪法或者法律相抵触的，可以向全国人民代表大会常务委员会书面提出进行审查的要求。这些国家机关包括国务院、中央军事委员会、最高人民法院、最高人民检察院和各省、自治区、直辖市的人民代表大会常务委员会。遇此情形，上述特定的国家机关之外的国家机关和社会团体、企业事业组织以及公民，则可以向全国人民代表大会常务委员会书面提出进行审查的建议。全国人民代表大会常务委员会工作机构根据不同情形予以处理。《规章制定程序条例》也有相类似的规定。对于提出的审查要求或者审查建议，应当依法予以处理。另一方面，加强备案审查。备案是指立法和规范性文件制定后报相关机关，由后者适时进行审查的制度。备案并不影响立法和规范性文件的效力，其作用既在于通告相关的行政机关，更在于让后者进行监督，有利于及时发现和纠正违法、不当的立法和规范性文件，提高立法质量，维护法制统一。

3. 加强对执法工作监督

所有的国家权力均应受到有效的制约和监督，但行政权力具有的广泛性、能动性、裁量性等特点，应当接受更加严格的制约和监督，要强化全方位、全流程监督，提高执法质量。

行政权力涉及面广。行政机关是我国重要国家机关之一，其担负着重要的国家管理和社会管理职责和任务。在我国，行政机关管理的范围涉及国家政治、经济、社会等诸多方面，几乎遍及国家和社会事务的一切领域。行政权具有主动性和积极性。行政机关的执法活动实行的不是“不告不理”，而带有明显的主动性，遇到违法情形，行政机关可以主动采取措施并予以处罚。行政权具有强制性和裁量性。行政权是一种具有自身强制力的权力，其强制性既表现为行政机关可以单方作出有约束力的决定，也表现为行政机关可以采取临时性的强制措施，更表现为在当事人不履行行政决定时行政机关可采取措施促使当事人履行。

严格实施行政执法责任制。行政执法责任制的核心，是把国家法律、法规、规章设定的各级行政机关的职权统一视为职责，以责任制约权力。它体现了行政执法活动中各执法主体权力与责任的统一，实现了行政机关从权力本位向责任本位的转变。行政执法责任制的内涵，是将行政执法主体对外承担的法定职责确立为内部考核目标，其中科学确定考核目标是前提，层层分解执法责任是手段，切实做好检查考核是关键，严格实施奖优罚劣是保障。

要发挥公开透明的作用。公开是最好的消毒剂、防腐剂，监督的公开性是保证监督公正性的基础。除法定保密事项外，行政活动及其信息原则上均应公开。通过公开让当事人和公众更多了解行政活动、更多参与行政过程，通过公开可以让行政执法更开放，让民众能广泛参与，有利于沟通政府与民众的关系，揭露消极腐败现象，凝聚民心、民智、民力，促进公正，提高效率。

要加大对执法不作为、乱作为、选择性执法、逐利执法等有关责任人的追责力度，完善行政执法投诉举报和处理机制。

4. 加强对司法活动监督

司法作为处理纠纷和矛盾的最后一道防线，其公正性不仅体现在个案的影响上，而且体现在对社会公正的引领上，因此司法活动本身也需要纳入监督范围。

要健全对法官、检察官办案的制约和监督制度，促进司法公正。全面推行法官、检察官办案责任制，统一规范法官、检察官办案权限。加强审判权、检察权运行监督管理，明确法院院长、庭长和检察院检察长、业务部门负责人监督管理权力和责任，健全审判人员、检察人员权责清单。

严禁司法人员违法单方接触和利益输送。依法规范司法人员与当事人、律师、特殊关系人、中介组织的接触、交往行为，旨在消除单方接触、交往行为给司法公正带来的直接或者间接的负面影响。司法体制改革要求严禁司法人员私下接触当事人及其律师、泄露或者为其打探案情、接受吃请或者收受其财物、为律师介绍代理和辩护业务等违法违纪行为，坚决惩治司法掮客行为，防止利益输送。

对司法领域的腐败零容忍。要坚决破除各种潜规则，绝不允许法外开恩，绝不允许办关系案、人情案、金钱案。对因违法违纪被开除公职的司法人员、吊销执业证书的律师和公证员，终身禁止从事法律职业，构成犯罪的要依法追究刑事责任。

健全刑事案件统一审核、统一出口工作机制，规范证据审查判断与运用。健全侦查机关办理重大案件听取检察机关意见建议制度。完善对查封、扣押、冻结等侦查措施的监督机制。健全刑事申诉案件受理、移送、复查机制。

四、有力的法治保障体系

全面依法治国需要强有力的保障，包括党对全面依法治国领导的政治保障、组织保障、人才保障、科技信息保障、理论智库支持等。

（一）加强政治和组织保障

各级党委（党组）和领导干部要支持立法、执法、司法机关开展工作，支持司法机关依法独立公正行使职权。党的各级组织部门要发挥职能作用，保障推进法治中国建设。各级立法、执法、司法机关党委（党组）要加强领导、履职尽责，机关基层党组织和党员要充分发挥战斗堡垒和先锋模范作用，保障宪法法律实施。

各级领导干部不得要求司法机关违反法定职责或法定程序处理案件，不得要求司法机关做有碍司法公正的事情。对领导干部干预司法活动、插手具体案件处理的情况，司法人员应当全面、如实记录，做到全程留痕，有据可查。以组织名义向司法机关发文发函对案件处理提出要求的，或者领导干部身边工作人员、亲属干预司法活动、插手具体案件处理的，司法人员均应当如实记录并留存相关材料。

（二）加强队伍和人才保障

牢牢把握忠于党、忠于国家、忠于人民、忠于法律的总要求，大力提高法治工作队伍思想政治素质、业务工作能力、职业道德水准，努力建设一支德才兼备的高素质法治工作队伍。

要培养造就熟悉和坚持中国特色社会主义法治体系的法治人才及后备力

量。建设通晓国际法律规则、善于处理涉外法律事务的涉外法治人才队伍。

（三）加强科技和信息化保障

充分运用大数据、云计算、人工智能等现代科技手段，全面建设“智慧法治”，推进法治中国建设的数据化、网络化、智能化。优化整合法治领域各类信息、数据、网络平台，推进全国法治信息化工程建设。加快公共法律服务实体平台、热线平台、网络平台有机融合，建设覆盖全业务、全时空的公共法律服务网络。

五、完善的党内法规体系

治国必先治党，治党务必从严，从严必依法度。加强党内法规制度建设，是全面从严治党、依规治党的必然要求，是建设中国特色社会主义法治体系的重要内容，是推进国家治理体系和治理能力现代化的重要保障，事关党长期执政和国家长治久安。党内法规制度体系，是以党章为根本，以民主集中制为核心，以准则、条例等中央党内法规为主干，由各领域各层级党内法规制度组成的有机统一整体。

（一）党内法规的层级位阶

党章是最根本的党内法规，对党的性质和宗旨、路线和纲领、指导思想和奋斗目标、组织原则和组织机构、党员义务权利以及党的纪律等作出根本规定。党章在党内法规中具有最高效力，是制定其他党内法规的基础和依据，其他任何党内法规都不得同党章相抵触。

准则对全党政治生活、组织生活和全体党员行为等作出基本规定，如《中国共产党廉洁自律准则》《关于新形势下党内政治生活的若干准则》。

条例对党的某一领域重要关系或者某一方面重要工作作出全面规定，如《中国共产党纪律处分条例》《中国共产党问责条例》《中国共产党支部工作条例（试行）》等。

规定、办法、规则、细则是对党的某一方面重要工作的要求和程序等作出具体规定，如《中国共产党纪律检查机关监督执纪工作规则》。

（二）党内法规的四大领域

目前，我国已形成了涵盖党的事务以“1+4”为基本框架的党内法规制度体系，即在党章之下分为党的组织法规制度、党的领导法规制度、党的自身建设法规制度、党的监督保障法规制度四大领域。

党的组织法规制度。全面规范党的各级各类组织的产生和职责，夯实管党治党、治国理政的组织制度基础。

党的领导法规制度。加强和改进党对各方面工作的领导，为党发挥总揽全局、协调各方领导核心作用提供制度保证。

党的自身建设法规制度。加强党的思想建设、组织建设、作风建设、反腐倡廉建设，深化党的建设制度改革，增强党的创造力、凝聚力、战斗力。

党的监督保障法规制度。切实规范对党组织工作、活动和党员行为的监督、考核、奖惩、保障等，确保行使好党和人民赋予的职责。

第三节　学习领会习近平法治思想的重要意义

2020 年 11 月 16 日至 17 日召开的中央全面依法治国工作会议，明确提出了习近平法治思想，正式确立了习近平法治思想在全面依法治国中的指导地位，具有里程碑意义。

一、习近平法治思想的核心要义

习近平总书记在中央全面依法治国工作会议上发表的重要讲话提出的“十一个坚持”，是习近平法治思想的最新成果和集中体现，即坚持党对全面依法治国的领导；坚持以人民为中心；坚持中国特色社会主义法治道路；坚持依宪治国、依宪执政；坚持在法治轨道上推进国家治理体系和治理能力现代化；坚持建设中国特色社会主义法治体系；坚持依法治国、依法执政、依法行政共同推进，法治国家、法治政府、法治社会一体建设；坚持全面推进科学立法、严格执法、公正司法、全民守法；坚持统筹推进国内法治和涉外法治；坚持建设德才兼备的高素质法治工作队伍；坚持抓住领导干部这个“关键少数”。

（一）高扬法治旗帜，是全面依法治国的前提和基础

一个国家和社会靠什么运转，是靠人治还是法治，是治国理政的基本问题。习近平总书记指出，“法治和人治问题是人类政治文明史上的一个基本问题，也是各国在实现现代化过程中必须面对和解决的一个重大问题。综观世界近现代史，凡是顺利实现现代化的国家，没有一个不是较好解决了法治和人治问题的”。[①] 高度重视全面依法治国的重要地位，是贯穿习近平法治思想的一条主线。

党的十八大以来，面对改革发展稳定任务之重前所未有、矛盾风险挑战之多前所未有和人民群众对法治的期待之高前所未有的新形势，习近平总书记高瞻远瞩地指出，“依法治国地位更加突出、作用更加重大”，要更加注重发挥法治在国家治理和社会管理中的重要作用，提出社会主义法治是“制度之治最基本最稳定最可靠的保障”[②]，全面依法治国是中国特色社会主义的本质要求和重要保障，明确将依法治国确立为党领导人民治理国家的基本方式，把全面依法治国确定为“四个全面”战略布局的重要组成部分，把建设法治中国目标确立为全面依法治国的宏伟发展蓝图，从而将法治和法治建设提升到前所未有的高度。

正是源于对法治和全面依法治国的高度重视，党的十八届四中全会专门进行研究并作出《中共中央关于全面推进依法治国若干重大问题的决定》；党的十九大召开后，党中央组建中央全面依法治国委员会，从全局和战略高度对全面依法治国作出一系列重大决策部署，我国社会主义法治建设发生历史性变革、取得历史性成就，全面依法治国实践取得重大进展。

---

① 中共中央文献研究室．习近平关于全面依法治国论述摘编［M］．北京：中央文献出版社，2015：12.

② 习近平．论坚持全面依法治国［M］．北京：中央文献出版社，2020：272-273.

（二）坚持正确的政治方向，是全面依法治国的根本保证

方向涉及根本、关系全局、决定长远。正确的政治方向是全面依法治国的灵魂和统帅，也是全面依法治国取得成效的根本保证，决定着我国法治的制度性质和前进方向。习近平总书记指出，“全面推进依法治国这件大事能不能办好，最关键的是方向是不是正确、政治保证是不是坚强有力”。[①]

全面依法治国要坚持正确的政治方向，首要的是坚持党对全面依法治国的领导。习近平总书记旗帜鲜明地指出，不存在“党大还是法大”问题，“‘党大还是法大’是一个政治陷阱，是一个伪命题”，但是“党和法的关系是一个根本问题，处理得好，则法治兴、党兴、国家兴；处理得不好，则法治衰、党衰、国家衰”。[②]“党的领导是推进全面依法治国的根本保证”。[③]《宪法》以根本法形式反映了党带领人民进行革命、建设和改革取得的成果，确立了在历史和人民选择中形成的我们党的领导地位，坚持党对全面依法治国的领导是全面推进依法治国题中应有之义。在我国，党是最高政治领导力量，党的领导是中国特色社会主义最本质的特征，也是中国特色社会主义制度的最大优势。只有坚持在党的领导下依法治国、厉行法治，才能统筹依法治国各领域工作，才能有效推动法治建设向纵深发展，国家和社会生活法治化才能有序推进。习近平总书记指出，全面依法治国坚持党的领导，必须具体体现在党领导立法、保证执法、支持司法和带头守法上，确保党的主张贯彻到依法治国全过程和各方面，同时要改善党对依法治国的领导，健全党领导全面依法治国的制度和工作机制，推进党的领导制度化、法治化，不断提高党领导依法治国的能力和水平。习近平总书记强调指出，“我们说不存在‘党大还是法大’的问题，是把党作为一个执政整体、就党的执政地位和领导地位

---

① 本书编写组.《中共中央关于全面推进依法治国若干重大问题的决定》辅导读本［M］. 北京：人民出版社，2014：50.

② 中共中央文献研究室. 习近平关于全面依法治国论述摘编［M］. 北京：中央文献出版社，2015：33-34.

③ 习近平. 坚定不移走中国特色社会主义法治道路　为全面建设社会主义现代化国家提供有力法治保障［J］. 求是，2021（5）.

而言的，具体到每个党政组织、每个领导干部，就必须服从和遵守宪法法律。有些事情要提交党委把握，但这种把握不是私情插手，不是包庇性的干预，而是一种政治性、程序性、职责性的把握。这个界线一定要划分清楚”①。

法治沿着何种道路发展，是法治建设中的重大问题。习近平总书记指出，“全面推进依法治国，必须走对路。如果路走错了，南辕北辙了，那再提什么要求和举措也都没有意义了”②。世界上并不存在普适的法治道路，更不存在唯一的法治道路。习近平总书记深刻地指出，“走什么样的法治道路、建设什么样的法治体系，是由一个国家的基本国情决定的”③，是一个国家、一个民族的人民从本国历史、现实和国情出发所作出的选择。中国特色社会主义法治道路，是建设社会主义法治国家的唯一正确道路。这条道路是从我国革命、建设、改革的实践中探索出来适合自己的法治道路，是社会主义法治建设成就和经验的集中体现。我国是一个具有五千年文明史的古国，所形成的世界独树一帜的中华法系源远流长，有着自身的法治发展传承。我国是发展中的大国，正处于并将长期处于社会主义初级阶段，全面依法治国决不能照搬别国模式和做法，必须坚持中国特色社会主义法治道路，坚持从中国国情和实际出发，突出中国特色、实践特色和时代特色。

（三）依法保障人民合法权益，是全面依法治国的根本目的

法治为了谁、法治建设为了谁，决定着法治和法治建设的宗旨和性质。在习近平法治思想中，用法治维护人民权益，保障人民获得感、幸福感、安全感的价值追求和目标导向清晰而明确。依法保障人民合法权益，是习近平法治思想闪耀着以人民为中心、坚守人民立场光辉的集中体现。

习近平总书记指出，党的根基在人民、力量在人民，坚持人民主体地位就必须坚持法治为了人民、依靠人民、造福人民、保护人民，“我国社会主义制度保证了人民当家做主的主体地位，也保证了人民在全面推进依法治国中

---

① 习近平. 坚定不移走中国特色社会主义法治道路　为全面建设社会主义现代化国家提供有力法治保障［J］. 求是，2021（5）.

②③ 习近平. 加快建设社会主义法治国家［J］. 求是，2015（1）.

的主体地位。这是我们的制度优势，也是中国特色社会主义法治区别于资本主义法治的根本所在”①。全面依法治国最广泛、最深厚的基础是人民，必须坚持为了人民、依靠人民，人民权益要靠法治保障，法律权威要靠人民维护。

新时代我国社会主要矛盾发生变化，人民的需要已不再是单一的物质需要，人民群众对美好生活的向往更多向民主、法治、公平、正义、安全、环境等方面延伸，因此全面依法治国“要积极回应人民群众新要求新期待，坚持问题导向、目标导向，树立辩证思维和全局观念，系统研究谋划和解决法治领域人民群众反映强烈的突出问题，不断增强人民群众获得感、幸福感、安全感，用法治保障人民安居乐业”。②

习近平总书记高度重视公平正义，指出公正是法治的生命线，公平正义是我们党追求的一个非常崇高的价值，振聋发聩地告诫，“一个错案的负面影响足以摧毁九十九个公正裁判积累起来的良好形象。执法司法中万分之一的失误，对当事人就是百分之百的伤害”③，要求全面依法治国必须紧紧围绕保障和促进社会公平正义来进行，保护人民权益、伸张正义。

（四）共同推进、统筹推进，是全面依法治国的工作布局

法治建设的推进思路和推进方式，直接决定法治建设的成效。在推进依法治国初期，通过对法治建设的重点环节、关键因素的重视和推进，可以实现法治建设的快速发展；随着依法治国进入全面推进阶段，法治建设复杂性突出，整体性和协调性凸显，已无法通过靠单兵突进、局部安排和某一方面、领域的工作加以实现，需要整体推进和协调发展。习近平总书记指出，“全面依法治国是一个系统工程，要整体谋划，更加注重系统性、整体性、协同性”。④ 习近平法治思想精准、深入地把握了全面依法治国的内在要求，确立

---

① 习近平．加快建设社会主义法治国家［J］．求是，2015（1）．

② 习近平．坚定不移走中国特色社会主义法治道路　为全面建设社会主义现代化国家提供有力法治保障［J］．求是，2021（5）．

③ 中共中央文献研究室．习近平关于全面依法治国论述摘编［M］．北京：中央文献出版社，2015：96．

④ 习近平．论坚持全面依法治国［M］．北京：中央文献出版社，2020：4．

了全面依法治国的工作布局，强调通过对法治建设各种力量、各要素、各环节的全面规划和安排，形成我国法治建设的新格局、新途径和新机制。

习近平总书记提出，依法治国、依法执政、依法行政是一个有机整体，要坚持依法治国、依法执政、依法行政共同推进，法治国家、法治政府、法治社会一体建设。同时又指出，法治国家、法治政府、法治社会三者各有侧重、相辅相成，法治国家是法治建设的目标，法治政府是建设法治国家的主体，法治社会是构筑法治国家的基础。

在全面依法治国工作会议上，习近平总书记又创新性提出了统筹推进国内法治和涉外法治的新要求，“要求加快涉外法治工作战略布局，协调推进国内治理和国际治理，更好维护国家主权、安全、发展利益。要强化法治思维，运用法治方式，有效应对挑战、防范风险，综合利用立法、执法、司法等手段开展斗争，坚决维护国家主权、尊严和核心利益”。[①] 统筹推进国内法治和涉外法治思想的提出，极大地丰富了全面依法治国工作格局的内涵和要求，全面拓宽了全面依法治国的视野、广度和深度。

（五）落实重点任务，是全面依法治国的基础性工作

法治建设涉及多个方面，既需要全面推进取得整体成效，也需要抓住重点任务取得突破。全面依法治国不仅要求强化和突出法治建设的整体性、协同性和系统性，而且要求把依法治国的理念和安排转化为生动、现实的依法治国实践，汇集成为滚滚的法治发展洪流，不断推动我国法治建设向纵深发展。习近平总书记站在全面依法治国发展的战略高度，清晰指明全面依法治国的重点任务，着力于深化依法治国实践。

党的十八大以来，以习近平同志为核心的党中央高度重视宪法的作用和实施，指出宪法是国家的根本法，是治国安邦的总章程，具有最高的法律地位和法律效力，坚持依法治国首先要坚持依宪治国，坚持依法执政首先要坚持依宪执政，把全面贯彻实施宪法确立为全面依法治国的首要任务。2018 年

---

① 习近平．论坚持全面依法治国［M］．北京：中央文献出版社，2020：5.

对现行宪法进行了第五次修正，推动宪法与时俱进，设立宪法日、确立宪法宣誓制度、建立合宪性审查制度等，将树立宪法权威、发挥宪法重要作用、实施宪法，提升到一个全新水平和高度。

建设中国特色社会主义法治体系，是全面依法治国的总抓手。习近平总书记指出，“全面推进依法治国涉及很多方面，在实际工作中必须有一个总揽全局、牵引各方的总抓手，这个总抓手就是建设中国特色社会主义法治体系。依法治国各项工作都要围绕这个总抓手来谋划、来推进”[①]；强调“中国特色社会主义法治体系是中国特色社会主义制度的法律表现形式”，阐述了中国特色社会主义法治体系构成和要求，要求努力形成完备的法律规范体系、高效的法治实施体系、严密的法治监督体系、有力的法治保障体系和完善的党内法规体系。中国特色社会主义法治体系的提出，既为法治建设提供了结构严整、标准明确的发展纲领，也为法治建设提供了具有针对性和操作性的建设方案。

党的十一届三中全会确立的“有法可依，有法必依，执法必严，违法必究”的法治建设十六字方针，对推动我国法治建设快速发展发挥了重要作用。伴随着我国法治建设不断取得成效，我国法治建设需要转型升级，需要确立新的发展重点。自2012年以来，习近平总书记审时度势，明确确立了“科学立法、严格执法、公正司法、全民守法”新方针，引领法治建设不断深化、细化。

科学立法要求制定出体现人民意志的规则和制度，是管用的规则和制度，即“良法”。习近平总书记指出，“人民群众对立法的期盼，已经不是有没有，而是好不好、管用不管用、能不能解决实际问题；不是什么法都能治国，不是什么法都能治好国；越是强调法治，越是要提高立法质量”。[②]

---

① 本书编写组.《中共中央关于全面推进依法治国若干重大问题的决定》辅导读本［M］. 北京：人民出版社，2014：052.

② 中共中央文献研究室. 习近平关于全面依法治国论述摘编［M］. 北京：中央文献出版社，2015：43.

“徒法不足以自行”。有了法律、规则和制度，不去实施执行，等于没有法律，结果可能甚至比没有法律更糟。科学立法解决了规则和制度供给问题，不过纸面上的法律转化成实践需要执法来完成和支撑。在我国，行政机关是执法的主力军，大量的立法需要行政机关去执行和实施。在我国，行政管理的范围十分广泛，涉及政治、经济、社会等诸多领域，行政机关承负着繁重的管理任务和执法任务。“大约80%的法律、90%的地方性法规和几乎所有的行政法规、规章都是由各级政府执行的，法治国家建设的水平和程度直接取决于法治政府建设的水平和程度。”① 习近平总书记清晰明确地指出：“行政机关是实施法律法规的重要主体，要带头严格执法，维护公共利益、人民权益和社会秩序。”②

在任何社会中，纠纷和矛盾总会出现。特别是在现代社会中，由于利益主体的多元化，不同利益、不同需求在发生交错时，难免会存在不一致，乃至发生冲突和矛盾。国家如何有效应对各类社会冲突和矛盾，以维持社会的有序和公平，是重要的课题。司法是一个国家法治不可或缺的组成部分，担负着解决纠纷、处理矛盾和维护稳定的重大使命。通常认为，司法是维系社会公平和正义的化身，是捍卫社会公正的屏障。党的十八届四中全会通过的《中共中央关于全面推进依法治国若干重大问题的决定》明确指出：“公正是法治的生命线。司法公正对社会公正具有重要引领作用，司法不公对社会公正具有致命破坏作用。”

法治建设需要每个人、每个组织共同的努力，全民守法是实现法治中国不可或缺的部分。要让法治成为每个人的信仰，是建设社会主义法治国家的必然要求。法国思想家卢梭也曾言：一切法律之中最重要的法律，既不是刻在大理石上，也不是刻在铜表上，而是铭刻在公民的内心里。要让全社会都

① 袁曙宏．在新时代深化依法治国实践中谱写法治政府建设新篇章［J］，学习时报，2018-08-29.

② 中共中央文献研究室．习近平关于全面依法治国论述摘编［M］．北京：中央文献出版社，2015：57.

把法治作为行为准则，并转化为自己的信仰，要做到真学、真用和真信。

（六）人才队伍建设和“关键少数”带头守法，是全面依法治国的重要保障

依法治国不是凭空而来也不能凭空推进，需要各方面的保障。法治建设越深入越需要强有力的保障，法治建设越进入关键阶段越需要保障的充分性。全面依法治国是一项长期艰巨复杂的任务，涉及面广，环节多，关系复杂，对保障的要求很高。习近平总书记多次对法治工作队伍建设和领导干部模范守法的重要性进行深入阐述并提出明确的要求，构成了习近平法治思想的重要组成部分。

法治工作是政治性很强的业务工作，也是业务性很强的政治工作，需要法治人才来担当。法治人才培养上不去，法治领域不能人才辈出，全面依法治国就难以实现。习近平总书记在统筹人才强国战略和依法治国基本方略实践中，既为法治人才队伍的构成，也对队伍标准提出明确要求，形成和发展了建设德才兼备的法治工作队伍的重要思想，丰富和完善了法治保障理论。习近平总书记指出，我国法治人才队伍包括立法队伍、行政执法队伍、司法队伍建设和法律服务队伍，全面依法治国要把各支队任建设好。习近平总书记明确提出要坚持建设德才兼备的高素质法治工作队任，要求推进法治专门队伍革命化、正规化、专业化、职业化，确保做到忠于党、忠于国家、忠于人民、忠于法律。革命化是德才兼备的高素质法治工作队伍的根本，正规化是德才兼备的高素质法治工作队伍的基础，专业化是德才兼备的高素质法治工作队伍的关键，职业化是德才兼备的高素质法治工作队伍的保障。习近平总书记指出，要“研究谋划新时代法治人才培养和法治队伍建设长远规划，创新法治人才培养机制，推动东中西部法治工作队伍均衡布局，提高法治工作队伍思想政治素质、业务工作能力、职业道德水准，着力建设一支忠于党、忠于国家、忠于人民、忠于法律的社会主义法治工作队伍，为加快建设社会

主义法治国家提供有力人才保障”。①

全面依法治国需要全民守法，更需要领导干部带头守法。在习近平法治思想中，领导干部带头守法居于重要地位。习近平总书记指出，领导干部是“关键少数”，“领导干部具体行使党的执政权和国家立法权、行政权、监察权、司法权，是全面依法治国的关键”②。他告诫领导干部，“任何人都没有法律之外的绝对权力，任何人行使权力都必须为人民服务、对人民负责并自觉接受人民监督”③，让法律面前人人平等更加深入人心。习近平在2020年中央全面依法治国工作会议上强调指出，各级领导干部要坚决贯彻落实党中央关于全面依法治国的重大决策部署，带头尊崇法治、敬畏法律，了解法律、掌握法律，不断提高运用法治思维和法治方式深化改革、推动发展、化解矛盾、维护稳定、应对风险的能力，做尊法学法守法用法的模范。要力戒形式主义、官僚主义，确保全面依法治国各项任务真正落到实处。

二、学习领会习近平法治思想的重要意义

（一）习近平法治思想是马克思主义法治理论中国化最新成果

我们党在领导中国革命、建设、改革的长期实践中，坚持把马克思主义基本原理同中国法治建设的具体实际相结合，成功开辟和不断拓展中国特色社会主义法治道路，不断推进马克思主义法治理论中国化，不断开辟马克思主义法治理论新境界。习近平法治思想顺应实现中华民族伟大复兴时代要求应运而生，在新时代波澜壮阔的治国理政实践、推进国家治理体系和治理能力现代化进程中创新发展，日益成熟完备，是马克思主义法治理论中国化最新成果。

改革开放以来，我国法治建设与经济社会发展相互映照、相互促进、共

① 习近平．论坚持全面依法治国［M］．北京：中央文献出版社，2020：274.

② 习近平．论坚持全面依法治国［M］．北京：中央文献出版社，2020：231.

③ 中共中央文献研究室．十八大以来重要文献选编（上）［M］．北京：中央文献出版社，2014：136.

同发展，不仅创造了中国经济社会快速发展的奇迹，而且谱写了我国法治建设壮阔图景。党的十八大以来，中国特色社会主义进入新时代，我国经济社会进入新阶段，以习近平同志为核心的党中央站在中华民族伟大复兴和全面建设社会主义现代化国家的高度，始终坚持并运用马克思主义立场、观点、方法，创造性提出关于全面依法治国的一系列新理念新思想新战略，作出一系列重大决策部署，实现了中国特色社会主义法治理论的重大突破、重大创新、重大发展，为发展马克思主义法治理论做出重大原创性贡献，形成了习近平法治思想，指引我国社会主义法治建设发生历史性变革，取得历史性成就。

（二）习近平法治思想是党领导法治建设规律的科学总结和重大理论创新成果

自 1840 年中国沦为半殖民地半封建社会后，变法改制成为重振中华的重任。百年间，我国法治踯躅前行。我们党历来重视法治建设。早在革命战争时期，我们党就带领人民积极进行根据地法制建设，积累了许多宝贵经验。中华人民共和国的成立，把我国的法治建设推向崭新的历史起点。改革开放后我国法治地位不断提升，法治建设持续推进。

党的十八大以来，以习近平同志为核心的党中央科学总结了党领导法治建设的规律，立足我国社会主义法治建设实际，从历史和现实相贯通、国际和国内相关联、理论和实际相结合上，提出我国进入全面依法治国阶段的重大论断，开启我国法治建设的新征程，致力于对全面依法治国进行顶层设计，系统分析了全面依法治国涉及的重大理论和实践问题。

（三）习近平法治思想是全面依法治国的根本遵循和行动指南

新时代是建设社会主义现代化强国的时代，也是我国法治建设快速发展的时代。习近平法治思想集中阐述了法治的定位、根本保证、道路、宗旨、布局、保障等法治建设的基本问题，科学回答了新时代为什么实行全面依法治国、怎样实行全面依法治国等一系列重大问题，习近平法治思想内涵丰富、逻辑严密、体系完整，是引领新时代法治建设的思想旗帜，为建设法治中国指明了前进方向。

民法典的颁布是我国法治建设的里程碑①②

2020年5月28日下午，十三届全国人大三次会议以2 879票赞成、2票反对、5票弃权，高票表决通过《中华人民共和国民法典》。这是新中国第一部以法典命名的法律，是中国法治建设的里程碑，承载着几代立法者、法律工作者乃至亿万人民的梦想。民法典的颁布是推进全面依法治国、完善中国特色社会主义法律体系的重要标志性立法，对推动国家治理体系和治理能力现代化，推动新时代改革开放和社会主义现代化建设，具有重大而深远的意义。

回顾人类文明史，编纂法典是具有重要标志意义的法治建设工程，是一个国家走向繁荣强盛、文明进步的象征。编纂一部真正属于中国人民的民法典，是新中国几代人的夙愿。习近平总书记指出，在我国革命、建设、改革各个历史时期，我们党都高度重视民事法律制定实施。革命战争年代，我们党在中央苏区、陕甘宁边区等局部地区就制定实施了涉及土地、婚姻、劳动、财经等方面的法律。新中国成立后，我国相继制定实施了婚姻法、土地改革法等重要法律和有关户籍、工商业、合作社、城市房屋、合同等方面的一批法令。我们党还于1954年、1962年、1979年、2001年4次启动制定和编纂民法典相关工作，但由于条件所限没有完成。③

党的十八届四中全会提出编纂民法典的任务，是以习近平同志为核心的党中央作出的重大法治建设部署。2016年6月、2018年8月、2019年12月，习近平总书记三次主持中央政治局常委会会议，听取并原则同意全国人大常

---

① 新时代的人民法典［N］. 人民日报，2020-05-29.

② 法治建设的里程碑——写在民法典通过之际［EB/OL］.（2020-05-29）. https://news.china.com/zw/news/13000776/20200529/38279477.html.

③ 习近平. 论坚持全面依法治国［M］. 北京：中央文献出版社，2020：277-278.

委会党组就民法典编纂工作所作的请示汇报，对民法典编纂工作作出重要指示，为民法典编纂工作提供了重要指导和基本遵循。

编纂民法典，就是全面总结我国的民事立法和司法的实践经验，对现行民事法律制度规范进行系统整合、编订纂修，针对新情况、新问题作出修改完善，形成一部适应新时代中国特色社会主义发展要求，符合我国国情和实际，体例科学、结构严谨、规范合理、内容完整并协调一致的法典，更好地发挥法治固根本、稳预期、利长远的保障作用。

编纂民法典是一项系统的、重大的立法工程，受到社会各界高度关注。在民法典编纂过程中，立法机关严格遵循科学立法、民主立法、依法立法原则，广泛听取和尊重各方面的意见，10 次公开征求意见，累计收到 42.5 万人提出的 102 万条意见和建议，让立法最大范围凝聚社会共识、吸纳各方智慧，形成“最大公约数”。

民法典是“社会生活的百科全书”，在法律体系中居于基础性地位，也是市场经济的基本法。编纂民法典，是坚持和完善社会主义基本经济制度、推动经济高质量发展的客观要求；民法与每个人息息相关，民法问题本质上又是民生问题。编纂民法典，是增进人民福祉、维护最广大人民根本利益的必然要求。法安天下，德润人心。民法典弘扬社会主义核心价值观，确立平等、自愿、公平、诚实信用、公序良俗、绿色等基本原则，实现了中国传统优秀法律文化和现代民事法律规范的融合，为我国民事法律制度注入强大的道德力量。

民法典的颁布体现了习近平法治思想的科学立法、制定良法的重要思想。习近平总书记指出，民法典系统整合了新中国七十多年来长期实践形成的民事法律规范，汲取了中华民族五千多年优秀法律文化，借鉴了人类法治文明建设有益成果，是一部体现我国社会主义性质、符合人民利益和愿望、顺应时代发展要求的民法典，是一部体现对生命健康、财产安全、交易便利、生活幸福、人格尊严等各方面权利平等保护的民法典，是一部具有鲜明中国特色、实践特色、时代特色的民法典。①

法律是治国之重器，良法是善治之前提。以民法典的编纂和颁行为契机，全面推进我国法治建设，为实现“两个一百年”奋斗目标、实现中华民族伟大复兴中国梦提供更加完备的法治保障，为人类法治文明进步贡献中国智慧和中国方案。习近平总书记明确指出，民法典为其他领域立法法典化提供了很好的范例，要总结编纂民法典的经验，适时推动条件成熟的立法领域法典编纂工作。要研究丰富立法形式，可以搞一些“大块头”，也要搞一些“小快灵”，增强立法的针对性、适用性、可操作性。②

典型案例

浙江省办事最多跑一次③

1个窗口受理，前后30分钟，完成二手房不动产交易过户登记。王某在浙江省衢州市当了15年房产中介，过去她帮客户办理房产登记，至少得跑国土、地税、住建3个部门的窗口，排3次队，提供3套资料。从2016年9月开始，衢州市在全省先行先试“一窗受理、集成服务”，归并了全市30多个部门、400余个事项的受理职能。进一家门、到一个窗，就能办多家事，并通过部门协办联合办，让信息多跑路，让群众和企业“最多跑一次”。

“最多跑一次”指个人、企业办理一项事务，在申请材料齐全、符合法定受理条件时，行政机关从受理申请到作出办理决定、形成办理结果的全过程一次上门或零上门，是指群众和企业到政府办事能一次办结甚至“零上门”。

2016年12月，浙江省委经济工作会议首次提出推动“最多跑一次”改革。2017年1月，“最多跑一次”改革作为省政府重点工作被写入《政府工作报告》。在浙江，“最多跑一次”已成为关注度最高的改革关键词。到2017

---

① 习近平．论坚持全面依法治国［M］．北京：中央文献出版社，2020：279.

② 习近平．坚定不移走中国特色社会主义法治道路　为全面建设社会主义现代化国家提供有力法治保障［J］．求是，2021（5）.

③ 王慧敏，江南，方敏．浙江：简政放权　办事最多跑一次［N］．人民日报，2017-08-18（11）.

年底，浙江“最多跑一次”事项覆盖80%左右的行政权力事项，基本实现“最多跑一次是原则、跑多次是例外”。

过去之所以出现“百姓办事跑路多”，一方面是职能部门角色转换不到位，另一方面则是因为信息不共享造成“数据壁垒”。打破这种“信息孤岛”的状况，实现数据共享，是浙江“最多跑一次”改革中重要一环，解决好公共数据和电子政务领域存在的基础设施条块割裂、网络互联互通不畅、业务系统缺乏协同等顽症，让“数据网上走”，来替代“群众来回跑”。

对衢州市民来说，原先得去7个部门、跑十几趟，至少5天才能办好的公积金业务，现在只要带上身份证和购房合同，通过当地行政服务中心“一窗受理”，就能很快办结。在丽水市，施工图电子化审查也大大方便了办事企业。从网上报审材料，到拿到施工图审查意见，只用3天，浙江某工贸有限公司的项目审批就有了进展。项目负责人很高兴，喝上了全程电子图审的“头口水”。湖州市市场监督管理局瞄准“互联网+政务”，倒逼内部流程改革，办事项目逐步实现网上申报、网上受理、网上审核、身份认证、电子签章、电子归档等全程电子化服务。以办理营业执照为例，申办人可以先在网上申请审核，通过后只需到登记窗口交齐材料即可领取，也可以选择快递上门。

除了让数据多跑腿，还有“企业不跑，代办员跑”“群众不跑，流程跑”。通过内部流转、优化审批流程，转变传统的“线性思维”，变串联审批为并联审批，变多窗口、多部门跑为一窗口受理，实现一次性、高效办结。

“最多跑一次”充分体现了以人民为中心、依法保护人民合法权益的法治思想，正是通过以人民为中心的行政改革，解决法治领域人民群众反映强烈的突出问题，不断增强人民群众获得感和幸福感，充分体现了党全心全意为人民服务的根本宗旨。

典型案例

赵明利再审被宣告无罪案

1992 年初，赵明利担任厂长并承包经营的鞍山市立山区春光铆焊加工厂与东北风冷轧板公司建立了持续的钢材购销关系。1992—1993 年，赵明利从东北风冷轧板公司多次购买冷轧板。赵明利提货后通过转账等方式，向东北风冷轧板公司支付了大部分货款。在实际交易中，提货与付款不是一次一付、一一对应的关系。其中，1992 年 4 月 29 日、5 月 4 日、5 月 7 日、5 月 8 日，赵明利在向东北风冷轧板公司财会部预交了支票的情况下，从东北风冷轧板公司购买冷轧板 46.77 吨（价值 134 189.50 元）。提货后，赵明利未将东北风冷轧板公司开具的发货通知单结算联交回东北风冷轧板公司财会部。1992 年 5 月 4 日、5 月 29 日，1993 年 3 月 30 日，赵明利支付的货款 220 535 元、124 384 元、20 000 元分别转至东北风冷轧板公司账户。后双方在赵明利是否付清货款问题上发生争议，产生纠纷。1994 年 8 月 11 日，东北风冷轧板公司以赵明利诈骗该公司冷轧板为由，向公安机关报案。

鞍山市千山区人民法院经审理后认为，检察机关指控原审被告人赵明利犯诈骗罪所依据的有关证据不能证明赵明利具有诈骗的主观故意，证据与证据之间相互矛盾，且没有证据证明赵明利实施了诈骗行为。千山区人民法院遂判决宣告赵明利无罪。一审宣判后，千山区人民检察院以一审判决适用法律不当，判决有误等为由，提出抗诉。鞍山市中级人民法院经审理后认为，原审被告人赵明利在与东北风冷轧板公司购销钢板过程中诈骗公共财物，数额巨大，其行为已构成诈骗罪。一审判决认定赵明利无罪不当，应予改判。检察机关抗诉理由充分，予以支持。鞍山市中级人民法院遂判决撤销一审判决；认定赵明利犯诈骗罪，判处有期徒刑 5 年，并处罚金 20 万元。

二审宣判后，赵明利提出申诉。鞍山市中级人民法院、辽宁省高级人民法院经审查后认为，原二审判决认定赵明利的行为构成诈骗罪并无不当，赵明利的申诉理由不能成立，遂驳回申诉。

赵明利因病死亡后，妻子马英杰向最高人民法院提出申诉，最高人民法院决定提审本案。最高人民法院经再审审理后认为，原审被告人赵明利在与东北风冷轧板公司的冷轧板购销交易过程中，主观上没有非法占有的目的，客观上也未实施虚构事实、隐瞒真相的行为，其行为不符合诈骗罪的构成要件，不构成诈骗罪；原二审判决认定赵明利的行为构成诈骗罪，属于认定事实和适用法律错误，遂判决宣告赵明利无罪。

据最高人民法院第二巡回法庭相关负责人介绍，此案中赵明利被改判无罪的关键点在于，厘清经济纠纷和刑事犯罪的界限。在经济活动中，刑事诈骗与经济纠纷的实质界限在于行为人是否通过虚假事实来骗取他人财物并具有严重的社会危害性。本案中，赵明利未及时支付货款的行为，既未实质上违反双方长期认可的合同履行方式，也未给合同相对方造成重大经济损失，尚未超出普通民事合同纠纷的范畴。宣判后，合议庭向马英杰及其代理人、最高人民检察院出庭检察员送达了再审判决书，并就有关问题进行了释明。

参与旁听的全国人大代表纷纷表示，近一时期以来，最高人民法院坚持以习近平新时代中国特色社会主义思想为指导，深入贯彻党的十九大精神和习近平总书记在民营企业座谈会、深入推进东北振兴座谈会上的重要讲话精神，切实转变司法理念，充分发挥司法职能作用，运用司法手段鼓励支持引导民营企业发展壮大，坚持平等、全面、依法保护企业家合法权益，切实纠正涉产权冤错案件，进一步增强了企业家人身、财产安全感和干事创业信心，推动形成了依法保护产权和企业家合法权益的良好机制和社会氛围。赵明利诈骗再审案的改判，即是最高人民法院全面落实党中央决策部署的一次生动实践，在切实加强民营企业家人身、财产安全和产权保护，坚决防止将经济纠纷当作犯罪处理，坚决防止将民事责任变为刑事责任等方面具有十分重要的引导示范效应，必将能够为新时代改革开放和东北全面振兴提供更加有力的司法服务和保障。①

---

① 敲响东北地区保护企业家人身和财产安全第一槌，最高人民法院再审宣告赵明利无罪［N］．人民法院报，2019-01-10（1）．

赵明利再审被宣告无罪案，既充分体现了习近平法治思想中的公正司法要求，也体现了运用司法手段鼓励支持引导民营企业发展壮大的要求。2018年11月1日，习近平总书记在民营企业座谈会上的讲话指出，“对一些民营企业历史上曾经有过的一些不规范行为，要以发展的眼光看问题，按照罪刑法定、疑罪从无的原则处理，让企业家卸下思想包袱，轻装前进。我多次强调要甄别纠正一批侵害企业产权的错案冤案，最近人民法院依法重审了几个典型案例，社会反映很好。”

思考题

1. 法治的内涵是什么？法治有哪些规范作用？
2. 法治在我国经济社会发展中有哪些重大意义？
3. 中国特色社会主义法治体系包括哪些方面？
4. 习近平法治思想有哪些重大意义？
5. 如何理解习近平法治思想的核心要义？

第二章
专业技术人员法律制度体系概述

导读

法律体系是指一个国家的全部现行法律规范，按照一定的原则和方法，划分为既相互区别又相互联系的不同法律部门而形成的和谐统一的整体。中国特色社会主义法律体系是以宪法为统帅，以法律为主干，以行政法规、地方性法规为重要组成部分的法律规范，由宪法相关法、民商法、行政法、经济法、社会法、刑法、诉讼与非诉讼程序法七个法律部门组成的有机的整体法律之网。有关科学技术及人员已形成了包括不同层级涵盖主要方面的法律制度，除宪法规定外，有科学技术进步法、促进科技成果转化法、科学技术普及法、专利法、著作权法等法律，《国家科学技术奖励条例》《国务院关于实行专业技术职务聘任制度的规定》等行政法规，以及大量地方性法规、规章。

第一节　我国的法律体系

法律体系是指一个国家的全部现行法律规范，按照一定的原则和方法，划分为既相互区别又相互联系的不同法律部门而形成的和谐统一的整体。掌握我国法律体系，有助于从整体上了解我国法律制度的构成。我国的法律体系是中国特色社会主义法律体系，是以宪法为核心，主要由不同层级的法律规范和七个法律部门构成。具体而言，在纵向上是以宪法为统帅，以法律为主干，以行政法规、地方性法规为重要组成部分的不同层级的法律规范；在横向上由宪法相关法、民商法、行政法、经济法、社会法、刑法、诉讼与非诉讼程序法七个法律部门组成的有机的、全面的法律之网。

一、法律规范的层级位阶

法律体系是一个由上至下、处于不同位阶、具有不同效力的法律规范构成的体系。我国是统一的、多民族的、单一制的社会主义国家。为维护国家法制统一，实行统一而又分层次的立法体制。根据宪法、立法法的规定，我国的法律体系是以宪法为核心和统帅，在宪法之下的法律规范主要包括四个层级，即法律，行政法规，地方性法规、自治条例和单行条例，规章。

（一）宪法是国家的根本法

坚持依法治国首先要坚持依宪治国，坚持依法执政首先要坚持依宪执政。在我国法律体系中，宪法居于核心和统帅地位。宪法是国家的根本法，是治国安邦的总章程，具有最高的法律地位和法律效力。一切法律、行政法规、地方性法规等法律规范的制定都必须以宪法为依据，遵循宪法的基本原则，不得与宪法相抵触。各族人民、一切国家机关和武装力量、各政党和各社会团体、各企业事业组织，都必须以宪法为根本的活动准则，并负有维护宪法尊严、保证宪法实施的职责。

1949 年 9 月，中国人民政治协商会议制定了起临时宪法作用的《中国人民政治协商会议共同纲领》。1954 年 9 月 20 日，第一届全国人民代表大会第一次会议在共同纲领基础上制定了新中国第一部宪法，即 1954 年宪法。1975 年和 1978 年颁布了第二、三部宪法。1982 年 12 月 4 日，第五届全国人民代表大会第五次会议通过了新中国第四部宪法，即现行宪法。为适应我国经济社会发展需要，我国现行宪法先后于 1988 年、1993 年、1999 年、2004 年和 2018 年进行了五次修改，通过了 52 条修正案。

我国宪法确立了中国特色社会主义道路、中国特色社会主义理论体系、中国特色社会主义制度的发展成果，规定了我国根本的政治、经济和社会制度、公民的基本权利和义务、各主要国家机关的组成和职权，反映了我国各族人民的共同意志和根本利益，成为历史新时期党和国家的中心工作、基本原则、重大方针、重要政策在国家法制上的最高体现。党的十八大之后，设立宪法日、确立宪法宣誓制度、建立合宪性审查制度等，将树立宪法权威、发挥宪法重要作用、实施宪法提升到一个全新水平和高度。

（二）法律

根据宪法规定，全国人民代表大会及其常务委员会行使国家立法权。全国人民代表大会制定和修改刑事法律、民事法律、国家机构组织法和其他基本法律。全国人民代表大会常务委员会制定和修改除应当由全国人民代表大会制定的法律以外的其他法律，并可以对全国人民代表大会制定的法律进行部分补充和修改，但是补充和修改不得同该法律的基本原则相抵触。

根据立法法规定，一些事项只能制定法律，这主要包括：国家主权的事项，国家机构的产生、组织和职权，民族区域自治制度、特别行政区制度、基层群众自治制度，犯罪和刑罚，对公民政治权利的剥夺、限制人身自由的强制措施和处罚，税种的设立、税率的确定和税收征收管理等税收基本制度，对非国有财产的征收，民事基本制度，基本经济制度及财政、海关、金融和外贸的基本制度，以及诉讼和仲裁制度等事项。这些事项属于全国人民代表大会及其常务委员会的专属立法权，即法律保留事项。

全国人民代表大会及其常务委员会制定的法律，是我国法律体系的主干，其地位和效力仅次于宪法，解决的是国家发展中带有根本性、全局性、稳定性和长期性的问题，行政法规和地方性法规不得与法律相抵触。

（三）行政法规

行政法规是指国家最高行政机关即国务院制定的规范性文件，它可以就执行法律的规定和履行国务院行政管理职权的事项作出规定，将法律规定的相关制度具体化，对法律规定进行细化和补充。同时，本应当由全国人民代表大会及其常务委员会制定法律的事项，国务院可以根据全国人民代表大会及其常务委员会的授权决定先制定行政法规，此项立法为特别授权立法。在此情况下，国务院根据授权决定先制定的行政法规，经过实践检验，制定法律的条件成熟时，提请全国人民代表大会及其常务委员会制定法律。

行政法规的效力低于宪法和法律，但高于地方性法规、规章。

（四）地方性法规

我国地大物博，幅员辽阔，各地发展有不同的特点，发展也不尽平衡，为维护国家法制统一又适应各地不同情况，我国在中央统一立法之下赋予地方一定的立法权。地方性法规是我国法律体系的重要组成部分。地方性法规是具有立法权的地方人民代表大会及其常务委员会依法根据本行政区域的具体情况和实际需要制定的规范性文件。地方性法规的效力高于本级和下级地方政府规章。

地方性法规具体包括：

一是省、自治区、直辖市的人民代表大会及其常务委员会可以制定地方性法规。即省、自治区、直辖市的人民代表大会及其常务委员会可以根据本行政区域的具体情况和实际需要，在不同宪法、法律、行政法规相抵触的前提下，可以制定地方性法规。

二是设区的市的人民代表大会及其常务委员会可以制定地方性法规。即设区的市人民代表大会及其常务委员会根据本市的具体情况和实际需要，在不同宪法、法律、行政法规和本省、自治区的地方性法规相抵触的前提下，可以对城乡建设与管理、环境保护、历史文化保护等方面的事项制定地方性法规。设区的市的地方性法规须报省、自治区的人民代表大会常务委员会批准后施行。值得注意的是，在 2015 年立法法修改之前，只有较大的市的人民代表大会及其常务委员会才有此权力。较大的市是指省、自治区的人民政府所在地的市、经济特区所在地的市和经国务院批准的较大的市，在 2015 年立法法修改时只有 49 个，2015 年立法法修改大大扩大了这一范围，扩大至全国 284 个设区的市。[①] 经济特区法规根据授权对法律、行政法规、地方性法规作变通规定的，在本经济特区适用经济特区法规的规定。

三是自治条例和单行条例。民族自治地方的人民代表大会有权依照当地民族的政治、经济和文化特点，制定自治条例和单行条例；自治条例和单行条例可以对法律和行政法规的规定作出变通规定，但不得违背法律和行政法规的基本原则，不得对宪法和民族区域自治法的规定以及其他法律、行政法规专门就民族自治地方所作的规定作出变通规定；自治区的自治条例和单行条例报全国人民代表大会常务委员会批准后生效，自治州、自治县的自治条例和单行条例报省、自治区、直辖市的人民代表大会常务委员会批准后生效。

（五）规章

规章分为国务院部门规章和地方政府规章，前者是国务院组成部门和具有行政管理职能的直属机构，按照规章制定权限和程序发布的规范性文件。地方政府规章，是省、自治区、直辖市和设区的市、自治州的政府，按照制定权限和程序发布的规范性文件。

部门规章规定的事项应当属于执行法律或者国务院的行政法规、决定、命令的事项。没有法律或者国务院的行政法规、决定、命令的依据，部门规章不得设定减损公民、法人和其他组织权利或者增加其义务的规范，不得增

① 李建国. 关于中华人民共和国立法法修正案草案的说明 [EB/OL]. (2015-03-09). http://www.npc.gov.cn/zgrdw/npc/dbdhhy/12-3/2015-03/09/content_1917025.htm.

加本部门的权力或者减少本部门的法定职责。

地方政府规章可以就下列事项作出规定：为执行法律、行政法规、地方性法规的规定需要制定规章的事项；属于本行政区域的具体行政管理事项。其中，设区的市、自治州的政府根据上述规定制定地方政府规章，限于城乡建设与管理、环境保护、历史文化保护等方面的事项。省、自治区的人民政府制定的规章的效力高于本行政区域内的设区的市、自治州的人民政府制定的规章。

截至 2020 年 11 月，现行有效法律 282 件、行政法规 608 件、地方性法规 12 000 余件。①

二、法律部门

按照法律规范调整的社会关系的性质和方式，可以将法律划分为不同的法律部门。我国法律体系主要由七个法律部门组成：宪法及宪法相关法，民商法，行政法，经济法，社会法，刑法，诉讼与非诉讼程序法。

（一）宪法及宪法相关法

宪法及宪法相关法主要是调整国家与公民之间关系，规范国家政权运作等方面的法律规范。宪法相关法是与宪法相配套的法律规范，直接保障宪法实施的法律规范。宪法相关法主要包括下列六个方面：

一是国家机构的产生方面的法律。目前有全国人民代表大会和地方各级人民代表大会选举法、地方各级人民代表大会和地方各级人民政府组织法等法律。这些法律建立了人民代表大会代表和国家机构领导人员选举制度，为国家机构的产生提供了合法基础。

二是国家机构的组织、职权和基本工作制度方面的法律。主要有全国人民代表大会组织法、全国人民代表大会议事规则、国务院组织法、监察法、

---

① 习近平．坚定不移走中国特色社会主义法治道路，为全面建设社会主义现代化国家提供有力法治保障［J］．求是，2021（5）．

人民法院组织法、人民检察院组织法、立法法等。这些法律建立了有关国家机构的组织、职权、权限、运行等方面的制度。

三是有关民族区域自治制度、基层群众自治制度方面的法律。主要是居民委员会组织法、村民委员会组织法，建立了城乡基层群众自治制度。

四是有关特别行政区方面的制度。主要有香港特别行政区基本法、香港特别行政区驻军法、香港特别行政区维护国家安全法、香港特别行政区基本法附件一香港特别行政区行政长官的产生办法、香港特别行政区基本法附件二香港特别行政区立法会的产生办法和表决程序、澳门特别行政区基本法等。这些法律旨在贯彻落实“一国两制”方针，实现国家统一，保持香港、澳门的长期繁荣和稳定。

五是有关维护国家主权、领土完整、国家安全、国家标志等方面的法律。主要有国籍法、缔结条约程序法、领海及毗连区法、专属经济区和大陆架法、反分裂国家法、国家安全法和国旗法、国徽法、国歌法等。

六是有关保障公民基本政治权利方面的法律。主要有集会游行示威法、国家赔偿法等法律以及民族、宗教、信访、出版、社团登记方面的行政法规，保障了公民基本政治权利。

（二）民商法

民商法主要是调整平等主体的自然人、法人和非法人组织之间的人身关系和财产关系的法律规范。

民商法最重要的表现形式是2020年全国人民代表大会通过的民法典。民法典是新中国历史上首个以“法典”命名的法律，是民事领域的基础性、综合性法律，共有七编、84章、1 260条，各编依次为总则、物权、合同、人格权、婚姻家庭、继承、侵权责任以及附则，总字数10万余字。

除民法典外，民商法还包括其他法律规范。有关商事主体的法律，包括公司法、合伙企业法、个人独资企业法、商业银行法、证券投资基金法、农民专业合作社法等；有关商事行为的法律，包括证券法、海商法、票据法、保险法等；有关知识产权的法律，包括专利法、商标法、著作权法和计算机软件保护条例、集成电路布图设计保护条例、著作权集体管理条例、信息网络传播权保护条例、植物新品种保护条例、知识产权海关保护条例、特殊标志管理条例、奥林匹克标志保护条例等。

（三）行政法

行政法主要是调整行使行政职权的行政机关与公民、法人或者其他组织之间的行政关系，规定行政权的授予、行使以及对其监督的法律规范，由行政组织法、行政行为法和行政监督救济法组成。

行政组织法是行政法的重要组成部分，包括行政机关组织法和公务员法两大部分。行政机关组织法涉及的是对掌握行政权力的行政组织的规范，主要解决由哪一主体享有行政职权及行使行政职权主体的要求。如国务院行政机构设置和编制管理条例、地方各级人民政府机构设置和编制管理条例。公务员法涉及的是对具体行使行政职权的人员的规范，主要解决谁具体行使行政职权及行使行政职权的人员要求。主要有公务员法、行政机关公务员处分条例。

行政行为法是规范行政机关行使行政权力所作出的决定或者行为的法律规范。主要有针对共同性行政行为制定的行政处罚法、行政强制法、行政许可法、政府信息公开条例、重大行政决策程序暂行条例，以及分散在具体行政管理领域的法律规范。

行政监督救济法是对行政机关及其活动进行监督并为公民、组织提供救济的法律规范。主要包括行政复议法、行政诉讼法和国家赔偿法三部分。行政复议和行政诉讼是两种正式的行政救济途径，是公民、法人或者其他组织对行政行为的合法性乃至合理性提出异议，由行政复议机关和法院进行审查并作出有效力决定的制度。国家赔偿中的行政赔偿是指国家对国家行政机关及其工作人员违法行使行政职权造成的损害给予受害人赔偿的制度。

（四）经济法

经济法是调整国家从社会整体利益出发对经济活动实行干预、管理或者调控所产生的社会经济关系的法律规范。

经济法主要包括两个方面：一方面是国家进行宏观调控和经济管理的法律规范，主要涉及财税、金融、价格、审计、外贸等领域或者事项，如预算法、价格法、个人所得税法、税收征收管理法、铁路法、公路法、民用航空法、电力法、节约能源法等；另一方面障市场主体之间的公平、有序竞争和市场秩序的法律，如反不正当竞争法、反垄断法等。

（五）社会法

社会法是调整劳动关系、社会保障和社会福利关系的法律规范，旨在对劳动者、失业者、丧失劳动能力的人以及其他需要扶助的特殊人群的权益提供必要的保障，维护社会公平，促进社会和谐。

社会法主要包括三个方面：一是有关劳动关系、劳动保护和社会保障、安全生产方面的法律，如劳动法、劳动合同法、就业促进法、社会保险法、安全生产法、矿山安全法、职业病防治法等；二是有关特殊社会群体权益保障方面的法律，如残疾人保障法、未成年人保护法、妇女权益保障法、老年人权益保障法、预防未成年人犯罪法等；三是有关社会组织和相关活动方面的法律，如工会法、红十字会法、境外非政府组织境内活动管理法、慈善法、公益事业捐赠法等。

（六）刑法

刑法是规定犯罪与刑罚的法律规范，旨在通过对严重违法构成犯罪者进行定罪惩罚犯罪，维护社会秩序、公共安全和国家安全。

我国刑法集中体现在 1979 年 7 月 1 日由全国人民代表大会通过并于 1997 年 3 月 14 日修订的《中华人民共和国刑法》，以及此后由全国人民代表大会常务委员会通过的十一个刑法修正案中。

（七）诉讼与非诉讼程序法

诉讼与非诉讼程序法是规范解决相关争议的诉讼活动与非诉讼活动的法律规范，旨在依法、公正地处理争议，化解矛盾，实现社会和谐。

诉讼法律制度是规范国家司法活动、解决社会纠纷的法律规范，主要有刑事诉讼法、民事诉讼法、行政诉讼法，分别解决追究刑事责任问题、民事争议、行政争议。通俗地说，刑事诉讼主要是“官告民”，即由公安机关、检察院和法院来确定一个行为是否构成犯罪以及给予何种刑事处罚；民事诉讼是“民告民”，解决平等主体的公民之间、法人之间、其他组织之间以及他们相互之间因财产关系和人身关系提起的诉讼；行政诉讼是“民告官”，主要是公民、组织对行政机关作出的行政行为不服而向法院起诉，由法院审理并裁断。

非诉讼程序法律制度是规范仲裁机构或者人民调解组织解决社会纠纷的法律规范。主要有仲裁法、人民调解法、海事诉讼特别程序法、劳动争议调解仲裁法、农村土地承包经营纠纷调解仲裁法等。

第二节　专业技术人员法律制度

因专业技术人员的岗位或身份有一定的特殊性，针对专业技术人员我国已形成了一定的法律制度。

一、专业技术人员的范围与身份

目前，我国对专业技术人员并无明确而统一的规定，一些立法规定涉及专业技术人员的标准和范围。如《广东省专业技术人员继续教育条例》第二条第二款规定：“本条例所称专业技术人员，是指按照国家规定取得专业技术职业资格或者初级以上专业技术职务任职资格的在职人员，以及专业技术类公务员。”《重庆市专业技术人员继续教育条例》第二条规定：“专业技术人员是指具有初级以上职称、中专以上学历的在职专业技术人员和专业技术管理人员。”这些规定表明，专业技术人员是指具有特定的专业技术并以其专业技术从事专业工作获得相应利益的人员。通常而言，专业技术人员是通过学历、职业资格、职称和工作岗位等因素进行判定的。其中，职业资格是对专业技术人员从事某一特定职业所必备的学识、技术和能力的基本要求，包括准入类和水平评价类，专业技术人员一般通过考试取得特定的职业资格后才可从事特定的职业。职称则是专业技术人员能力和水平的标志，分为高级、中级、初级三个层级，通过考试或评审取得，主要用于用人单位的职务聘用、工资待遇等人事管理工作。

专业技术人员涉及的领域十分广泛，用人单位的性质也各异，既包括事业单位、企业，也包括国家机关、社会团体等，专业技术人员的身份因用人单位性质、工作岗位等不同而有所不同。大体而言，专业技术人员的身份有三种。

（一）普通个人

专业技术人员作为个人，即法律上的自然人，享有普通个人的权利，也要履行相应的义务，在我国应遵守中华人民共和国的法律。其中，绝大多数专业技术人员是中华人民共和国公民，应按照中华人民共和国公民的身份要求。如从事民事活动，要遵守民事法律；构成行政违法，行政机关可以依法予以行政处罚；构成犯罪，则要适用刑法。不过，值得注意的是，因专业技术人员单位和岗位的身份，其要求更高，作为普通个人的权利需受到一定的限制。如专业技术人员为公职人员，要遵守公职人员的要求。

（二）单位和岗位身份

专业技术人员工作在不同的单位，因单位性质、岗位不同而具有不同的身份。专业技术人员工作的单位包括国家机关、事业单位、企业、社会团体等，因而其身份因单位性质不同而有所区别。

在国家机关工作的专业技术人员是专业技术类公务员①，首先要按照《中华人民共和国公务员法》（以下简称《公务员法》）进行管理。《公务员法》对公务员的权利义务、考核、职务职级任免与升降、奖励、监督与惩戒、培训、交流与回避、工资、福利与保险、辞职与辞退等作出了明确规定。如根

---

① 指专门从事专业技术工作，为机关履行职责提供技术支持和保障的公务员，其职责具有强技术性、低替代性。

据《公务员法》的规定，公务员应当履行八项义务：忠于宪法，模范遵守、自觉维护宪法和法律，自觉接受中国共产党领导；忠于国家，维护国家的安全、荣誉和利益；忠于人民，全心全意为人民服务，接受人民监督；忠于职守，勤勉尽责，服从和执行上级依法作出的决定和命令，按照规定的权限和程序履行职责，努力提高工作质量和效率；保守国家秘密和工作秘密；带头践行社会主义核心价值观，坚守法治，遵守纪律，恪守职业道德，模范遵守社会公德、家庭美德；清正廉洁，公道正派；法律规定的其他义务。同时，专业技术类公务员要遵守特殊规定，如《专业技术类公务员管理规定（试行）》。担任领导职务的专业技术类公务员，法律、法规对其选拔任用、管理监督等有特别规定的，应当按照有关规定执行。

在事业单位工作的专业技术人员，要遵循事业单位及其人事管理规定。事业单位工作人员以脑力劳动为主，人员以专业技术人员为主体，主要利用科技文化知识为社会提供服务。目前，专门针对事业单位及其工作人员的法律规范很多，高层级的主要是《事业单位登记管理暂行条例》和《事业单位人事管理条例》。

在企业工作的专业技术人员，因国有企业和民营企业而不同。总体而言，国有企业人员的管理要求要严于民营企业的人员。

（三）专业技术人员本身

这里是指不管专业技术人员的工作单位和岗位，是专门针对专业技术人员本身作出的法律规定，或者与专业技术人员密切相关的法律制度。前者主要涉及专业技术人员的身份，包括职业资格取得、职称评定等；后者主要涉及专业技术人员业务活动的要求，如知识产权保护。

鉴于专业技术人员的特点，在此主要分析涉及第三个方面的法律制度。

二、专业技术人员的法律制度

（一）宪法

宪法作为根本法，具有最高法律效力。针对专业技术及人员，我国宪法也作出了规定，具有重要意义。

针对科学研究和技术发明创造，《宪法》第二十条规定，国家发展自然科学和社会科学事业，普及科学和技术知识，奖励科学研究成果和技术发明创造。第四十七条规定，中华人民共和国公民有进行科学研究、文学艺术创作和其他文化活动的自由。国家对于从事教育、科学、技术、文学、艺术和其他文化事业的公民的有益于人民的创造性工作，给以鼓励和帮助。这两条规定确立了国家倡导、鼓励、支持和帮助科学研究和技术发展的清晰导向，并赋予公民进行科学研究、文学艺术创作和其他文化活动的自由。

针对人员，《宪法》第二十三条规定，国家培养为社会主义服务的各种专业人才，扩大知识分子的队伍，创造条件，充分发挥他们在社会主义现代化建设中的作用。

（二）法律

有关科学技术及专业技术人员的法律，主要有科学技术进步法、促进科技成果转化法、科学技术普及法、专利法、著作权法等。在此重点介绍前三部法律，后两部法律列专章分析。

1. 科学技术进步法

《中华人民共和国科学技术进步法》（以下简称《科学技术进步法》）于1993年由全国人民代表大会常务委员会通过，2007年修订，共八章，包括总则，科学研究、技术开发与科学技术应用，企业技术进步，科学技术研究开发机构，科学技术人员，保障措施，法律责任，附则。《科学技术进步法》是科技领域的基本法，明确了国家发展科学技术的目标、方针和战略，强化了激励自主创新的措施，主要包括突出和鼓励自主创新，强化企业在自主创新中的主体地位，明确各级政府在推动科技进步中的职责，规范科研机构在自主创新中的权责，加强科技人员队伍建设，推动科技资源共享，实施知识产权战略和技术标准战略。《科技进步法》对科学科技术人员队伍建设的安排，主要体现在三个方面。

一是保障科学技术人员的合法权益。强调鼓励科学技术人员的积极性，并保障相应的待遇和权益。一方面，各级人民政府和企业事业组织应当采取措施，提高科学技术人员的工资和福利待遇，对有突出贡献的科学技术人员给予优厚待遇。应当保障科学技术人员接受继续教育的权利，并为科学技术人员的合理流动创造环境和条件，发挥其专长。对于在国外工作的科学技术人员，国家鼓励他们回国从事科学技术研究开发工作。利用财政性资金设立的科学技术研究开发机构、高等学校聘用在国外工作的杰出科学技术人员回国从事科学技术研究开发工作的，应当为其工作和生活提供方便。外国的杰出科学技术人员到中国从事科学技术研究开发工作的，按照国家有关规定，可以依法优先获得在华永久居留权。另一方面，科学技术人员可以根据其学术水平和业务能力依法选择工作单位、竞聘相应的岗位，取得相应的职务或者职称。国家鼓励科学技术人员自由探索、勇于承担风险。原始记录能够证明承担探索性强、风险高的科学技术研究开发项目的科学技术人员，已经履行了勤勉尽责义务仍不能完成该项目的，给予宽容。

二是规定科学技术人员的义务。科学技术人员应当弘扬科学精神，遵守学术规范，恪守职业道德，诚实守信；不得在科学技术活动中弄虚作假，不得参加、支持迷信活动。

三是建立科学技术人员的诚信档案。利用财政性资金设立的科学技术基金项目、科学技术计划项目的管理机构，应当为参与项目的科学技术人员建立学术诚信档案，作为对科学技术人员聘任专业技术职务或者职称、审批科学技术人员申请科学技术研究开发项目等的依据。

2. 促进科技成果转化法

《中华人民共和国促进科技成果转化法》（以下简称《促进科技成果转化法》）于1996年由全国人民代表大会常务委员会通过，并于2015年修正，共六章，包括总则、组织实施、保障措施、技术权益、法律责任、附则。制定该法的目的是在规范科技成果转化活动的同时，促进科技成果转化为现实生产力，加速科学技术进步，推动经济建设和社会发展。特别是2015年修正的《促进科技成果转化法》针对实践中存在着重理论成果轻成果运用、科技成果供求双方信息交流不够通畅、科技成果转化不便等问题确立了四项机制，旨在打通科技与经济结合的通道，促进大众创业、万众创新，鼓励研究开发机构、高等院校、企业等创新主体及科技人员转化科技成果，推进经济转型升级。

（1）加强科技成果信息发布

为便于企业对科技成果的充分了解，《促进科技成果转化法》规定，国家建立、完善科技报告制度和科技成果信息系统，向社会公布科技项目实施情况以及科技成果和相关知识产权信息，提供科技成果信息查询、筛选等公益服务。

（2）引导和激励科研机构积极转化科技成果

一方面，完善科技成果处置、收益分配制度。国家设立的研究开发机构、高等院校对其持有的科技成果，可以自主决定转让、许可或者作价投资，但应当通过协议定价、在技术交易市场挂牌交易、拍卖等方式确定价格。转化科技成果所获得的收入全部留归本单位，在对完成、转化职务科技成果做出重要贡献的人员给予奖励和报酬后，主要用于科学技术研究开发与成果转化等相关工作。

另一方面，修改、完善对科技人员的奖励制度，为加大奖励力度留下空间。职务科技成果转化后，由科技成果完成单位对完成、转化该项科技成果做出重要贡献的人员给予奖励和报酬。科技成果完成单位可以规定或者与科技人员约定奖励和报酬的方式、数额和时限，未规定也未与科技人员约定奖励和报酬的方式和数额的，按照法定标准给予奖励和报酬。

（3）强化企业在科技成果转化中的主体作用

为促进科研与市场的结合，应进一步发挥企业在科技成果转化中的主体作用。一是促进企业参与科研的组织、实施。规定利用财政资金设立应用类科技项目和其他相关科技项目，在制定相关科技规划、计划，编制项目指南时应当听取相关行业、企业的意见。二是推进产学研合作。规定国家鼓励企业与研究开发机构、高等院校及其他组织采取联合建立研究开发平台、技术转移机构或者技术创新联盟等产学研合作方式，共同开展研究开发、成果应用与推广、标准研究与制定等活动。国家鼓励研究开发机构、高等院校与企业及其他组织开展科技人员交流活动。

（4）加强科技成果转化服务

加强科技成果转化服务，为科技成果转化创造更多便利和更好的环境。如国家培育和发展技术市场，鼓励创办科技中介服务机构，为技术交易提供交易场所、信息平台以及信息检索、加工与分析、评估、经纪等服务。支持根据产业和区域发展需要建设公共研究开发平台，为科技成果转化提供技术集成、共性技术研究开发、中间试验和工业性试验、科技成果系统化和工程化开发、技术推广与示范等服务。支持科技企业孵化器、大学科技园等科技企业孵化机构发展，为初创期科技型中小企业提供孵化场地、创业辅导、研究开发与管理咨询等服务。

3. 科学技术普及法

2002 年《中华人民共和国科学技术普及法》由全国人民代表大会常务委员会通过。制定该法的目的在于实施科教兴国战略和可持续发展战略，加强科学技术普及工作，提高公民的科学文化素质，推动经济发展和社会进步。

科学技术协会是科普工作的主要社会力量，但科普是全社会的共同任务，尤其是科学技术工作者负有科普的社会责任。科学研究和技术开发机构、高等院校、自然科学和社会科学类社会团体，应当组织和支持科学技术工作者和教师开展科普活动，鼓励其结合本职工作进行科普宣传；有条件的，应当向公众开放实验室、陈列室和其他场地、设施，举办讲座和提供咨询。科学技术工作者和教师应当发挥自身优势和专长，积极参与和支持科普活动。

（三）行政法规

国务院制定的行政法规有许多与科学技术和专业技术人员密切相关，其中有两部法规值得特别关注。

一部是 1999 年国务院发布、2020 年修订的《国家科学技术奖励条例》。该条例对国家科学技术奖的设置、提名、评审和授予、法律责任等作出规定，目的在于通过行政奖励激励自主创新、激发人才活力、营造良好创新环境。

另一部是1986年国务院发布的《关于实行专业技术职务聘任制度的规定》。该规定明确指出，专业技术职务不同于一次获得而终身拥有的学位、学衔等各种学术、技术称号，而是根据实际工作需要设置的有明确职责、任职条件和任期，并需要具备专门的业务知识和技术水平才能担负的工作岗位。以此为基础，对专业技术职务涉及的主要事项作出逐一规定，包括专业技术职务的设置，任职基本条件，各级专业技术职务结构比例及工资额的确定，专业技术职务评审委员会，聘任和任命，行政人员与专业技术人员相互兼任职务的问题，待聘人员的安排和待遇，待聘高级职务的设置等。

（四）地方性法规

各地根据自身的实际情况针对专业技术人员制定了大量的地方性法规。目前，地方性法规涉及领域集中在五个方面：科学技术进步，科学技术普及，促进科技成果转化，民营科技企业，专业技术人员继续教育。许多地方制定了科学技术进步条例、科学技术普及条例、促进科技成果转化条例、民营科技企业管理或促进条例、专业技术人员继续教育条例或规定。也有一些地方制定了有一定特色的地方性法规，如《上海市推进科技创新中心建设条例》《贵州省科学技术资金投入管理条例》《重庆市科学技术投入条例》《广州市科学技术经费投入与管理条例》《大连市促进科技中介服务发展条例》等。

（五）部门规章

针对科学技术和专业技术人员管理，国务院有关部门制定了大量的部门规章。这些部门规章大体上可以分为两类：一类主要是针对科学技术事务管理，另一类主要是针对专业技术人员本身的管理，前者主要由国务院科技主管部门制定，后者主要由国务院人力资源社会保障主管部门制定。

涉及科学技术事务管理的部门规章可分为三类：第一类是科技事务管理，如《国家科技计划项目管理暂行办法》《国家科技计划管理暂行规定》《农业科技开发工作管理办法》《科学技术研究档案管理规定》《科学技术保密规定》等；第二类是科学奖励，如《国家科学技术奖励条例实施细则》《省、部级科学技术奖励管理办法》《国防科学技术奖励办法》《社会力量设立科学技术奖管理办法》等；第三类是对科学技术活动违规和不端行为的处理，如《科学技术活动违规行为处理暂行规定》《国家科技计划实施中科研不端行为处理办法（试行）》等。

涉及专业技术人员管理的部门规章有《职称评审管理暂行规定》《专业技术人员继续教育规定》《出版专业技术人员职业资格管理规定》《专业技术人员资格考试违纪违规行为处理规定》《劳动人事争议仲裁组织规则》《劳动人事争议仲裁办案规则》《人事争议处理规定》等。

（六）地方政府规章

针对科学技术和专业技术人员，地方政府规章主要集中在三类。

第一类是科技事务管理。如《广东省科技计划项目监督规定》《吉林省科技人员领办、创办科技企业和从事科技服务活动的若干规定》《海南省科技成果转化奖励基金管理办法》《海口市科学技术投入办法》《呼和浩特市“科技兴市效益奖”奖励规定》《呼和浩特市实施“科技兴市”战略推动经济发展暂行规定》《齐齐哈尔市民办科技机构管理办法》等。

第二类是科学技术奖励。在此方面，地方政府制定了大量的科学技术奖励办法或规定。

第三类是专业技术人员管理。其中比较多的是有关专业技术人员继续教育的规定，如《河北省专业技术人员继续教育规定》。其他的则较为分散，如《山东省专业技术人员和管理人员合理流动暂行规定》《南京市外商投资企业中方专业技术人员和管理人员人事管理暂行办法》等。

（七）行政规范性文件

除上述六类外，有关行政机关制定了大量的行政规范文件规范科学技术和专业技术人员管理。虽然这些文件不属于法律法规，但对细化和具体化立法实施起着重要作用。单就特定领域的专业人员，就有不少行政性规范文件，如《铁路专业技术人员管理暂行规定》《具有医学专业技术职务任职资格人员认定医师资格及执业注册办法》《统计专业技术资格考试暂行规定》《专业技术资格评定试行办法》《医药专业技术职务聘任制实施细则》等。由于数量巨大，在此不具体分析。

媒体声音

中共中央、国务院隆重举行2019年国家科学技术奖励大会①②③

根据《国家科学技术奖励条例》的规定，经国家科学技术奖励评审委员会评审、国家科学技术奖励委员会审定和科技部审核，国务院批准并报请国家主席习近平签署，2019年度国家科学技术奖共评选出296个项目和12名科技专家。其中，授予黄旭华院士、曾庆存院士国家最高科学技术奖；国家自然科学奖46项，其中授予“高效手性螺环催化剂的发现”国家自然科学奖一等奖；授予“电化学表面增强拉曼光谱学研究”等45项成果国家自然科学奖二等奖；国家技术发明奖65项，其中授予“复杂机场高精度飞行校验技术及装备”等3项成果国家技术发明奖一等奖，授予“农产品中典型化学污染物精准识别与检测关键技术”等62项成果国家技术发明奖二等奖；国家科学技术进步奖185项，其中授予“海上大型绞吸疏浚装备的自主研发与产业化”等3项成果国家科学技术进步奖特等奖，授予“高品质特殊钢绿色高效电渣重熔关键技术的开发和应用”等22项成果国家科学技术进步奖一等奖，授予“优质早熟抗寒抗赤霉病小麦新品种西农979的选育与应用”等160项成果国家科学技术进步奖二等奖；授予马丁·波利亚科夫教授等10名外国专家中华人民共和国国际科学技术合作奖。

2020年1月10日上午，中共中央、国务院在北京隆重举行国家科学技术奖励大会。中共中央总书记、国家主席、中央军委主席习近平首先向获得2019年度国家最高科学技术奖的原中国船舶重工集团公司第七一九研究所黄旭华院士和中国科学院大气物理研究所曾庆存院士颁发奖章、证书，同他们

---

① 中共中央、国务院隆重举行国家科学技术奖励大会［N］. 人民日报，2020-01-11（1）.
② 国务院关于2019年度国家科学技术奖励的决定［N］. 人民日报，2020-01-11（2）.
③ 2019年国家科技奖获奖项目五大特点［N］. 人民日报，2020-01-11（6）.

热情握手表示祝贺，并请他们到主席台就座。随后，习近平等党和国家领导人同两位最高奖获得者一道，为获得国家自然科学奖、国家技术发明奖、国家科学技术进步奖和中华人民共和国国际科学技术合作奖的代表颁发证书。中共中央政治局常委、国务院总理李克强在讲话中代表党中央、国务院，向全体获奖人员表示热烈祝贺，向全国广大科技工作者致以崇高敬意，向参与和支持中国科技事业的外国专家表示衷心感谢。黄旭华、曾庆存代表全体获奖人员发言。

2019 年国家科技奖获奖项目有以下五大特点。一是青年人才已成为基础研究领域的有生力量。国家自然科学奖获奖成果完成人平均年龄 44.6 岁，第一完成人平均年龄 52.5 岁，分别比 2018 年下降了 2 岁和 2.6 岁；超过 60%的完成人为年龄不足 45 岁的青年才俊，青年科技工作者已经成为基础研究队伍中的生力军。二是科技创新引领绿色发展。金属材料、轻工、化工、机械、农业工程等各行业的获奖成果彰显绿色发展理念，从污染机制的基础研究到空气质量治理、水污染防治、土壤修复等领域，科技创新硕果累累，为打赢蓝天、碧水和净土保卫战提供了有效支撑。三是农产品精准检测及精深加工实现新突破。农产品质量安全检测的成果，丰富了农产品安全技术手段，有效提升了从生产到餐桌全过程的安全水平。农产品和食品加工产业的成果，在关注品质的同时注重副产品高值化利用，显著提升了经济社会效益。四是科技创新推动制造业提质增效升级。在机械装备、新一代半导体照明、航空安全和飞机制造等重要领域，多年科研厚积薄发，涌现出多个具有重大影响力的优秀成果。五是国际科技合作向更大范围更广领域迈进。

国家科学技术奖是我国《科学技术进步法》和《国家科学技术奖励条例》所确立的重要制度，集中体现了党和国家对在科学技术进步活动中做出突出贡献的个人、组织进行的褒奖，旨在通过正向的激励调动科学技术工作者的积极性和创造性，鼓励科学技术工作者建设创新型国家和世界科技强国不断努力和做出贡献。中共中央、国务院隆重举行国家科学技术奖励大会，不仅是对科学技术工作者的肯定和奖励，而且向全社会传递了支持科学技术发展、推动科学技术发展的鲜明立场和态度。从中，也可以看到虽然法律包含着惩戒和处罚，但法律同样包含着奖励和激励，与其他领域相比，科技领域不少的法律制度是有关后一方面的规定。

国家自然科学基金委员会监督委员会通报 2019年查处的10起科研不端行为案件

1. 抄袭剽窃他人基金项目申请书

某大学戴某2018年科学基金面上项目申请书的框架和大段内容抄袭了他人在2014年获资助基金项目的申请书。决定取消戴某国家自然科学基金项目申请资格4年，取消其国家自然科学基金项目评议、评审资格7年，给予其通报批评。

2. 冒用他人名义申报基金项目等不端行为

某大学教授陈某某在其他两位教授不知情的情况下，冒用2人名义、冒签2人姓名申报基金项目并在申请书中提供了相关虚假信息。决定撤销陈某某冒用2人名义申报并获资助的2个基金项目，追回2个项目已拨资金，取消其国家自然科学基金项目申请资格4年，给予通报批评。

3. 抄袭剽窃他人基金项目申请书

某农牧业科学院桑某进入其导师孙某某办公室翻找文件，发现某大学茅某某2017年国家自然基金项目申请书，遂对该申请书进行了拍照，并对申请书中部分内容及相关试剂价格进行了抄袭剽窃，用于其2018年基金项目申请。决定取消桑某国家自然科学基金项目申请资格4年，给予其通报批评。

4. 在基金项目申请书中提供虚假信息

某大学梁某存在如下科研不端行为：一是将被依托单位调查证实存在抄袭的16篇论文中的部分论文，列入其获资助基金项目申请书中；二是某大学因梁某存在学术不端等问题已决定将其调离教学科研岗位，认定其不再具备开展科学研究的职业环境和依托条件、不适合继续担任科学基金等科研项目的负责人；三是梁某大量学术成果存在学术不端行为，违反《国家自然科学基金优秀青年科学基金项目管理办法》关于优秀青年基金项目申请人必须具备良好科学道德的要求。决定撤销梁某 3 个项目，追回已拨资金，取消其国家自然科学基金项目申请资格 4 年，给予其通报批评。同时，终止梁某 2018 年科学基金面上项目。

5. 冒用他人名义申报基金项目等不端行为

某大学唐某某是刘某某和唐某艳的共同导师，刘某某硕士毕业后返回原工作单位。唐某某冒用刘某某名义、冒签刘某某姓名申报青年科学基金项目，在申报过程中错填了唐某艳的身份证号码，提供了相关虚假信息。决定撤销唐某某冒用刘某某名义、冒签刘某某姓名申请并获资助的基金项目，追回已拨资金，取消其国家自然科学基金项目申请资格 4 年，给予其通报批评。

6. 在基金项目申请书中提供虚假信息

某大学赵某申请科学基金项目的申请书中有 4 篇论文存在冒用同名同姓人员论文成果的问题，且其中有 2 篇论文篡改作者顺序，此外还有 3 篇论文没有列出所有作者。决定撤销赵某获资助的基金项目，追回已拨资金，取消其国家自然科学基金项目申请资格 4 年，给予其通报批评。

7. 论文抄袭剽窃

董某某、魏某某发表的论文抄袭剽窃他人发表的论文，且擅自标注其他单位人员的科学基金项目批准号。决定取消 2 人国家自然科学基金项目申请资格 4 年，给予 2 人通报批评。

8. 某大学违规发布 2019 年部分项目有关评审信息

某大学在自然科学基金委员会正式公布评审结果之前违规在学校的官方网站公开发布部分项目有关评审信息，造成了严重的不良社会影响。上述行为违反了《国家自然科学基金条例》《国家自然科学基金依托单位基金工作管理办法》对依托单位管理责任的规定和要求，也违背了某大学与自然科学基金委员会签订的《国家自然科学基金项目申请单位公正性承诺书》的承诺内容，决定给予某大学通报批评，核减某大学间接费用 400 万元人民币。

9. 抄袭剽窃他人基金项目申请书

某大学徐某某和龚某某在同一科室工作，徐某某借阅龚某某 2016 年未获资助基金项目申请书后，在未告知龚某某的情况下将该申请书稍作修改即用于其 2019 年基金项目申报。徐某某存在抄袭剽窃他人基金项目申请书内容的行为，同时也造成了两份申请书高度相似和徐某某申请书研究基础造假的结果，龚某某对上述情况不知情。决定撤销徐某某 2019 年基金项目申请，取消其国家自然科学基金项目申请资格 5 年，给予其通报批评。

10. 抄袭剽窃他人基金项目申请书

某大学张某利用与沈某课题组成员交流的机会，获得沈某的基金项目申请书，在其 2019 年基金项目申请书撰写过程中，直接将沈某申请书中的立项依据、实验内容、部分实验方法和技术路线图粘贴到自己的申请书中，张某存在抄袭剽窃他人基金项目申请书内容的行为，同时也造成了两份申请书内容高度相似的结果。决定撤销张某 2019 年基金项目申请，取消其国家自然科学基金项目申请资格 4 年，给予其通报批评。

专业技术人员在从事研究、创作等工作时依法享有相应的权利和自由，但是同时必须遵守相关的法律规范和职业操守，不能逾越法律和纪律的底线，否则将构成违法违纪，需要承担相应的责任。其中，抄袭、剽窃、侵吞他人的学术成果，伪造、篡改数据文献，或者捏造事实等行为，构成了学术不端行为，既侵犯了他人的合法权益，也干扰了正常的科学研究秩序，是我国法律打击的重点。上述事例表明，目前我国一些专业技术人员尚未充分认识到学术不端行为的危害性，进而以身试法，值得特别警惕。

典型案例

刘某社会保险行政案①

【基本案情】

2018年2月27日，刘某向广东省深圳市社保局申请办理退休手续，深圳市社保局在审核其相关材料后，结合刘某的参保记录，认定刘某参加工作时间为深圳首次参保缴费时间2007年5月，无视同缴费年限。2018年3月6日，深圳市社保局作出《养老保险待遇决定书》，列明刘某从2018年3月起按月领取统筹养老金、个人账户养老金、过渡性养老金、地方补助等共计2 164元养老保险待遇。刘某对深圳市社保局认定的养老保险缴费年限不服，多次就工龄问题上访。2018年4月24日，某大学人事处出具《关于刘某按自动离职处理的情况说明》，称2016年1月17日刘某在该校补办了辞职手续，并将人事档案转至深圳市人才服务中心，请深圳市社保局对刘某自动离职前的工龄（视同缴费年限）问题予以考虑。2019年4月22日，深圳市社保局南山分局向某大学发出《关于协助核实刘某离职情况的函》，要求某大学协助核实是否已撤销对刘某的自动离职处理决定。2019年4月29日，某大学作出复函表示其并未撤销作出的对刘某自动离职的处理决定。2019年6月14日，深圳市社保局发出《企业职工养老保险待遇不予重核告知书》，因刘某无可计算为本市视同缴费年限的市外工作年限，也无可转入的市外实际缴费年限，不属于国家规定的转移接续人员，故不属于《深圳经济特区社会养老保险条例》第五十三条规定的转移接续范围，深圳市社保局不予重新核定刘某的养老保险待遇。刘某不服于2019年8月13日向深圳市政府提出行政复议申请，请求撤销涉案告知书。2019年10月31日，深圳市政府作出行政复议决定，维持深圳市社保局作出的涉案告知书。刘某向法院起诉，请求撤销深圳市社保局《企业职工养老保险待遇不予重核告知书》，撤销行政复议决定，责令深圳市

① 广东省深圳市中级人民法院行政判决书（2020）粤03行终1169号，广东省深圳市盐田区人民法院行政判决书（2020）粤0308行初348号。

社保局重核其养老保险待遇。

【法院裁判】

一审法院认为，本案争议的焦点为刘某申请重新核定养老保险待遇的证据是否充分。《人事部关于机关事业单位工作人员辞职辞退及自动离职参加工作后工作年限计算问题的复函》规定，机关、事业单位工作人员辞职、辞退、自动离职的工龄计算，职工辞职和辞退前的工龄与重新就业后的工龄可合并计算为连续工龄，自动离职人员的工龄从重新录用之日起计算。该案刘某因超期出国未归，某大学作出按其自动离职的处理决定。虽然刘某提交了情况说明，用以证明某大学为其补办了辞职手续，但根据《国务院关于促进科技人员合理流动的通知》第三条规定的内容，应理解为补办辞职手续的时间应在作出自动离职处理决定之前。现在刘某虽补办了辞职手续，但并不否定之前的自动离职处理决定的效力。且某大学在向深圳市社保局南山分局回函中明确表示并未撤销此前作出的自动离职处理决定。故在某大学对刘某作出的自动离职处理决定仍然有效的情况下，刘某无其他证据证明其养老保险待遇存在尚未计算的本市视同缴费年限的市外工作年限，或可转入的市外实际缴费年限，深圳市社保局不予重核刘某的养老保险待遇并作出涉案告知书并无不当，判决驳回刘某的全部诉讼请求。

刘某向深圳市中级人民法院提出上诉，法院审理认为，本案争议的焦点是深圳市社保局针对刘某作出的《企业职工养老保险待遇不予重核告知书》是否合法有据。刘某因出国逾期未归于2004年10月被某大学作出自动离职的处理决定，2007年5月在深圳首次参保缴费。参照《人事部关于机关事业单位工作人员辞职辞退及自动离职参加工作后工作年限计算问题的复函》有关“自动离职人员的工龄从重新录用之日起计算”的规定，深圳市社保局将上诉人工龄自2007年5月起计算并以此核发养老保险待遇。刘某就工龄认定问题多次向深圳市社保局上访，主张其补办了辞职手续，应按《国务院关于促进科技人员合理流动的通知》第三条规定将其在某大学的工作年限连续计算工龄。深圳市社保局经核查，虽然刘某于2016年1月在某大学补办了辞职手续，但原自动离职处理决定并未撤销，依然有效，即后续补办的辞职手续不足以否定之前自动离职处理决定的效力，并且结合《国务院关于促进科技人员合理流动的通知》第三条第二款有关“科技人员应当遵守国家政策规定和劳动纪律，不得擅自离职”以及第三条第一款“科技人员辞职申请被批准后，离开单位前，应当办理工作交接和辞职手续”等规定，该条第一款规定的可以累积计算工龄情形并不涵括该案此种已由单位作出自动离职处理决定后11年方再补办辞职手续的情形。鉴于刘某并未提交其他证据证明其存在依法应予计算而尚未计算的本市视同缴费年限的市外工作年限，或可转入的市外实际缴费年限，因此，深圳市社保局依据《深圳经济特区社会养老保险条例》第五十三条认定刘某不属于国家规定的转移接续人员，作出不予重新核定其养老保险待遇的行政决定，符合法律规定。判决驳回上诉，维持原判。

【案例分析】

此案是一起行政案件，但实质上涉及专业技术人员的权益保障问题，具体到此案中是刘某的养老保险待遇问题。我国相关的法律法规明确规定，科技人员应当遵守国家规定，不得擅自离职。科技人员通过辞职等方式离职的，应依法办理相关的离职手续，否则可能造成如此案中的权益受损的情形。

相关链接

深化自然科学研究人员与哲学社会科学研究人员职称制度改革的指导意见相继出台

自然科学研究人员和哲学社会科学研究人员，是我国重要的专业技术人才队伍。1986年，我国建立了自然科学研究人员和哲学社会科学研究人员职务聘任制度，对调动二者的积极性、加强自然科学和哲学社会科学研究及队伍建设发挥了重要作用。随着人才发展体制机制改革及国家职称制度改革的不断深化，自然科学研究人员和哲学社会科学研究人员职称制度中存在的问题逐渐凸显。自然科学研究人员职称制度标准不够科学，唯学历、唯资历、唯论文、唯奖项的“四唯”问题突出，同时全球科技竞争日趋激烈，提高国家自主创新能力，科研人员是关键，要构建有利于科研人员潜心研究和创新的人才评价制度，引导科研人员面向世界科技前沿、面向经济主战场、面向国家重大需求，在关键领域、关键核心技术等方面下功夫。哲学社会科学研究人员职称制度也存在着评价标准单一、评价机制不完善等问题，急需通过改革加以完善。

2019年4月23日，人力资源社会保障部、科技部印发《关于深化自然科学研究人员职称制度改革的指导意见》（以下简称《自然科学指导意见》），部署自然科学研究人员职称制度改革工作。2019年10月11日，人力资源社会保障部、中国社会科学院印发《关于深化哲学社会科学研究人员职称制度改革的指导意见》（以下简称《哲学社会科学指导意见》），部署哲学社会科学研究人员职称制度改革工作。

《自然科学指导意见》指出，自然科学研究人员是推进科技创新发展、建设创新型国家和世界科技强国的重要力量。自然科学研究人员职称制度改革以激发科研人员积极性和创造性为核心，遵循科研人员成长规律，聚焦提高我国关键核心技术创新能力，克服唯学历、唯资历、唯论文、唯奖项倾向，发挥好人才评价“指挥棒”和风向标作用，培养造就高水平创新型自然科学研究人员队伍。《自然科学指导意见》强调，要坚持德才兼备、以德为先。强化科研人员的爱国情怀和社会责任，倡导科学精神，树立勇于创新、严谨求实的学术风气，对科研不端行为实行“零容忍”。坚持分类评价，根据不同类型科研活动特点，对从事基础研究、应用研究、技术开发推广以及科技咨询服务的人员，分类制定评价标准。推行代表作制度，改变片面将论文、著作、专利、资金数量等与职称评审直接挂钩的做法。要创新评价机制，推行同行评价，引入市场评价和社会评价，发挥多元评价主体作用。进一步畅通职称评价渠道，确保民办机构自然科学研究人员在职称评审方面享有平等待遇。建立职称评审绿色通道，取得重大原创性研究成果或关键核心技术突破的，可直接申报评审高级职称。要坚持以用促评，实现职称制度与岗位聘用、考核、晋升等用人制度相衔接，在岗位聘用中实现人员能上能下，职称不再是科研人员的“永久牌”标签。尊重大型科研院所自主权，进一步下放职称评审权限，充分释放科研人员创新活力。

《哲学社会科学指导意见》指出，哲学社会科学研究人员是我国专业技术人才队伍的重要组成部分，是构建中国特色哲学社会科学的中坚力量。哲学社会科学研究人员职称制度改革立足中国特色社会主义进入新时代的历史方位，坚持“双百”方针，以激发科研人员的积极性、创造性为核心，遵循哲学社会科学发展规律和人才成长规律，克服唯学历、唯资历、唯论文、唯奖项倾向，科学、客观、公正评价科研人员的学术水平和实际贡献，为加快构建中国特色哲学社会科学、加强中国特色新型智库建设、促进经济社会高质量发展提供人才支撑。《哲学社会科学指导意见》强调，要坚持以马克思主义为指导，坚持为人民做学问，把品德放在职称评价的首位；坚持创新和质量导向，以科研能力、理论创新、学术水平、业绩贡献等为评价重点，推行代表作制度，注重论著质量，淡化数量要求，改变简单以出版社和刊物等级等判定成果质量、评价人才的做法；坚持分类评价，根据基础研究、应用研究和决策咨询研究等不同岗位科研人员及科研活动特点，分类制定人才评价标准，避免“一刀切”。要创新评价机制，丰富评价方式，强化同行专家评价，探索引入国际同行专家评价，提高评价的针对性和科学性。逐步下放职称评审权限，推动高校和科研院所等人才智力密集的单位按照管理权限自主开展职称评审。进一步畅通非公有制经济组织、社会组织、民间智库及自由职业研究人员职称评审通道。要加强评审监管，完善职称评审公开公示制度，完善评审专家责任和信誉制度，建立复查、投诉机制，保障申报人的合法权益。

职称制度是我国专业技术人员管理中的一项基本制度，是评价专业技术人员学术技术水平和职业素质能力的重要安排，也是人才科学配置和使用的重要依据，因此有重要的评价作用和导向作用。《自然科学指导意见》和《哲学社会科学指导意见》的出台，对解决目前自然科学研究人员和哲学社会科学研究人员职称制度中存在的突出问题，构建有利于科研人员潜心研究和创新的人才评价制度，提升我国自然科学和哲学社会科学水平有重要意义。

思考题

1. 中国特色社会主义法治体系与中国特色社会主义法律体系有哪些不同?
2. 我国有哪些法律层级?
3. 我国有哪些法律部门?
4. 谈谈对专业技术人员身份的理解。
5. 谈谈对专业技术人员法律制度的理解。

第三章

专业技术人员法治思维和法治能力的培养

导读

法治思维是指运用法治精神、法律原则和法律规定认识客观世界的方法。法治能力是指运用法治思维分析问题、解决问题的能力。法治思维和法治能力密不可分，各有侧重。在全面推进依法治国的新阶段，专业技术人员要全方位地掌握法治思维的基本内容，提高运用法治思维办事的法治能力，在日常工作和生活中养成基本的法治习惯，努力将自己培养成为既懂专业技术知识又懂法治的复合型高级人才，让自己在各领域专业成长道路上走得更稳、走得更远。

第一节　法治思维和法治能力的内涵和意义

专业技术人员学习掌握法治思维和法治能力，关键要在学习中掌握法治思维和法治能力的内涵和意义，提高对法治思维和法治能力的认识，切实将法治思维和法治能力重视起来。

一、在权威文件讲话中领会法治思维和法治能力

学习掌握法治思维和法治能力，一个好的办法是考察这两个概念的来龙去脉，在权威文献中把握法治思维和法治能力。2010 年 10 月 10 日，国务院颁布的《关于加强法治政府建设的意见》提出："行政机关工作人员特别是领导干部要带头学法、尊法、守法、用法……切实提高运用法治思维和法律手段解决经济社会发展中突出矛盾和问题的能力。"在这个阶段，法治思维和法治能力主要是针对行政机关工作人员的能力要求，是加强法治政府建设的重要内容。

2012 年 11 月 8 日，党的十八大报告明确指出："提高领导干部运用法治思维和法治方式深化改革、推动发展、化解矛盾、维护稳定能力。"进一步完善和扩展了法治思维的运用领域，不仅突出运用法治思维解决矛盾和问题，而且要求善于运用法治思维"深化改革""推动发展""维护稳定"。在这个阶段，法治思维和法治能力已经不仅仅是对行政机关工作人员的要求，而是上升到对所有领导干部的要求。

2012 年 12 月 4 日，习近平总书记《在首都各界纪念现行宪法公布施行 30 周年大会上的讲话》中指出："各级领导干部要提高运用法治思维和法治方式深化改革、推动发展、化解矛盾、维护稳定能力，努力推动形成办事依法、遇事找法、解决问题用法、化解矛盾靠法的良好法治环境，在法治轨道

上推动各项工作。”[①] 习近平总书记的这段讲话进一步发展和完善了法治思维和法治能力的内涵，提出“办事依法、遇事找法、解决问题用法、化解矛盾靠法”这一法治思维和法治能力建设的目标。

2014 年 10 月，党的十八届四中全会决定全面推进依法治国伟大事业，提出“党员干部是全面推进依法治国的重要组织者、推动者、实践者，要自觉提高运用法治思维和法治方式深化改革、推动发展、化解矛盾、维护稳定能力，高级干部尤其要以身作则、以上率下”，特别强调高级干部在提高法治思维和法治能力方面的带头作用。

2015 年，习近平总书记在省部级主要领导干部学习贯彻十八届四中全会精神全面推进依法治国专题研讨班上的讲话指出，“一个干部能力有高低，但在遵纪守法上必须过硬，这个不能有差别。一个人纵有天大的本事，如果没有很强的法治意识、不守规矩，也不能当领导干部，这个关首先要把住”。[②] 这个重要论述将法治思维和法治能力要求上升到对领导干部的基本素质要求，不仅仅是法治领域的要求。

2017 年 10 月，党的十九大报告明确提出，“我们党既要政治过硬，也要本领高强……增强政治领导本领，坚持战略思维、创新思维、辩证思维、法治思维、底线思维，科学制定和坚决执行党的路线方针政策，把党总揽全局、协调各方落到实处”。这段论述将法治思维作为党执政本领建设的重要内容。

2018 年 8 月，习近平总书记在中央全面依法治国委员会第一次会议上讲话指出，坚持抓住领导干部这个“关键少数”，领导干部必须带头尊崇法治、敬畏法律，了解法律、掌握法律，遵纪守法、捍卫法治，厉行法治、依法办事，不断提高运用法治思维和法治方式深化改革、推动发展、化解矛盾、维护稳定的能力。这是对领导干部如何坚持法治思维、提升法治能力进行的进一步阐述。

综上所述，加强领导干部法治思维能力建设，是自 2010 年以来尤其是以

---

① 习近平．论坚持全面依法治国［M］．北京：中央文献出版社，2020：15.

② 习近平．论坚持全面依法治国［M］．北京：中央文献出版社，2020：136-137.

习近平同志为核心的党中央着重推进的事业。在法治思维和法治能力刚被提出的时候，它们仅仅适用于行政机关工作人员，主要适用于化解矛盾和问题。但随着依法治国事业的推进，法治思维和法治能力已经成为全党干部必须具备的执政本领，并适用于中国共产党执政的各个领域，成为中国共产党党员党性的重要体现。在当代，不懂法治思维、缺乏法治能力的干部就是不合格的干部，对此我们应有清醒的认识。

二、法治思维和法治能力的核心内涵

尽管当前国内尚没有形成关于法治思维和法治能力的权威概念，但对法治思维和法治能力核心内涵的认知是一致的，即法治思维和法治能力的核心内涵是法治。法治思维是符合法治精神、法治理念、法治建设的思维，法治能力就是运用法治思维办事的能力。因此，学习法治思维和法治能力的内涵，就要牢牢把握住法治的内涵，搞清楚法治是什么。搞清楚了法治是什么，也就在总体上把握了法治思维和法治能力的内涵。

（一）西方话语体系中的“法治”

法治就其思想渊源可追溯至古希腊。古希腊哲学家亚里士多德认为，“法治应包含两重意义：已成立的法律获得普遍的服从，而大家所服从的法律本身又应该是制定得良好的法律”。[①] 亚里士多德有关法治的定义，也被视为法治的最通俗界定，是人们理解法治的认识起点。与中国先秦时代的法家不一样，古希腊人理解的法治不仅仅包括已经制定的法律获得普遍服从或者严格执行，其也要求法治所依据之“法”本身具有正义性。这种对于法治的认识，是西方法治传统的重要特点，也是现代法治区别于中国古代法家的关键之处。

到了近代，人类对法治的认识又有了新的进展，这种新进展首先从率先完成资产阶级工业革命的英国开始。在那里，法治不仅仅被理解为良法获得

① 亚里士多德. 政治学［M］. 吴寿彭，译. 北京：商务印书馆，1965：202.

普遍服从，而且被视为一种制约政府的分权模式。“现代政府无权制定规则，规则存在于更高的维度，并且由独立的仲裁机构进行解释”①，即政府必须依据既定的法律原则或规则行事，而判断政府行为是否合法的机关必须是独立于政府的第三方机构。英国近代宪制学者戴雪认为，英国近代宪制中的“法治”包含三重含义②：

第一，武断的权力不存在，凡人民不能无故受罚，或被法律处分，以致身体或财货受累。如被受罚，除非普通法院曾依据普通法律手续，证明此人实已破坏法律不可。

第二，法律面前人人平等，无一人在法律之上，而且每一个人，不论为贵为贱，须受命于国内所有普通法律并须安居于普通法院的管辖权之治下。

第三，法律源于权利，法律形成于普通法院的判决。在多数英美法系国家，个人权利依该国宪法而存在，此类权利本先由法院替个人争得，然后由宪法以通则作概括申明。

值得强调的是，最后一点是英美式法治的重要特征，即英美式法治是源于具体案件中对私人权利判决所形成的通则，判决先于法律，权利先于法律，法律只是对判例和权利的总结。人们不是因为宪法和法律的规定才享有权利，相反，正是人们本应享有权利，才会创造出宪法和法律。宪法和法律只是确认和维护权利的工具而已。

（二）中国特色社会主义法治

中国与西方历史文化不同，现实政治环境也不一样。中国特色社会主义法治是在马克思主义指导下，借鉴了西方法治的精华，吸取了中国革命和建设正反两方面经验，立足中国实际形成的。坚持党的领导、人民当家做主和依法治国的有机统一是中国特色社会主义法治道路的最鲜明特征。中国特色社会主义法治主要包括以下含义。

---

① ［英］丹尼尔·汉南．自由的基因：我们现代世界的由来［M］．徐爽，译．桂林：广西师范大学出版社，2015：5.

② ［英］戴雪．英宪精义［M］．雷宾南，译．北京：中国法制出版社，2001：239-243.

1. 法律至上

《宪法》第五条明确规定："中华人民共和国实行依法治国，建设社会主义法治国家。国家维护社会主义法制的统一和尊严。一切法律、行政法规和地方性法规都不得同宪法相抵触。一切国家机关和武装力量、各政党和各社会团体、各企业事业组织都必须遵守宪法和法律。一切违反宪法和法律的行为，必须予以追究。任何组织或者个人都不得有超越宪法和法律的特权。"党的十九大报告也再次重申，"树立宪法法律至上、法律面前人人平等的法治理念。各级党组织和全体党员要带头尊法学法守法用法，任何组织和个人都不得有超越宪法法律的特权，绝不允许以言代法、以权压法、逐利违法、徇私枉法"。可见，在坚持宪法和法律的至上性方面，中国无论是从相关宪法和法律的规定，还是从执政党的政策看，都是非常明确的，也是毫不含糊的。

2. 良法善治

法律不是可以随意制定的，社会主义法治对于奉为"至上"的法律也有基本的要求，这些法律必须为良法。如果法律本身出了问题，法律至上坚持得越彻底，对国家和人民造成的危害就越大。因此，社会主义法治理念强调法律本身必须符合客观规律、必须符合人民根本利益、必须符合实际情况、必须符合世界发展的潮流，坚持科学立法、民主立法、依法立法。判断一部法律是不是"良法"，大致有三个标准。首先看所立之法是否符合实际情况、是否符合客观规律、是否符合科学公理，如果所立之法严重脱离实际、严重违背客观规律（包括科学公理），则这个法就不是良法。要确保所立之法"遵法理、合事理、通情理"，防止立法"强人之所不能、禁人之所必犯"。其次看所立之法是否符合人民利益、做到以人民为中心。人民是依法治国的主体和力量源泉，必须坚持法治建设为了人民、依靠人民、造福人民、保护人民，以保障人民根本权益为出发点和落脚点，保证人民依法享有广泛的权利和自由、承担应尽的义务，维护社会公平正义，促进共同富裕。坚持立法为了人民、依靠人民，使立法反映人民意志、得到人民拥护。最后看所立之法是否本身合法。立法过程本身也必须依照法定权限和程序进行，维护社会主义法制的统一和尊严。法律内容不得违背宪法，法规内容不得违背宪法和法律，规章内容不得违背宪法、法律和法规。坚持“依法立法”是党的十九大报告提出来的最新要求，也是衡量一切法律是否为良法的底线要求。

3. 全面守法

全面守法是指社会主义法治要求一切个人、组织都必须严格遵守法律，没有法外的人，也没有法外的事。社会主义法治这一特征，源于法律面前人人平等的基本原则。在社会主义法治的语境中，没有谁可以自立于法治之外，也没有哪个组织可以在法律以外活动。党的十八届四中全会指出，平等是社会主义法律的基本属性。任何组织和个人都必须尊重宪法法律权威，都必须在宪法法律范围内活动，都必须依照宪法法律行使权力或权利、履行职责或义务，都不得有超越宪法法律的特权。党的十九大报告也明确要求“各级党组织和全体党员要带头尊法学法守法用法，任何组织和个人都不得有超越宪法法律的特权，绝不允许以言代法、以权压法、逐利违法、徇私枉法”。法治就好比水桶里的水，如果有一个人、一个组织可以公然违法，则法治就像水桶上有一个洞而得不到弥补一样，最终所剩无几。

（三）法治的共同遵循

总体而言，作为人类共同追求的法治有如下共同遵循。

第一，坚持规则的重要性。法治首先要尊重“法”的重要性。在广义的法治语境中，这里的“法”应当进行广义的解释，不仅包括正式的法律，也包括各类公开的规则和规定。从这个角度看，无论是“子产铸刑书”[①]，还是古代刘邦通过公开“约法三章”向老百姓表明自己的政治承诺[②]，都是坚持公开规则的重要性，都是坚持通过制定公开的规则来解决问题，都蕴含一定程度的法治思维，属于古代朴素的法治思维范畴。

第二，坚持程序的重要性。程序在中文中有顺序、形式、步骤等含义。

---

① 王沛. 子产铸刑书新考：以清华简《子产》为中心的研究［J］. 政法论坛，2018（2）.

② 张继海. “约法三章”小考［J］. 中国史研究，2001（2）.

在法治语境中，坚持程序的重要性就是要求不仅重视决定的内容是否正确，也要重视作出决定的形式、步骤、载体、方式等是否正确。坚持程序的重要性是法治重要的精神内核，正可谓“程序不是次要的事情，只有依靠程序公正，权力才可能变得让人能容忍……严苛的实体法，如果公正的不偏不倚的适用是可以忍受的”。①

第三，坚持权利的重要性。“权利”是近现代法治理念的核心概念，有关权利的界定也有多种角度。② 但权利的核心含义是明确的，就是人的正当诉求。因此，坚持权利的重要性就是高度关注每个人的正当诉求，尽最大可能满足每个人的正当诉求，而不是无视这些人的正当利益诉求。坚持权利的重要性是现代法治中决定方向性的因素。如果不是坚持权利的重要性，而是坚持维护强者和权力，则无论多么强调法律和程序的重要性，也不属于法治。

第四，坚持对法律本身正当性的追求。前述古希腊哲学家亚里士多德对法治两重意义的分析，可以视为是古代法治的体现，也可以视为法治的最低标准，即法治就是“良法善治”，既要讲严格服从法律，又要讲法律本身要正当。如果仅仅谈严格守法而认为法律本身是否正当无关紧要，则不是现代意义上的法治。

三、法治思维能力与其他思维能力的辨析

我们要更深刻地认识法治思维和法治能力的内涵，还要充分认识到法治思维和法治能力的独特价值，要能将法治思维和法治能力与其他思维和能力区分开来。在当代中国，尤其是要区分法治思维与政治思维、人治思维、法家思想、军事思维、战略思维、创新思维、底线思维、历史思维等的区别和联系。

（一）法治思维与政治思维

法治思维与政治思维是一对难解难分的思维方式。一方面法治离不开政

---

① ［英］威廉·韦德．行政法［M］．徐炳，等译．北京：中国大百科全书出版社，1997：93.

② 范进学．权利概念论［J］．中国法学，2003（2）．

治，甚至法治本身就是一个国家政治文明的核心内容；但另一方面法治和政治也不能混同。因此分析比较法治思维与其他思维的不同，首先要弄清楚法治思维与政治思维的关系。

政治思维就是运用政治价值、政治原则和政治规矩想问题、作决策、办事情的意识和能力。

法治思维与政治思维的关系可从三个方面剖析。

1. 政治思维为法治思维确定了立场和方向

实行法治是中国共产党的政治判断，法治思维本身是正确运用政治思维分析思考后的产物。中国共产党坚持法治思维，是要建设中国特色社会主义法治国家，是为中国人民谋幸福，为中华民族谋复兴。因此，在运用法治思维分析和处理政务时，一定要站稳政治立场、看准政治方向。

2. 法治思维给政治思维划定底线和红线

法治思维不仅有独立于政治思维的内容，在具体工作中还要给政治思维划定红线和底线。习近平总书记指出："我们说不存在'党大还是法大'的问题，是把党作为一个执政整体而言的，是指党的执政地位和领导地位而言的，具体到每个党政组织、每个领导干部，就必须服从和遵守宪法法律，就不能以党自居，就不能把党的领导作为个人以言代法、以权压法、徇私枉法的挡箭牌"。"如果说'党大还是法大'是一个伪命题，那么对各级党政组织、各级领导干部来说，权大还是法大则是一个真命题。纵观人类政治文明史，权力是一把双刃剑，在法治轨道上行使可以造福人民，在法律之外行使则必然祸害国家和人民。"① 习近平总书记的这两段话，深刻地揭示了在日常工作中法治思维对政治思维的制约作用。

3. 法治思维与政治思维在本质上是一致的

坚持法治思维是更好地运用政治思维，法治思维是政治思维的理性化和专业化。习近平总书记指出："我们党的政策和国家法律都是人民根本意志的

---

① 中共中央文献研究室. 习近平关于全面依法治国论述摘编［M］. 北京：中央文献出版社，2015：37-38.

反映，在本质上是一致的。党的政策是国家法律的先导和指引，是立法的依据和执法司法的重要指导。要善于通过法定程序使党的主张成为国家意志、形成法律，通过法律保障党的政策有效实施，确保党发挥总揽全局、协调各方的领导核心作用。党的政策成为国家法律后，实施法律就是贯彻党的意志，依法办事就是执行党的政策。党既领导人民制定宪法法律，也领导人民执行宪法法律，党自身必须在宪法法律范围内活动，做到党领导立法、保证执法、带头守法。”① 这段话对法治思维与政治思维的本质一致性作了清晰的阐述。

（二）法治思维与人治思维

人治思维就是把问题的根源归结于人并主要寄希望于通过改变人来改变客观世界的思维方式。人治思维的错误不在于重视人在解决问题方面的作用。人类世界是由人组成的，人类世界的很多问题都与人有关。重视人并通过改变人来解决问题的思维本身没有错误。人治思维的错误之处在于认为问题的根源首要在人，并且认为只要改变人就能改变客观世界。从马克思主义哲学原理出发，人治思维高估了人在社会发展和国家治理中的作用，忽视了社会发展客观规律的作用，是一种唯心主义思维。人治思维与法治思维存在以下三个对立。

第一，人治思维认为“为政在人”，法治思维认为“为政在法”。习近平总书记指出：“小智治事、中智治人、大智立法。”② 这句话就是法治思维的体现。

第二，人治思维认为道德起决定性作用，法治思维认为激励起决定性作用。因此，面对社会上的诸多不良现象，人治思维主政者一般将道德教育放在解决社会问题诸多手段中的第一位，而法治思维的主政者则将完善相关体制机制和奖惩措施放在解决社会问题诸多手段中的第一位。

---

① 中共中央文献研究室．习近平关于全面依法治国论述摘编［M］．北京：中央文献出版社，2015：20.

② 中共中央文献研究室．习近平关于全面依法治国论述摘编［M］．北京：中央文献出版社，2015：12-13.

第三，人治思维要不断消灭或清除“坏人”，法治思维则要不断改革与完善旧制。邓小平同志指出，我们过去发生的各种错误，固然与某些领导人的思想、作风有关，但是组织制度、工作制度方面的问题更重要。这些方面的制度好可以使坏人无法任意横行，制度不好可以使好人无法充分做好事，甚至会走向反面。① 这段话就是法治思维的经典论述。

（三）法治思维与法家思想

中国古代有一种治国思想叫法家思想。法家思想非常重视法律在国家治理中的作用，提出“法令者，民之命也，为治之本也”“不别亲疏，不殊贵贱，一断于法”等主张，具有一定的进步意义。但是，必须清楚地指明，中国古代的法家思想，本质上仍旧是人治思维的产物，只不过是法律化的人治思维，切不可将中国古代的法家思想与法治思维混同。

第一，法家思想是“君为上”，法律只是君主治国的工具，法律不及君主；法治思维则要求所有人必须守法，没有法外之人。

第二，法家思想重视法律的目的是强国，法治思维重视法律的目的是强民。因此法家思想是民众义务本位，法治思维是民众权利本位。在法家思想下，民众是国家的薪柴，法律不过是捆绑薪柴的绳索；在法治国家中，民众是国家的主人，法律是民众治理国家的工具。

（四）法治思维与战略思维、创新思维、底线思维、历史思维

法治思维是战略思维的具体体现。所谓战略思维就是要站在全局的、长远的、根本的角度分析问题和解决问题，坚持“不谋全局者，不足谋一域”“不谋长远者，不足谋一时”。坚持建设中国特色社会主义法治国家、坚持加强法治思维建设，就是站在中华民族伟大复兴的全局、长远和根本性视角作出的重大战略决策。

法治思维是创新思维和底线思维交汇的最大公约数。创新就要求突破旧的观念、制度、做法，具有一定的颠覆性甚至破坏性。但创新也要坚守底线，

① 邓小平．邓小平文选（第二卷）［M］．北京：人民出版社，1994：333.

这里的“底线”主要是指法治底线。习近平总书记强调，“凡属重大改革要于法有据，需要修改法律的可以先修改法律，先立后破，有序进行。有的重要改革举措，需要得到法律授权的，要按法律程序进行”①，很好地阐述了法治思维与底线思维、创新思维的关系。

法治思维也是正确运用历史思维的产物。习近平总书记指出，“历史是最好的老师。经验和教训使我们党深刻认识到，法治是治国理政不可或缺的重要手段。法治兴则国家兴，法治衰则国家乱。什么时候重视法治、法治昌明，什么时候就国泰民安；什么时候忽视法治、法治松弛，什么时候就国乱民怨”②。这段话就是习近平总书记正确运用历史思维分析问题的范例。

四、学习掌握法治思维、提升法治能力的意义

学习掌握法治思维、提升法治能力，对专业技术人员而言具有重大的意义。

（一）中国共产党在新时代对所有党员干部的党性要求

专业技术人员很多都是党员和各级领导干部，学习掌握法治思维、提升法治能力就是最基本的组织要求。习近平总书记指出，“治理一个国家、一个社会，关键是立规矩、讲规矩、守规矩，而法律就是治国理政最重要的规矩”③。可见，法律是最大的规矩，依法执政就是按照最大的规矩执政，而规矩意识不是能力问题，而是党性问题。习近平总书记还指出，“一个人纵有天大的本事，如果没有很强的法治意识、不守规矩，也不能当领导干部”④。这段话更清楚地表明，法治意识和规矩意识具有深层次的同源性，没有法治意识就是没有规矩意识，有了规矩意识也就有了基本的法治意识，这都不是能

① 中共中央文献研究室．习近平关于全面依法治国论述摘编［M］．北京：中央文献出版社，2015：45-46.

② 中共中央文献研究室．习近平关于全面依法治国论述摘编［M］．北京：中央文献出版社，2015：8-9.

③ 习近平．论坚持全面依法治国［M］．北京：中央文献出版社，2020：195.

④ 习近平．论坚持全面依法治国［M］．北京：中央文献出版社，2020：207-208.

力问题，而是对全体党员干部最基本的要求。依法执政绝不仅仅是一个法治能力、执政本领，绝不仅仅是从事法律专门活动的专业技术党员干部才应具备的基本素质，而是全体党员干部必须具备的党性，对此应有清醒的认识。

（二）专业技术人员自身职业生涯健康发展的基本要求

专业技术人员包括教师、医生、律师、会计师等重要职业从业人员，实际上掌握着各类公共资源的分配权。因此，很多专业技术人员也面临来自各个方面的“拉拢”和“收买”。解决这个问题，首先要了解红线底线在哪里，“河道河沿”在哪里的问题。这就需要专业技术人员学习掌握法治思维、提升法治能力。

（三）有助于专业技术人员更好地维护自己的合法权益

专业技术人员一方面拥有的各类产权包括知识产权比较多，容易成为侵权的受害者，另一方面自力救济能力较弱，非常依赖法律手段维护自身的合法权益。法治环境较好的地方，往往也是专业技术人员发展得比较好的地方。因此，专业技术人员更要学习掌握法治思维、提升法治能力。

第二节　专业技术人员法治思维的基本要求

在现代法治国家，社会经济生活的各个方面都有法律约束，因此法治思维的内容也是包罗万象、涵盖社会生活的方方面面。从法学学科看，有宪法思维、行政法思维、民法思维、商法思维等；从法治实践看，有程序思维、证据思维、规则思维、权利思维、责任思维等。本节主要阐述最基本也是专业技术人员应当重点学习掌握的五个法治思维，即法律至上思维、权利保护思维、权力制约思维、事实有据思维和正当程序思维。

一、法律至上思维

法律至上思维是指将法律当成最高行为准则的思维。法律至上思维不仅仅是“法律规则至上”，还包括“法律原则至上”或“法律价值至上”，这要求我们不仅仅要以法律规则为最高准则，在法律规则空缺时也要以法律原则或法律价值为最高原则和最高价值取向。法律至上思维是最基本的法治思维，是法治国家对包括专业技术人员在内的全体公民的基本要求。

（一）“法律至上”的起源

从时间顺序看，“法律至上”起源于西方，近代之后传入中国。随着中国特色社会主义法治国家建设的推进，“法律至上”也逐渐成为我国社会主义法治建设的重要内容，为我国现行的政治和法律体系所接纳。

法律至上思维在西方历史上可以追溯到古希腊时代。古希腊哲学家亚里士多德曾经指出：“凡不能维持法律威信的城邦都不能说它已经建立了任何政体。法律应在任何方面受到尊重而保持无上的权威，执政人员和公民团体只应在法律（通则）所不及的‘个别’事例上有所抉择，两者都不该侵犯法律。”[①] 在古希腊时代，首先在现实政治中坚持法律至上思维推行改革的是古希腊政治家梭伦。公元前 594 年，梭伦推行改革，为雅典立法，将法律刻在牌子上公布，并且宣布“我将理性地服从现存的政府和已设立和将设立的法律，有人企图破坏或不服从法律，我决不容许”[②]。以至于后人在评价古希腊时曾经说道：“那里的人只受法律的约束，那里的法律比人还要有权力。”[③]

我国几千年的君主专制历史中没有法律至上的传统。尽管法家曾经主张“法不阿贵”，但是其主张只是法律要超越贵族大臣，而不是法律要在君主之上。法家对法律尽管很重视，但也只是把法律当成君主治国的工具加以重视。无论从法家思想理论上还是秦朝政治实践看，都不存在“君（主）在法下”的思想和实践。法律至上在我国古代既没有系统的思想主张，也没有现实的实践历史。面临四面楚歌的清王朝被迫颁布宪法，即《钦定宪法大纲》，仍旧宣布“君上神圣尊严，不可侵犯”“臣民有遵守国家法律之义务”，仍旧将法律视为主要约束臣民的工具。1911 年 11 月 3 日，在辛亥革命爆发一个月之

① ［古希腊］亚里士多德. 政治学［M］. 吴寿彭，译. 北京：商务印书馆，1965：195.
② ［苏联］赛尔格叶夫. 古希腊史［M］. 北京：高等教育出版社，1955：10.
③ ［法］孟德斯鸠. 论法的精神（上册）［M］. 张雁深，译. 北京：商务印书馆，1993：331.

后，摇摇欲坠的清王朝颁布《宪法重大信条十九条》（简称《十九信条》），在规定“皇帝神圣，不可侵犯”的同时终于规定“皇帝之权以宪法所规定者为限”。但此时宣布“君（主）在法下”为时已晚。从法律史上可以将《十九信条》当成中国第一次规定“法律至上”，但《十九信条》在历史上并没有机会获得实施。

1912年中华民国成立，同年颁布《中华民国临时约法》（以下简称《临时约法》）。《临时约法》是中国第一部具有现代意义的宪法，系统性地确立了法律至上的原则。此后中华民国诸多版本宪法，也都确立了法律至上的原则。但是，由于中华民国积贫积弱，国家统一与政治整合尚未完成，加之政治腐败、外敌入侵，长期陷于割据战乱状态，宪法上确立的法律至上在实践中无从谈起。中华民国宪法和法律规定的法律至上实际上是一纸空文。

法律至上真正得以确立并获得实施，还是在中华人民共和国成立之后。《关于建国以来党的若干历史问题的决议》认为，长期封建专制主义在思想政治方面的遗毒仍然不是很容易肃清的，种种历史原因又使我们没有能把党内民主和国家政治社会生活的民主加以制度化、法律化，或者虽然制定了法律，却没有应有的权威，并提出完善国家的宪法和法律并使之成为任何人都必须严格遵守的不可侵犯的力量，使社会主义法制成为维护人民权利，保障生产秩序、工作秩序、生活秩序，制裁犯罪行为，打击阶级敌人破坏活动的强大武器。1982年制定的《中华人民共和国宪法》规定：“全国各族人民、一切国家机关和武装力量、各政党和各社会团体、各企业事业组织，都必须以宪法为根本的活动准则，并且负有维护宪法尊严、保证宪法实施的职责。”法律至上用宪法的形式确立起来。

（二）法律至上思维的内容

“法律至上”只是四个字，但是法律至上思维却蕴含很丰富的内容，一般来说，法律至上思维可以分为法律优越原则和法律保留原则。

1. 法律优越原则

法律优越原则又称为法律优位原则，是指一切活动都必须守法，不得违背法律的规定。法律优越原则是法律至上的最直接表现，也是最基本表现。在立法活动中，坚持法律优越原则就是要求立法活动在宪法和法律的轨道内进行，不仅立法活动本身不得违反法律的规定，所制定的法律文件也不能违背上位法的规定。在行政活动中，坚持法律优越原则就是坚持行政合法性原则，即确保一切行政活动不仅在结果上合法，也要在程序上合法。在司法活动中，坚持法律优越原则就是坚持一切案件的审理都遵循法律规定，一切案件的审理结果都不能违法。对于专业技术人员的专业技术活动而言，法律优越原则就是指专业技术人员的专业技术执业活动不能违反法律，包括制定的专业技术规则、专业技术裁量准则，也不能与法律相抵触。

2. 法律保留原则

如果说坚持法律优越原则是法律至上思维的最基本、最直接要求，坚持法律保留原则就是法律至上思维的较高层次或较深层次要求。如果说法律优越原则侧重“不违法”，法律保留原则则侧重“必须依法”。“不违法”是最基本要求，“必须依法”则是较高要求。

法律保留原则是指对公民、法人或其他组织的特定行为，必须有特定的法律依据方可实施。如根据《立法法》第九条的规定，有关犯罪和刑罚、对公民政治权利的剥夺和限制人身自由的强制措施和处罚、司法制度等事项必须由全国人民代表大会及其常务委员会制定的法律加以规定。这就意味着，除了全国人民代表大会及其常务委员会制定的法律可以设定对公民行使限制人身自由的权力措施之外，其他类型的法律文件无权设定限制人身自由的权力措施。换个角度讲，如果有关部门要对公民限制人身自由的话，必须有全国人民代表大会及其常务委员会制定的法律为依据并严格依据法律实施，不能以法规、规章甚至“红头文件”为依据限制公民的人身自由。对专业技术人员而言，就是要认识到自己的行为不仅不能违法，在进行特定活动时也必须有法律的依据。比如，学校出台规定，对考试作弊的学生予以“禁闭”三天的处罚，学校的这个规定就违反了法律保留原则。根据法律保留原则和我国立法法的规定，限制人身自由的措施只能由法律规定。学校不是立法机关，无权制定包含有限制人身自由措施的规定。这项权力是“保留给”全国人民代表大会及其常务委员会的，学校无权规定。

（三）坚持法律至上思维的意义

坚持法律至上思维的意义，古希腊哲学家亚里士多德有精彩的阐述：对若干事例，法律可能规定得并不周详，无法作断，但遇到这些事例，个人的智虑是否一定能够作出判断，也是未能肯定的……至于谁说应该让一个个人来统治，这就在政治中混入了兽性的因素。常人既不能完全消除兽欲，虽最好的人们（贤良）也未免有热忱，这就往往在执政的时候引起偏向。法律恰恰正是免除一切情欲影响的神祇和理智的体现。①

在当代中国，为何也要坚持法律至上？对这个问题，习近平总书记作出了重要论述。习近平总书记指出，“法治和人治问题是人类政治文明史上的一个基本问题，也是各国在实现现代化过程中必须面对和解决的一个重大问题。综观世界近现代史，凡是顺利实现现代化的国家，没有一个不是较好解决了法治和人治问题的。相反，一些国家虽然也一度实现快速发展，但并没有顺利迈进现代化的门槛，而是陷入这样或那样的‘陷阱’，出现经济社会发展停滞甚至倒退的局面。后一种情况很大程度上与法治不彰有关”。“历史是最好的老师。经验和教训使我们党深刻认识到，法治是治国理政不可或缺的重要手段。法治兴则国家兴，法治衰则国家乱。什么时候重视法治、法治昌明，什么时候就国泰民安；什么时候忽视法治、法治松弛，什么时候就国乱民怨。法律是什么？最形象的说法就是准绳。用法律的准绳去衡量、规范、引导社会生活，这就是法治”。

因此，小智治事，中智治人，大智立法。治理一个国家、一个社会，关键是要立规矩、讲规矩、守规矩。法律是治国理政最大最重要的规矩。对当代中国，尤其如此。“我国是一个有十三亿多人口的大国，地域辽阔，民族众多，国情复杂。我们党在这样一个大国执政，要保证国家统一、法制统一、

---

① ［古希腊］亚里士多德．政治学［M］．吴寿彭，译．北京：商务印书馆，1965：171．

政令统一、市场统一，要实现经济发展、政治清明、文化昌盛、社会公正、生态良好，都需要秉持法律这个准绳。”① 习近平总书记的这段话充分说明了当代中国坚持法律至上的重要意义。

二、权利保护思维

权利保护思维是指将保护和发展每个人的权利当成一切活动基本追求的思维。所谓权利，其基本含义为根据法律、道德或者其他公认正当的教义所享有的自由、主张和利益等。权利往往等同于某种自由，“‘自由’在法律上看来，就是拥有权利的意思，无论是实际的或潜在的权利”②。《共产党宣言》在对革命胜利后进行展望时，曾提出“代替那存在着阶级和阶级对立的资产阶级旧社会的，将是这样一个联合体，在那里，每个人的自由发展是一切人自由发展的条件”。这里面“每个人的自由发展”就是一种权利。由此可见，权利保护思维不仅是近代资产阶级革命的专利，也是近代以来共产党人的追求。共产党人追求的权利保护更深刻、更广泛。在当代中国，权利保护思维主要包括以下内容。

（一）尊重和保护人权

坚持权利保护思维，首先要尊重和保护人权。人权就是人之为人的权利。一个人如果没有人权，就难以成为一个人。因此，人权是诸多权利中最核心、最基本的权利。尊重和保护人权，就是要求我们在一切活动中，都要尊重和保护人之为人的基本自由和利益，不能漠视一个人最基本的自由和利益。

尊重和保护人权，是当代中国特色社会主义法治的基本要求，也是我国的国家行动。《宪法》第三十三条明确规定：“国家尊重和保障人权。”自2009年开始，经国务院授权，国务院新闻办公室公布了四期“国家人权行动

① 中共中央文献研究室. 习近平关于全面依法治国论述摘编［M］. 北京：中央文献出版社，2015：9.

② ［德］马克思·韦伯. 法律社会学［M］. 康乐，简惠美，译. 桂林：广西师范大学出版社，2005：32.

计划”[①]，实现国家人权发展与国家经济社会发展同规划、同促进，体现了党和国家对尊重和保护人权事业的高度重视。党的十九大报告也明确指出：“加强人权法治保障，保证人民依法享有广泛权利和自由。”2020 年，《中共中央关于制定国民经济和社会发展第十四个五年规划和二〇三五年远景目标的建议》也提出，要在第十四个五年规划中“全面加强人权司法保护，促进人权事业全面发展”。由此可见，尊重和保护人权，是当代中国的重要使命。

落实到专业技术人员的日常工作中，坚持尊重和保护人权就是要在专业技术执业活动中尊重和保护患者的人权、消费者的人权、学生的人权、客户的人权、委托人的人权等。这些人权，包括但不限于生命权、健康权、人身自由权、名誉权、隐私权、人格尊严权等。

1. 生命权

生命权是人活着的权利。生命权是最基本的人权。除宪法和法律规定且严格遵循宪法和法律程序外，任何人和组织都无权剥夺他人的生命权。对他人生命权的侵犯要受到法律最严厉的惩罚。专业技术人员在从事专业技术活动中，要把尊重和保护人的生命权放在首位。医生在进行医疗执业活动中，在多种医疗方案的选择中要把确保患者生存当成最基本的要求，在涉及患者生死的医疗操作中要坚持“生命第一”的原则。律师在代理案件过程中如果发现委托人的相关信息可能危及其他人的生命，要坚决向有关部门报告，避免危及其他人生命的恶性事件的发生。其他专业技术人员在从事专业技术活动中，也要时刻注意把尊重和保护生命权放在首位。

2. 健康权

健康权是人保持身心健康的权利。健康权也是基本人权。在很多情形中，人的健康一旦受损往往是不能挽回的，因此普遍认为健康权也是人权中比较重要的一部分。专业技术人员在专业技术活动中，要高度重视健康权。比如

① 即《国家人权行动计划（2009—2010 年）》《国家人权行动计划（2012—2015 年）》《国家人权行动计划（2016—2020 年）》和《国家人权行动计划（2021—2025 年）》。

教师在教学活动中，要把学生的身心健康放在首位，不能通过牺牲学生身心健康的方式达到提升考试成绩的目的。建筑设计师、规划师在进行设计规划中，不仅要考虑建筑的使用效率，也要考虑不同规划设计对使用者健康的影响，要努力践行“健康友好型”的理念。其他专业技术人员在从事专业技术活动中，也不能通过牺牲人的健康的方式来实现目的。

3. 人身自由权

人身自由权是人自由活动的权利。人身自由权是基本人权。我国现行法律体系高度重视人身自由权的保障。《宪法》第三十七条规定，中华人民共和国公民的人身自由不受侵犯。任何公民，非经人民检察院批准或者决定或者人民法院决定，并由公安机关执行，不受逮捕。《立法法》第八条明确规定，限制人身自由的措施只能依据法律实施。可见，限制人身自由必须有法律的明确依据且只能由法律明确授权的机关实施。在现实生活中，除了公安机关、国家安全机关、人民法院、人民检察院、军队保卫机关、国家监察机关外，其他组织和个人都无权采取限制人身自由的措施。专业技术人员在专业技术活动中，没有限制人身自由的权力。在这里特别强调的是，教育部门的专业技术人员在管教学生时，无权限制学生的人身自由，不能违法采取“禁闭”“关小黑屋”等措施惩罚学生。

4. 名誉权

名誉权是指维持外界对自身正常认知的权利。每个人都有名誉权，即使罪大恶极的人也有名誉权。名誉权不是排斥批评，而是排斥不正常的批评，比如通过捏造虚假信息进行批评，就是对名誉权的侵犯。专业技术人员在专业技术活动中，很多内容涉及对个体行为甚至个体思想状况的判断。这些判断必须严格按照专业技术活动规范作出，否则可能会侵犯相关人员的名誉权，要承担法律责任。

5. 隐私权

隐私权是指保护隐私不为他人所刺探、侵扰、泄露、公开等的权利。根据《中华人民共和国民法典》（以下简称《民法典》）的规定，隐私是自然人的私人生活安宁和不愿为他人知晓的私密空间、私密活动、私密信息。可见，我国《民法典》对隐私的界定是比较宽泛的，不仅涉及个人隐私信息，还包括私人生活安宁、私密空间和私密活动。专业技术人员（如律师、医生、教师等）在专业技术相关执业活动中，往往涉及大量的他人的隐私信息，在处理这些信息时，必须严格遵守有关法律法规和专业技术活动执业规范，注意不能侵犯他人的隐私权。

6. 人格尊严权

广义的人格尊严权包括名誉权、隐私权等。狭义的人格尊严权是人获得基本人之尊严的权利。狭义的人格尊严权主要是强调反对通过侮辱他人人格实现目的的行为。比如教师批评教育学生时，不能通过侮辱学生人格的方式实现教育目的。

以上只是人权的几个基本内容。人权的范围很广，除了上述权利之外，财产权、发展权、就业权等也属于人权的范畴。

（二）尊重少数人无害于他人与社会的自由

尊重和保护人权是权利保护思维的最基本要求，除此之外，权利保护原则还有更高的要求，就是要我们尊重多元诉求、多元利益和多元文化，不仅尊重和保护人之为人的基本权利，也要保护少数人无害于他人和社会的自由。

从理论上看，任何人无害于他人与社会的自由，都应当得到尊重。但一般而言，多数人无害于他人与社会的自由，往往都上升为法定权利，或者已经获得全社会的尊重，无须特别强调。在现代社会，特别要强调的是尊重少数人无害于他人与社会的自由。这些少数人无害于他人与社会的自由，有的已经被宪法和法律承认成为法定权利、基本人权，有的还没有被宪法和法律所承认上升为法定权利和基本人权。因此，对于少数人的这些自由，我们坚持法治思维中权利保护思维，也要学会加以尊重。只要他人的自由不违反宪法和法律、不违反公序良俗、无害于他人与社会，我们就不能横加干涉，要尊重少数人无害于他人与社会的自由。

之所以强调尊重少数人无害于他人与社会的自由，根本上是出于对多数人的意志和少数人的自由关系的深刻认识。一般而言，一个社会多数人的意志很容易上升为法律，或形成道德共识。因此，强调法律至上或者尊重道德，就能很好地实现多数人的意志。如果一个社会、一个国家只是压倒性地实施多数人的意志，而不顾少数人的志趣，这个社会就会丧失活力。毕竟，几乎所有的创新都是首先源于少数人的认知。因此，强调尊重少数人无害于他人与社会的自由，就是给一个社会的创新和活力留下火种，避免社会陷入井井有条但沉闷僵化的困境。

当然，尊重少数人的自由也不是没有限度的。少数人的自由不能违反宪法和法律的禁止性规定，不能违反公序良俗，也不能危害他人和社会。“自由是做法律所许可的一切事情的权利；如果一个公民能够做法律所禁止的事情，他就不再有自由了，因为其他的人也同样会有这个权利。”① 对此，已经有很多论述，在此不再赘述。

三、权力约束思维

权力约束思维是指认识到一切权力都是有限的，都是应当得到制约和约束的思维。在法治国家，任何权力都是有限的，法治国家不存在无限的权力。权力约束思维蕴含了现代人对权力的深刻认识，是基本的法治思维。专业技术人员虽然不是国家权力的主要行使者，但在很多情形下，专业技术人员经授权或委托也在直接行使或协助行使国家权力，因此也要对权力约束思维有充分的认识。

（一）权力有限

权力是政治和法律领域最核心的概念之一。正是因为权力概念的重要性，目前缺乏一个精确的权威定义。一般而言，“权力意味着一种社会关系里哪怕是遇到反对也能贯彻自己意志的任何机会，不管这种机会是建立在什么基础之上”②，或“权力是一个人通过某种手段促使另一个人按照其意愿行动

---

① ［法］孟德斯鸠．论法的精神（上册）［M］．张雁深，译．北京：商务印书馆，1993：154.

② ［德］马克斯·韦伯．支配社会学［M］．康乐，简惠美，译．桂林：广西师范大学出版社，2004：8-9.

的能力”[①]。权力总是蕴含着某种直接强制对方作为或不作为的力量，这也是权力与权利之间最大的不同。在现代社会中，权力无所不在，但最关键的权力还是国家权力。现代国家的一个特点就是国家权力位于诸多形式权力的中枢位置，国家机关是权力的主要承担者和行使者。

无论是国家权力还是社会性权力、经济性权力等，都不是无限的。在现实生活中，非国家权力往往受到国家权力的制约，比如父母对子女的管教权一般受到政府制约，父母也不能任意体罚子女；雇主对雇员的管理权也受到政府制约，雇员不是雇主的奴隶。但现代法治国家的特点就是，不仅社会性权力和经济性权力等非国家权力是有限的，国家权力也是有限的。在现代法治国家，一国之内自然人、法人和非法人组织并非国家的奴隶，国家机关也不是可以任意干涉一国之内自然人、法人和非法人组织的一切活动。特别值得指出的是，即使通过制定宪法和法律的方式，也不能无限地干预一国之内自然人、法人和非法人组织的一切活动。国家权力的有限性不仅是针对行政权而言的，也是针对立法权而言的。国家权力的有限性适用于立法权、行政权、司法权等一切国家权力活动。

国家权力有限性背后的原理是关于国家与社会、国家与市场、国家与公民个人生活之间关系的深刻认知。邓小平同志曾经深刻指出，我们的各级领导机关，都管了很多不该管、管不好、管不了的事，这些事只要有一定的规章，放在下面，放在企业、事业、社会单位，让他们真正按民主集中制自行处理，本来可以很好办，但是统统拿到党政领导机关、拿到中央部门来，就很难办。谁也没有这样的神通，能够办这么繁重而生疏的事情。[②] 正是因为对国家管得太多的历史阶段的反思，改革开放之后我国大刀阔斧地完善国家与社会、国家与市场、国家与公民个人生活之间的关系，将不少国家包揽的社会事务、经济事务和个人事务，交给社会自治、市场自律、个人自觉去解决。

① ［美］W·菲利普斯·夏夫利．权力与选择：政治科学导论［M］．孟维瞻，译．北京：世界图书出版公司，2015：7.

② 邓小平．邓小平文选（第二卷）［M］．北京：人民出版社，1994.

从我国改革开放的历史看，人们逐渐认识到国家权力有限的理念，不是基于什么抽象的理论或意识形态，而是基于对自身历史经验教训的深刻总结。

（二）权在法下

权力是有限的，在法治国家中，权力有限主要体现在权力受到法律的制约，即确保一切权力活动都在法治的轨道上实施。坚持法律至上，必然要坚持“权在法下”。因为至上的东西只能有一个，坚持“权在法上”就不会有法律至上，要坚持法律至上就要坚持“权在法下”，在两者之间没有中间道路。

坚持“权在法下”，有两个问题值得特别说明。

第一，法治国家各类自由裁量权的行使也必须依法。裁量权是指权力主体的选择权、判断权。法律作为一种人类语言的规范表达，不可能将人世间的种种情况完全清晰地列举。立法者也不可能预见到法律实施过程中的所有问题。因此，法律只能就权力行使的基本原则、基本规则进行规定，从而给权力行使者在执法过程中留下较大的选择和判断余地，这种在执行法律过程中的选择和判断余地就是裁量权。尽管裁量权已经成为现代社会广泛存在的权力，但是法治国家中并不存在可以自由行使的裁量权。“没有任何裁量权是完全自由的，没有任何裁量权在行使时是真正独一无二的。”① “不管授权法用了什么样的笼统语言，任何权力都应有限制。法治的地方是不能有不受限制的自由裁量权的，无限制的权力在法治社会里没有任何位置。”② 从这个角度看，“自由裁量权”是不存在的，无非是法律对于裁量权行使的控制有所不同而已。裁量权也是权力，任何权力的行使都要在法治的轨道上进行。从现代法治理念出发，裁量有度思维中的“度”就是最低限度的合理性。如果裁量权行使的结果是一种明显不合理的结果，则构成滥用职权。“明显不合理”，主要是违背普通人正常的合理认知。“不合理的标准本身从形式上看很高，如

---

① ［美］卡尔·N. 卢埃林. 普通法传统［M］. 陈绪纲，史大晓，仝宗锦，译. 北京：中国政法大学出版社，2002：255.

② ［英］威廉·韦德. 行政法［M］. 徐炳，等译. 北京：中国大百科全书出版社，1997：42.

此荒谬以致任何有一般理智的人都不能想象行政机关正在正当地行使权力时能有这种标准；如此错误以致有理性的人会明智地不赞同那个观点；如此无视逻辑或公正的道德标准，令人不能容忍，以致任何认真考虑此问题的正常人都不会同意它。”①

第二，专业技术活动也不是法外之地，因具有专业技术优势而享有的广义社会性权力也要受到法律的约束。一般来说，大部分有关权力约束的阐述，都是针对国家权力进行的，但这不意味着国家权力以外的社会性权力就可以不受法律约束。更何况，很多社会性权力其实也是依托国家权力产生的。比如大学授予学生学位，尽管表面上看是基于学术判断的社会性权力，但授予学位的活动其实是大学依据《中华人民共和国学位条例》实施的带有行政权性质的活动，是大学依据国家授权实施的行政行为。因此，此类活动也要受到法律的约束，对一个学生是否授予学位，必须按照法定的程序依据法定条件作出判断。再如，医生给患者开具处方，看上去是一种专业判断，但在医保的大背景下，患者拿到处方之后可以按照医保价格购买处方上的相关药品，医生开具处方的行为其实也是对医保资源进行的分配。在这种情况下，医生的“处方权”也不是可以任意行使的。医生开具处方的行为，不仅要受到医疗规则的约束，也要满足卫生行政部门的要求。

（三）权力制约

权力制约是指不同权力机关之间相互分工制约的状态。权力约束思维不仅要求我们坚持权力有限、权在法下，还要坚持权力制约。权力制约是确保权力有限、权在法下的基础。如果所有权力都归一个人或一个机关行使，权力有限、权在法下就很难实现。

1. 权力制约是遏制权力滥用的最佳办法

法国启蒙思想家孟德斯鸠曾经指出：“要防止滥用权力，就必须以权力约

① ［英］威廉·韦德．行政法［M］．徐炳，等译．北京：中国大百科全书出版社，1997：79.

束权力。”① 之所以通过权力制约遏制权力的滥用，而不是寄希望于上级监督下级或者圣人监督凡人，主要源于对人性的深刻认知，即任何人都会犯错误。因此，防止掌权者犯错误的方法，就不是挑一个最英明的掌权者制约其他人，而是由不完美的掌权者制约同样不完美的掌权者。

2. 权力制约是公正行使权力的有效保障

公正行使权力要求具体经办人员能够充分收集各方面的信息，进而不偏不倚地作出判断。但如果权力活动只是一个人说了算，就很难避免权力行使中的偏见。如果权力活动只是一个部门或机构说了算，而这个部门或机构的偏见也会掺杂其中，在这种情况下，涉及公民、法人或其他组织的重要权力活动，就不能一个人说了算，或者一个机构说了算，就要构建权力制约的工作机制，确保公正行使权力。

3. 权力制约也是确保权力行使合法性的关键

权力应当依法行使，但是依法行使权力往往不利于权力行使部门、机关乃至相关官员的自身私利，在这种情况下，依法行使权力就面临很大挑战。对此，单纯依靠权力行使者自我约束是远远不够的。因此，只能另建权力行使的监督机制，监督权力行使的部门、机构或经办人依法办事。这种监督体系的构建，本身就是权力制约。

我国法律体系中，权力制约是普遍存在的，当前主要存在以下权力制约体系。

第一，公安机关、检察机关和审判机关在刑事诉讼中的互相制约。《中华人民共和国刑事诉讼法》规定：“人民法院、人民检察院和公安机关进行刑事诉讼，应当分工负责，互相配合，互相制约，以保证准确有效地执行法律。”刑事诉讼是追究公民刑事责任的诉讼活动，其结果最严厉可致公民死刑，因此为了避免冤假错案的出现，在刑事诉讼过程中严格实行分工制约机制。公安机关实施逮捕必须经过检察机关批准，检察机关对于公安机关移送的案件

---

① ［法］孟德斯鸠. 论法的精神（上册）［M］. 张雁深，译. 北京：商务印书馆，1993：154.

有权进行审查，检察机关公诉提出的法律判断必须经过法院判决才会发生法律效力，而对于审判机关的错误判决检察机关有权提起抗诉。

第二，行政机关与审判机关在行政诉讼中的制约。行政机关是我国主要执法机关，但行政机关执法活动是否合法，判断权归于审判机关。公民、法人或者其他组织认为行政机关和行政机关工作人员的行政行为侵犯其合法权益，有权依照《中华人民共和国行政诉讼法》向人民法院提起诉讼。人民法院依据相关法律法规，依法独立公正地进行审判，就争讼的行政行为合法性进行判断。在这个过程中，主要体现为审判机关对行政机关的监督制约。

第三，行政机关内部的权力制约。行政机关内部也存在明显的权力制约机制。比如审计机关就是行政机关内部相对独立的机关，审计机关依照法律规定独立行使审计监督权，不受其他行政机关、社会团体和个人的干涉。在这种情况下，行政机关内部的审计机关与其他机关之间就是权力制约关系。

以上只是最常见的三种权力制约机制。由于权力制约原理的普遍适用性，权力制约几乎在任何机关、任何部门中都普遍存在。在专业技术活动中，也充满了权力制约。比如，授予学位过程中，答辩委员会、学位委员会、匿名评审制度就是一种权力制约机制，避免一个人或熟悉的少数人在学位授予过程中完全说了算。再如，律师、会计师等职业的产生，本身就是权力制约机制的产物。在诉讼活动中，律师就起到了依法制约国家检察机关的作用。

四、事实有据思维

事实有据思维是指坚持“以证据论事实”的思维。事实有据的重点不是“事实”，而是“有据”。事实有据思维要求我们牢固树立“有一分证据、定一分事实”的理念，最大限度避免用自己的主观想象代替客观证据来判定事实，最大限度尊重证据规则排除非法证据，最大限度将一切活动的事实基础建立在客观、合法和具有关联性的证据之上。

（一）事实有据思维的原理：客观事实与证据事实

客观事实就是客观存在的情况。客观事实的存在不以人的主观意志为转移，不论人们喜不喜欢乃至是否有所察觉，客观事实都是存在的。人类主观描述如果与客观事实一致，该描述就被称为“真”，反之就是“假”。

证据事实是指通过证据证明的情况。证据就是证明特定客观事实存在或不存在的言词、物件等。一般来说，证据可以分为物证，书证，证人证言，被害人陈述，犯罪嫌疑人、被告人供述和辩解，鉴定意见，各类笔录，视听资料、电子数据等。随着时代的发展，证据的种类越来越丰富。但无论如何，证据的作用都是用来证明客观事实的凭据。

客观事实与证据事实往往不一致。一方面，有些事实是实际发生的，但是不一定有证据加以证明。此类没有证据证明的客观事实也是客观事实。比如一个人在独处情况下的一些所作所为，除了本人坦白或正巧处于视频音频监控区域，往往缺乏证据加以证明。但其独处时的作为仍旧是一件已经发生的客观事实。是否有证据加以证明，不能改变相关事实已经发生的状况。另一方面，有些看似有足够证据证明的事实并非证据事实。证据事实只能代表相关情况有符合证据规则的证据证实，不代表此类事实就一定是客观事实。因为人类发明的证据规则也是有漏洞的，相关证据本身也可能存在虚假的情况，因此从整体上看证据事实只能无限接近客观事实，不可能完全等同于客观事实。

法律活动中往往要求“事实清楚”，这里的“事实清楚”主要指证据事实而非客观事实，其原因有两个。其一，证据事实是凭借证据证明的事实，而证据是可以拿到法庭上或听证会上质证的，人们更容易判断证据事实的真伪。从这个角度上看，证据事实往往是看得见摸得着的，证据事实比客观事实更加“客观”。其二，客观事实很难完全再现，再现的客观事实也只能以证据事实状态存在。人们事后对事实的认知只能借由证据，也就是只能通过不完善的证据事实认识其背后的客观事实。因此，法律活动中的事实清楚只能是“证据事实”清楚。

（二）事实有据的标准：证据确凿与证据充分

事实有据的标准就是证据确凿与证据充分。其中证据确凿是证据充分的基础，证据本身不确凿的情况下再多的证据也无法实现证据充分。证据充分是确凿的证据足够证明相关客观事实存在或不存在的状态。

证据确凿是指对证据本身的要求。现代法治对证据一般存在三个基本要求。

1. 真实性

真实性是指证据应当是客观事实的体现。无论言词证据还是物证，都应当真实地反映客观事实。如果特定证据不能真实地反映客观事实，就不能成为相关法律活动中证明法律结论的证据。为了判断证据的真实性，往往要对证据的关键特征进行校验，如书证中签名的真伪、印章的真伪，再如物证上指纹的识别等。

2. 关联性

关联性是指证据与客观事实是否存在对应关系，该证据能够证明客观事实是否存在。如果该证据的真伪或者是否存在，与客观事实是否存在没有关系，这个证据就是缺乏关联性。缺乏关联性的证据也是证据，但不是特定法律活动中需要的证据。在特定的司法审判或行政执法案件中，与案件待证事实没有关联性的证据没必要收集。在法庭上，对缺乏关联性的证据也没必要质证。

3. 合法性

合法性是指相关证据在收集方法等方面必须符合法定要求，非法收集的证据不能作为确定相关事实存在与否的证据。证据的真实性、关联性都是证据的客观属性，而证据的合法性则是客观存在的证据是否符合法治价值的要求。非法证据也是证据，也能证明客观事实是否存在，但是非法证据本身就是违反法治原则的，因此为了减少取证活动对于法治的伤害，世界各国一般都规定非法证据不得在法律活动中被采纳。

证据充分是指有足够的证据证明相关客观事实存在或不存在。在现代社会，证据是否充分主要由执法者或审判者根据具体案情、个人理性和良心，努力在不偏不倚的情况下作出内心判断，这个过程又称“自由心证”。“自由心证”的结果与判断者本人的知识水平、理性水平、法律水平乃至良知密切相关。在事关公民生命自由财产得失的案件中，能够自由心证的只能是法官。

五、正当程序思维

正当程序思维是指在行使职权的过程中坚持遵从正当程序的意识。正当程序思维是对形式正义的坚持，是坚持过程与结果同等重要的思维方式。我国长期以来“重实体、轻形式”“重结果、轻过程”，对于程序重视不够，一些人还把程序当成碍手碍脚的羁绊看待。因此，正当程序思维在我国属于亟待提升的一种法治思维。

（一）正当程序的含义

正当程序又称正当法律程序。程序在中文中有顺序、形式、步骤等含义，在法学中，程序就是指行为的顺序、形式、步骤、载体、方式等。所谓正当程序，简单地讲就是为了确保公平正义就权力行为的顺序、形式、步骤、载体、方式等的要求。

正当程序理念认为，如果特定权力活动在过程上是不正义的，则其结果的正义与否不能掩盖其过程上的不正义。换句话说，“不择手段地实现正义”本身就是不正义的，不值得追求。假如警察只能通过非法手段（比如刑讯逼供）获得定罪量刑的证据，那么即使犯罪嫌疑人因证据不足被宣布无罪，也要禁止非法刑讯逼供。正当程序理念与事实有据等法治思维不一样，正当程序理念蕴含着一种取舍，坚持正当程序思维在很多情况下意味着牺牲其他的价值（比如实体正义）。正因为如此，坚持正当程序显得弥足珍贵。

随着我国改革开放和社会主义法治建设事业的开展，正当程序思维成为我国社会主义法治建设的重要内容。习近平总书记提到，“领导干部提高法治思维和依法办事能力，关键是要做到以下几点。一是要守法律、重程序，这是法治的第一位要求”①，将“重程序”视为领导干部提高法治思维和依法办

① 习近平．论坚持全面依法治国［M］．北京：中央文献出版社，2020：141.

事能力的第一位要求，说明正当程序思维也完全为中国特色社会主义法治建设采纳。

（二）正当程序思维的内容

正当程序的基本内涵是一个看似清晰、实则宏大的概念，因为“正当”这个概念蕴含了过多的价值判断，以至于正当程序本身也就成为与时俱进的鲜活概念。一般而言，可以从以下两个方面挖掘正当程序的内容。

1. 历史追溯法

历史追溯法是指通过追溯“正当程序”起源、发展、演变的历史来把握正当程序的内涵。根据历史追溯法，学界一般认为正当程序的内涵应当从自然正义的角度把握。

自然正义实际上就是英国中世纪一些关于正当程序的基本信念的统称。正是因为没有偏私和公开听取意见是很“自然”的，所以也就是正义的。具体言之，自然正义包括两个含义。

第一，不偏私，即任何人不得做自己案件的法官。古老的拉丁法谚“nemo judex in re sua”，意思是任何人不能做自己案件的法官（no man a judge in his own cause）。这项规则的意思是说，法官没有资格裁决对于其自身有利害关系的案件。因为在这样的案件中，裁判者难免会出现偏私和偏见。[①]

第二，公开听取答辩，即在作出决定之前必须听取被决定人的意见。“未经法律的正当程序进行答辩，对任何财产和身份的拥有者一律不得剥夺其土地或住所，不得逮捕或监禁，不得剥夺其继承权和生命。”[②] 在行政管理过程中，自然正义意味着行政决定作出之前要听取行政相对人的意见，而在司法程序中，自然正义则要求审判必须是平衡进行，使得参与审判的各方均有机会发言，且其答辩应得到充分的考虑。

---

① 刘东亮. 什么是正当法律程序 [J]. 中国法学，2010 (4).

② [英] 丹宁勋爵. 法律的正当程序 [M]. 李克强，等译. 北京：法律出版社，1999：1.

2. 哲学探究法

所谓哲学探究法，就是抛开正当程序的起源与发展，从正当程序的本身入手，从什么是“正当”以及什么是“程序”入手探究正当程序的含义。实际上，什么是“正当”，恰恰是哲学、伦理学所欲探究的重要命题。因此，将哲学、伦理学关于“正当”的研究成果，纳入正当程序的研究中，也是一个可行的路径。比如，著名的政治哲学家罗尔斯就认为，只有公平地允许各方参与的政治过程，其结果才是正义的，“参与原则要求所有的公民都应有平等的权利来参与制定公民将要服从的法律的立宪过程和决定其结果”①。因此，“宪法必须采取一些措施来提高社会所有成员参与政治的平等权利的价值。宪法必须确保一种参与、影响政治过程的公平机会”②。既然只有这种过程才是正义的，则正当程序就必然是蕴含参与原则的程序，因此正当程序必然是各方都能平等参与的程序。

综上所述，尽管正当程序的含义较难界定，但正当程序的核心内涵是清楚的。程序各方的平等充分参与、决策者的不偏私以及保证决策者不偏私的相关制度，是正当程序的核心内容。围绕这个核心内容产生的有关程序性的要求，都可以被视为正当程序的内容。

第三节　专业技术人员法治能力的培养

专业技术人员不仅要了解基本的法治思维，更关键的是要学会运用法治思维分析问题、解决问题。法治思维主要不是用来学的，而是用来用的。因此，必须提高对法治思维的运用能力，切实提升法治能力。

一、筑牢法治意识

专业技术人员提升法治能力，首先要筑牢法治意识，即牢固树立尊法学

① ［美］罗尔斯. 正义论［M］. 何怀宏，等译. 北京：中国社会科学出版社，1988：211.
② ［美］罗尔斯. 正义论［M］. 何怀宏，等译. 北京：中国社会科学出版社，1988：214.

法守法用法的意识，脑子里始终有一根法律的弦儿，决不能认为法律和自己无关。

（一）筑牢尊法意识

尊法意识是指尊重法律的本意、尊重法律背后的原则、推崇法治的意识。习近平总书记指出："领导干部增强法治意识、提高法治素养，首先要解决好尊法问题。只有内心尊崇法治，才能行为遵守法律。只有铭刻在人们心中的法治，才是真正牢不可破的法治。"由此可见，尊法是第一位的。

第一，只有筑牢尊法意识，才能正确树立学法守法用法的意识。尊法不是教条式地背诵法条，而是把法律背后的基本原则当成学法守法用法来根本遵循。人类制定法律不是任意而为的，而是存在立法的初心和使命的。在当代中国，法律背后的基本原则就是中国特色社会主义法治建设的基本原则，具体言之就是坚持中国共产党的领导、坚持人民主体地位、坚持法律面前人人平等、坚持依法治国和以德治国相结合与坚持从中国实际出发这几条基本原则。在具体学法守法用法时，必须牢记这几条基本原则。如果不尊重法律背后的基本原则，不尊重立法的初心和使命，就不可能正确树立学法守法用法的意识。

第二，只有筑牢尊法意识，才能从内心尊崇法治，自觉自发地做到学法守法用法。一个人是否尊法，不是看其懂得多少法律知识，而是看其是否在内心中推崇法治，在内心把法律当成底线和红线，自发自觉地让自己的行为在法治的轨道内进行。如果仅仅是出于害怕被惩罚而学法守法用法，或者觉得学法守法用法对自己更有利才去学法守法用法，那么这个人可能在人生或事业的某个阶段、某个事件中还是难免要违法。

（二）筑牢人人学法意识

在现实工作和生活中，大多数同志并非专门从事法治工作，很多人终其一生也不会走进法庭。在这种情况下，是否需要学习法律？这就是筑牢学法意识需要解决的问题。对此，要充分认识到以下两点，筑牢学法意识。

第一，学习法律就是学习基本生存和发展基本技能。在法治国家中，一个人的生老病死都和法律有关，都被法律约束和规范。在这种情形下，学习法律就是学习基本生存和发展基本技能。一个人不懂法律，也难以在法治社会中健康可持续地生存和发展。专业技术人员日常接触的社会面更广，处理的相关事务涉及他人的利益关系更复杂，就更要懂得法律。除了法律职业资格证外，教师资格证、会计师资格证等专业技术人员准入考试中，都把相关法律列为必考内容，说明专业技术人员更需要懂法。

第二，学习法律也是法治国家每个公民的义务。法治国家中每个公民都要守法，要守法首先就要知道法律是什么，就要学习法律。在我国，法律已经列入中小学思想政治必修课，成为国民教育的重要内容，是每个公民在义务教育阶段都必须接受的教育内容。

（三）筑牢全面守法意识

在当今时代，筑牢守法意识，关键要筑牢全面守法意识。

首先，全面守法意味着不仅要遵守法律的规则，也要遵守法律原则和法治精神。法律是一个立体的规范系统，既有比较具体明确的规范——法律规则，也有较为抽象的规范——法律原则，还有更为抽象的法治精神。筑牢守法意识，就要树立全面守法的观念。不能仅看法律规则，不看法律原则和法治精神。比如，我国《民法典》规定，订立合同只要双方自愿、合同内容明确即生效。但这只是合同成立生效的一般规则。在这个一般规则之上还有原则，比如公序良俗原则。双方白纸黑字签订的合同，即使是双方自愿、内容明确，甚至不违反任何一条具体的法律规则，但是合同内容违反公序良俗原则，这样的合同也是无效的。

其次，全面守法意味着对法律不能采取“利则用、不利则弃”的态度，不能只遵守对自己有利的法律，忽视对自己不利的法律。全面守法就要做到遵守所有的法律，不管这个法律对自己是否有利。对于法律和法律之间存在冲突和模糊的地方，也要根据法律和法理予以辨别、取舍。

最后，全面守法要求我们全面地遵守我国所有生效的法律，而不能仅仅关注自己领域内的相关法律，这一点对于专业技术人员而言至关重要。作为医生，不能仅遵守卫生法、执业医师法、医疗机构管理条例等卫生立法，作为教师，不能仅遵守教育法、高等教育法、义务教育法等教育立法。各类专业技术人员，都要把宪法和民法、刑法等基本法当成自己从事专业技术活动中的基本准则，对于其他部门法中涉及自己专业技术活动的规定，也要遵守。

（四）筑牢遇事用法意识

专业技术人员在专业技术活动中会遇到很多矛盾、挫折或争议，有些问题还很尖锐。筑牢法治意识，还要筑牢遇事用法意识，即遇到问题多从法律角度分析、多运用法律手段解决问题。从某种意义上看，遇事用法意识是建立在尊法意识、学法意识和守法意识之上的，只有尊法学法守法到位，才能真正做到遇事用法。从法治建设的宏观角度看，建立和完善运用法律方式化解矛盾的制度，提高法律解决矛盾纠纷的公平性、有效性，也是提升全社会尊法学法守法意识的最根本保障。归根结底，只有让全社会认识到遇事用法“真的有用”“真的好用”“真的管用”，尊法学法守法意识才能最终得以确立。

二、学习法治知识

学习法治知识是提升法治能力的基础。尽管专业技术人员大多不是专门的法治工作人员，但还是要懂得基本的法治知识。如果只是知道法治很重要，但完全不懂法，也难以将法治思维转化为法治能力。专业技术人员学习法治知识，应当注意以下三点。

（一）搞明白法律背后的基本原理

对于非专门从事法治工作的人，学习法律背后的原理，是学习法律知识的一个捷径。比如，如果掌握了正当程序思维，即使不知道《普通高等学校学生管理规定》中关于开除学籍需要听取学生陈述抗辩的具体规定，也会在作出决定之前留给学生陈述和抗辩的机会。因为作出对他人严重不利决定之前要听取他人的陈述和抗辩，这是正当程序的原理。《普通高等学校学生管理规定》的具体程序设计只是这个原理的体现。本书中所阐述的法治思维内容，大多数都是基本的法治原理，是具体法律规定、法律制度背后的道理，专业技术人员应当重点学习这些内容。

（二）重点学习基本法中的基本知识

中国特色社会主义法律体系内容丰富，法律法规很多，法律体系内部不同的法律法规的效力并非相等，一些法律的位阶高于另一些法律，当位阶低的规范与位阶高的规范冲突时，以位阶高的规范为准。因此，学习法治知识就可以提纲挈领，重点学习基本法中的基本知识。在我国当前的法律体系中，关键是学习宪法、民法、刑法等基本法中的法律知识。

（三）学会结合案例学习法治知识

法治是一门实践事业，法律知识也是一门指导实践的学问。因此，学习法治知识也要有实践的眼光，要学会结合案例学习法治知识。一般而言，没有经过专门训练的人，只看具体法条，往往难以抓住要点，效果也不好。对广大非法律专业人员，学习法律知识的最好办法就是看各种相关的小案例，带着问题学法，在案例中学习法律知识，效果更好。

三、掌握找法技能

尽管专业技术人员也要注意法治知识的学习，但毕竟术业有专攻，专业技术人员自学法律主要还是预防各类法律风险。一旦出现法律问题，比较稳妥的办法还是求教法律专业人员、寻求法律专业人员的帮助。对此，应当重点提高以下两个方面的能力。

（一）提高求教法律专业人员的能力

2016 年，中共中央办公厅、国务院办公厅印发《关于推行法律顾问制度和公职律师公司律师制度的意见》，各地各部门的法律顾问、公职律师大多都配备起来了，但是如何用好法律顾问、公职律师也是一门学问。建议遇到事情，不妨多找几个法律顾问、公职律师征求意见，做到兼听则明；征求意见之前要整理好相关素材，便于法律顾问、公职律师快速准确地掌握相关情况；

征求意见要留足时间，必要时组织面对面讨论。要学会根据问题的性质找到正确的人征求意见，真正发挥法律顾问、公职律师的作用。正如习近平总书记所说的："谋划工作要运用法治思维，处理问题要运用法治方式，说话做事要先考虑一下是不是合法，把握不准的就要去查一查党纪国法是怎样规定的，还可以请法律专家、法律顾问帮助把把关。"①

向法律专业人员征求法律问题的意见，需要一些技巧。

第一，找对人最关键。法律内部专业划分比较细，因此要根据问题的性质找到对应的法律人员询问。

第二，要亲自交代相关问题。因为别人往往平时没有关注这些事情，突然将相关材料发给律师或法律顾问，律师或法律顾问抓不到重点，或者因为不知道内情，作出方向性错误的判断。因此，必须首先向对方说明相关问题的来龙去脉，包括自己的大致立场，只有这样才能让律师或法律顾问有的放矢。

第三，要准备好一手材料。在律师或法律顾问了解到事情的大致轮廓时，就要挖掘其中的法律问题，这就需要查看一手资料，如合同文本、处罚决定书文本等。法律问题的差异往往体现在细节之中，因此必须看一手材料才能解决问题。

第四，给人留足时间。法律问题是比较专业的问题，不能指望打一个电话就立即获得答案。打电话的作用在于说清楚来龙去脉或内幕信息，之后发送材料，然后给对方留一两天的时间，再通过电话讨论。对于律师或法律顾问而言，当场答复往往缺乏准确性，这也是要避免的。

第五，重视当面交流。法律问题往往比较复杂，不能仅仅用微信、短信、电子邮件交流。这种单纯的"一来一往"文字交流，很可能会忽略大量信息，造成判断的不准确。必要时，组织多方参加的见面讨论。

第六，不妨多咨询几个人。找人咨询问题，尤其是专业问题，可以多问

① 习近平. 论坚持全面依法治国［M］. 北京：中央文献出版社，2020：139.

几个人。因为法律问题在很多情况下也未必有唯一的正确答案，不同的选择实际上只是利害权衡而已。因此，多找几个人咨询，有助于获得多种选择方案，方案多了，选择的空间也就大一些，有助于获得最佳选项。

（二）学会委托律师处理法律事务

一般在遇到的法律问题尚不严重的情形下，可以通过求教法律专业人员解决问题。但如果面临的矛盾冲突很激烈，甚至已经提起诉讼，则需要考虑委托律师处理法律事务。因此学会委托律师处理法律事务，是一项需要掌握的重要社会技能。

1. 找律师

寻找律师可以通过多种渠道，在寻找律师时，应当注意以下几点。

首先，要寻找有正规律师资格的律师。现在社会上也存在一些“假律师”，这些人往往没有律师执业资格，却以“法律咨询”等名义从事律师业务。如果找到这些人作“代理律师”，往往原有的法律问题解决不了，还会滋生新问题。查验一个人是否是正规律师，最好的办法就是通过权威的全国查询平台查询律师信息。当前，司法部主办的中国法律服务网有全国律师的执业资格信息，方便在委托律师时进行验证。

其次，可以通过法律专业人员推荐寻找律师。在日常生活中，大多数人不会接触到律师，因此寻找合适的律师较为困难。在实践中，寻找律师一个比较好的渠道是通过认识的法律顾问或其他法律专业人员推荐。当然，由于推荐者也有自己这样或那样的局限，因此，不妨多找几位平时接触律师较多的人员推荐律师。

再次，委托律师之前应当先和律师见面。在委托律师之前，建议一定要和律师面谈。如果有多个推荐来的律师，还应当逐一面谈。因为律师提供服务，不仅要看其知名度和业务水平，也要看这个律师是否把委托人的事情放在心上，律师的人品也很重要。一方面可以通过熟人推荐把关，另一方面还是要亲自会面了解一手信息。

最后，要注意查询律师的奖惩信息。律师行业从业人数众多，在委托律师之前，建议将拟委托律师和律师事务所的信息输入“信用中国”网站进行查询，看看相关主体有没有违法失信信息。

2. 聘律师

在和律师签订委托合同时，要注意以下几点。

首先，要搞清楚和谁签委托合同。委托律师应与律师事务所签订委托合同，而不是和律师本人签订委托合同。正常情况下，签订委托合同之后，律师事务所还要开具正规法律咨询服务发票。在实践中，极少数律师为了少交税，私下接受当事人的委托，这种情况应当避免。一旦这种私下委托出现了纠纷，律师事务所一般不承担责任。这种违规的委托合同，也会被宣布无效，委托人的权利往往得不到保障。

其次，要知道委托律师的一些基本禁区。比如，在同一个律师事务所的律师，不能同时代理存在利益冲突的双方或多方当事人的案件。再如，实习律师不能独立出庭应诉，因此不能委托正处于实习期的律师单独从事出庭应诉活动。

最后，要区分不同的委托权限。委托律师应当在委托合同中注明委托事项，未注明委托事项的，不能视为全权委托。《中华人民共和国民事诉讼法》（以下简称《民事诉讼法》）规定，诉讼代理人代为承认、放弃、变更诉讼请求，进行和解，提起反诉或上诉，必须有委托人的特别授权。可见，律师要代表委托人在诉讼活动中实施承认、放弃、变更诉讼请求等行为，必须以委托合同中明确的规定为依据。

3. 用律师

与律师签订委托合同之后，在和律师一起处理法律事务时，应当注意以下几点。

首先，要搞清楚律师的地位。律师主要是依法帮助委托人处理法律事务、代理委托人参加诉讼活动，无论是全权代理还是有限代理，律师都仅仅是一个代理人。这就意味着，委托律师处理法律事务，绝不能完全撒手、一托了之，因为律师作为代理人，其在处理法律事务中形成的法律后果，还是由委托人来承担。因此，委托人是相关法律事务的第一责任人。

其次，要搞清楚律师的作用。律师只是依法从事相关法律服务，任何律师都不能保证相关案件的结果。任何法律案件的结果都是由司法机关依据法律和证据作出判断的。因此，任何宣称保证案件胜诉的律师，可以说都是不规范的，甚至违反了律师职业纪律。作为委托人，不能相信律师关于保证案件胜诉的承诺。

最后，要搞清楚律师的责任。律师不为具体案件的胜诉或败诉承担责任。案件败诉了，该交的律师费也要交。律师只为在代理办案过程中违反律师执业纪律或重大过错承担责任。比如，律师丢失了重要证据，律师泄露了重要信息，律师在撰写相关法律文书中出现严重的技术错误等。律师对法律和证据的判断与法官不同，导致案件败诉，律师不会因此而承担责任。

四、养成法治习惯

提高法治能力，还要努力养成法治习惯，使得法治思维内化为日常工作习惯，从源头上防范法律风险，最大限度地防患于未然。

（一）养成法治审思的习惯

法治审思的习惯，就是通过日常自省的方式，时刻反省自己的行为是否符合法治要求的习惯。要时刻想想，自己作出的决定是否有法律依据，自己签发的文件是否走完了法律程序，自己对外表态、讲话和承诺是否符合法律的规定，一旦有人质疑自己违法是否有反驳的理由，经手的重要信息是否留有能证明自己依法办事的证据。对于这些问题，我们都要经常问自己、提醒自己，做到心中有数、心中有法。

1. 自己作出的决定是否有法律依据

专业技术人员作出的专业决定也会涉及很多人的利益，甚至会直接损害一些人的既得利益。在这种情况下，在作出这些决定之前，我们要首先搞清楚具体依据是什么法律。尤其是作出可能招致很多人反对的重大决定，此类决定很容易引起各方争议，我们如果拿不出法律法规的依据，就很被动。

2. 自己签发的文件是否走完了法律程序

作为会计师，自己签发的审计报告是否符合会计法、审计法以及相关行业规则要求的出具审计报告的法律程序；作为律师，自己接受当事人委托是否经过律师事务所办理相关手续，特殊案件是否经过律师协会的批准；作为医生，自己签发的重要医疗文件，是否符合本院相关程序的规定。如果经过了相关程序，即使是相关文件的签署出现错误，可能也只是业务能力问题，主要承担的是民事责任；但如果罔顾相关程序，贸然签署了相关文件，一旦导致严重后果，可能就要承担刑事责任，造成不可挽回的后果。

3. 自己对外表态、讲话和承诺是否符合法律的规定

尤其是在面对利益受损群体时，我们未经认真分析，不要擅自作出很明确的承诺。除非自己比较有把握，认为这些明确的承诺符合法律的规定。在招商引资的过程中，我们不要作出超过本地政府能力的优惠承诺，甚至是违反国家税收规定的优惠承诺。

4. 一旦有人质疑自己违法是否有反驳的理由

在作出决定时，我们要经常从反对者的角度考虑问题，要设想如果有人质疑自己的决定，是否有合法的反驳理由。

5. 在工作中是否留有能证明自己依法办事的证据

在日常工作中，我们可能面临极其复杂的情况。在这个时候，就要注意留存证据，证明自己依法办事或者自己在特定环节的实际作用。以免事情发生之后，各执一词，无从查证。

（二）养成留存证据的习惯

处理法律事务必须用证据说话，用证据证明相关事实。但客观事实往往转瞬即逝，如果我们不注意在专业技术活动中留存相关证据，即使自己光明磊落，在专业技术活动中完全按照有关规范进行操作，也会造成有理说不清的局面，给自己增加法律风险。特别是医生、律师、教师、会计师这类容易产生纠纷的专业技术职业，更要有证据意识，养成在日常工作中留存证据的习惯。

首先，要有记录工作日志的习惯，定期将基本的工作内容记录下来。一般而言，涉及安全生产的危险操作，都要有工作日志。专业技术人员在从事专业技术活动中，也要做好相关记录。这其中，有些专业技术人员的工作记录是有法定要求的，比如医生在诊疗过程中必须完整记录病历和相关诊疗记录，如果病历和相关诊疗记录缺失，本身就是违规。有些则是需要专业技术人员养成良好的记录工作日志的习惯。

其次，要有重要文件备份的习惯。专业技术人员在日常专业技术工作中，往往要接触、经手大量文件，或者携带重要文件从事相关活动。这些文件往往是衡量专业技术活动合法合理的最关键证据。因此，在不违反相关保密纪律的前提下，对重要的文件要进行备份。对重要文件进行备份，也可以减少文件丢失带来的损失。一般来说，只要是不需要必须携带原件的场合，都应该携带复印件，以免原件在使用中丢失。

最后，要注意口头信息的固定化问题。专业技术人员在从事专业技术活动过程中，凡是重要的事项，特别是法律法规或专业技术执业所必须完成的事项，都应当留有书面证据，不仅仅是通过口头通知、口头告知。专业技术活动中当事人的重要表态和承诺，也不能仅仅停留在口头表达层面，要留有书面凭证。只有这样，在出现纠纷时，我们才会有足够的、权威的证据辨明是非。

（三）养成法言法语的习惯

法言法语的习惯是指运用法律概念、法律术语解释问题、阐述问题、表达态度的习惯。与日常概念相比，法律概念、法律术语往往含义更加明确，更加符合法治思维，更能够避免词语含义模糊导致的歧义和纠纷。与此同时，同样一个事情，用法言法语说出来，有时候比用政治话语和行政命令说出来更有效、更容易被对方接受、更能争取舆论的支持、更能让群众心服口服。下面这个表格，就是总结了几组常见的法治话语和非法治话语。显然，法治话语更容易让各方接受，也不容易犯错误。

非法治话语	法治话语
我们有权……	我们有职责……
事实表明……	根据现有证据表明……
我们将确保大家的利益不受损害……	我们将确保大家的合法权益不受损害……
一经发现，立即开除	一经查证，立即依法严惩
你不服随便告……	你不服可以申请复议诉讼……

典型案例

田某诉北京某大学拒绝颁发学士学位证案

【基本案情】

田某于1994年9月考取北京某大学，取得本科生的学籍。1996年2月29日，田某在电磁学课程的补考过程中，随身携带写有电磁学公式的纸条。考试中，去上厕所时纸条掉出，被监考教师发现。监考教师虽未发现其有偷看纸条的行为，但还是按照考场纪律，当即停止了田某的考试。北京某大学根据有关规定认定田某的行为属作弊行为，并作出退学处理决定。同年4月10日，北京某大学有关部门填发了学籍变动通知，但退学处理决定和变动学籍的通知未直接向田某宣布、送达，也未给田某办理退学手续，田某继续以该校大学生的身份参加正常学习及学校组织的活动。1998年6月，田某通过了毕业实习、毕业设计及论文答辩，向北京某大学申请获得学士学位。北京某大学有关部门以田某已按退学处理、不具备北京某大学学籍为由，未将田某列入授予学士学位资格的名单交该校学位评定委员会审核。田某认为自己符合授予学士学位的法定条件，北京某大学拒绝给其颁发学位证是违法的，遂向北京市海淀区人民法院提起行政诉讼。

北京市海淀区人民法院于1999年2月14日作出行政判决：要求北京某大学在本判决生效之日起60日内组织本校有关院、系及学位评定委员会对田某的学士学位资格进行审核。

北京某大学提出上诉，北京市第一中级人民法院于1999年4月26日作出行政判决：驳回上诉，维持原判。

【案例分析】

本案例主要说明了正当程序思维在事业单位管理中的重要性。

退学处理决定涉及学生的受教育权利，为充分保障当事人权益，从正当程序原则出发，大学应将此决定向当事人送达、宣布，允许当事人提出申辩意见。而本案中北京某大学既未依此原则处理，也未实际给学生办理注销学籍、迁移户籍、档案等手续，严重违反了正当程序原则，因此败诉。

吸取本案教训，就要在事业单位管理中坚持正当程序思维。当作出对他人不利的决定时，必须听取他人的陈述和申辩，必要时依法组织听证，并将最终处理结果及时告知当事人。

思考题？

1. 简述法治思维与法治能力之间的关系。

2. 正当程序与法定程序之间有何差异？

3. “以事实为依据、以法律为准绳”与“以证据为依据、以法律为准绳”之间的区别是什么？

4. 权利与权力之间的区别与联系是什么？

下篇　专业技术人员需要掌握的法律制度

第四章 专业技术人员需要掌握的知识产权法律制度

导读

知识产权是自然人、法人或者其他组织对其智力成果所拥有的权利，也可称为智慧财产权、智力成果权等。知识产权保护的客体是“智力成果”。专业技术人员是拥有特定专业技术，并以其专业技术从事专业工作，并因此获得相应利益的人。知识产权与专业技术人员的工作和权益息息相关，是社会对专业技术人员创造性劳动的尊重和回报，是专业技术人员权益保护的重要和关键领域。本章主要介绍专业技术人员知识产权保护的重点，即著作权、专利权和职务成果权益制度等。专业技术人员全面掌握知识产权法律制度，可以避免不必要的知识产权争议、侵权风险，用法律的武器武装自身，保障自身合法权益。同时，有助于增强专业技术人员的业务素质，使其知识产权运用水平得到进一步提升。

第一节　著作权法

著作权是知识产权的一种，是法律赋予文学、艺术和科学作品的作者对其创作的作品所享有的专有民事权利。著作权与专业技术人员的工作性质、工作业绩和切身利益密切相关。了解著作权保护的有关法律规定，既是专业技术人员保护自身权益的需要，也是避免个人因工作失误引发权益争议的需要。

一、著作权的概念和著作权的取得

著作权也称版权，是指自然人、法人或者其他组织对文学、艺术和科学作品依法享有的财产权利和精神权利的总称。与专利权、商标权等其他种类的知识产权相比，著作权的主要特点表现为权利内容的双重性，即文学、艺术或科学作品能依法同时产生财产权和人身权两方面的权利。一方面是著作财产权，旨在让权利人通过控制作品的使用而获取经济利益；另一方面是著作人身权，具有人格属性，是与作品的创作者的身份密切相关的权利，且在多数情况下只能由创作者本人行使，不得让与他人。

著作权的取得，是指《中华人民共和国著作权法》（以下简称为《著作权法》）规定的由作品产生著作权的制度。根据我国《著作权法》的规定，著作权自作品创作完成之日起产生，法律没有规定必须办理的手续。我国实行著作权自动取得原则。我国《著作权法》保护的对象，既可以是已经固定在某种有形物质载体上的作品，也可以是未固定下来的口述作品与即兴表演等，并未以“固定”作为作品创作完成的条件，因此作品固定与否不影响著作权的自动取得。

二、著作权的主体

著作权的主体是著作权权利的拥有者，是对文学、艺术或者科学作品依法享有著作权的自然人、法人或者其他组织。专业技术人员需要了解不同情形下作品的著作权归属，避免出现著作权侵权纠纷。

（一）著作权主体的产生

自然人、法人或其他组织，可以通过创作作品或者组织自然人创作作品，依法获得原始著作权，成为原始著作权人；也可以通过受让、继承、受赠与或者受遗赠而成为著作权人。

1. 原始主体

原始主体是指在作品创作完成后，直接根据法律的规定或者合同的约定，对文学、艺术和科学作品享有著作权的人。一般情况下，原始主体为作者。

2. 继受主体

继受主体是指通过受让、继承、受赠或法律规定的其他方式取得全部或一部分著作权的人。

3. 原始主体与继受主体的区别

（1）原始主体的资格基于创作行为或法律规定直接产生；继受主体是以他人原有著作权合法存在为条件。

（2）原始主体可享有完整的著作权，继受主体不享有完整的著作权。原始著作权人享有著作人身权，继受著作权人不能享有著作人身权。

一般情况下，自然人死亡后，其依法享有的著作财产权由其继承人继承，但精神权利不可转让，不能被继承，自然人死亡后仍享有精神利益。

（二）著作权主体的确定

1. 作者的确定

作为著作权人的作者包括三类：一是创作作品的自然人是作者；二是由法人或者非法人单位主持，代表法人或者非法人单位意志创作，并由法人或者非法人单位承担责任的作品，法人或者非法人单位视为作者；三是如无相反证明，在作品上署名的自然人、法人或者非法人单位为作者。

视为作者的情形即法律规定将法人或其他组织视为作者的情形。法人或其他组织视为某作品的作者，即成为原始著作权主体，享有完整著作权，创作者不享有任何权利。根据我国《著作权法》规定，将法人或其他组织视为作者应符合三个条件：①法人或其他组织是创作作品的组织者；②创作者所创作的作品须代表法人或其他组织的意志；③由作品所产生的法律责任由法人或者其他组织承担。此三条件为并列关系，须同时具备。如某大学对外发布招生简章，就应将该大学视为作者。在创作该招生简章的过程中，该大学是组织者，它所代表的是该大学的意志，所产生的责任由该大学承担。

2. 某些作品著作权主体的确定

（1）合作作品的著作权

两人以上合作创作的作品，著作权由合作作者共同享有。没有参加创作的人，不能成为合作作者。合作作品可以分割使用的，作者对自己创作的部分可以单独行使著作权；合作作品不可以分割使用的，其著作权由各合作作者共同享有。合作作品的著作权由合作作者通过协商一致行使；不能协商一致，又无正当理由的，任何一方不得阻止他方行使除转让许可他人专有使用、出质以外的其他权利，但是所得收益应当合理分配给所有合作作者。

（2）职务作品的著作权

根据《著作权法》第十八条规定，专业技术人员为完成单位工作任务所创作的作品是职务作品。著作权由专业技术人员享有，但单位有权在其业务范围内优先使用。作品完成两年内，未经单位同意，专业技术人员不得许可第三人以与单位使用的相同方式使用该作品。但在此期限内，经单位同意，专业技术人员许可第三人以与单位使用的相同方式使用作品所获得的报酬，由作者与单位按约定的比例分配。作品完成两年的期限，自专业技术人员向单位交付作品之日起计算。

但有下列情形之一的职务作品，专业技术人员享有署名权，著作权的其他权利由其单位享有，单位可以给予专业技术人员奖励。一是主要利用单位物质技术条件创作，并由法人或其他组织承担责任的工程设计图、产品设计图、地图、示意图、计算机软件等职务作品；二是报社、期刊社、通讯社、广播电台、电视台的工作人员创作的职务作品；三是法律、行政法规规定或合同约定著作权由单位享有的职务作品。其中，“物质技术条件”是指单位为专业技术人员完成创作专门提供的资金、设备或资料。

（3）演绎作品的著作权

演绎作品是对现有作品进行改编、翻译、注释、整理而产生的作品。演绎是一种创作，演绎作品是一种新创作的作品。我国《著作权法》规定，演绎作品的著作权归属于演绎人，但是演绎人在利用演绎作品时要受到一定的限制。

演绎作品不能脱离原有作品而产生。除法律另有规定的情况，演绎他人的原创作品应该事先得到原创作者的许可并支付相应的报酬；演绎作品的著作权人在行使其著作权时，不能侵犯原作者作品的著作权；第三人在对演绎作品进行利用或进行再演绎时，应征得原创作者和演绎作者的双重许可。

（4）汇编作品的著作权

汇编若干作品、作品的片段或者不构成作品的数据或者其他材料，对其内容的选择或者编排体现独创性的作品，为汇编作品。报纸、杂志、文集、数据库等都是汇编作品。汇编作品具有“双重版权”，汇编者和单个作品作者均享有自己的著作权。

汇编作品的著作权由汇编人享有，但行使著作权时，不得侵犯原作品的著作权。汇编人在对单个作品进行汇编创作时，如果这些单个作品仍享有著作权，则应征得原作者的同意并向其支付报酬。

（5）委托作品的著作权

委托作品的著作权归属由委托人和受托人通过合同约定，合同约定不明确或未约定的，著作权属于受托人。委托创作合同当事人双方可以约定著作权归委托人所有，或归受托人所有，委托人在约定范围内享有使用作品的权利；双方没有约定使用作品范围的，委托人可以在委托创作的特定目的范围内免费使用该作品。

（6）视听作品的著作权

视听作品中的电影作品、电视剧作品的著作权由制作者享有，但编剧、导演、摄影、作词、作曲等作者享有署名权，并有权按照与制作者签订的合同获得报酬。上述规定以外的视听作品的著作权归属由当事人约定；没有约定或者约定不明确的，由制作者享有，但作者享有署名权和获得报酬的权利。视听作品中的剧本、音乐等可以单独使用的作品的作者有权单独行使其著作权。

（7）其他情形

原件所有权转移的作品的著作权。作品的原件所有权转移后，作者不再享有该原件的所有权，但是其仍然享有作品的著作权。同时，作品原件所有权转移时著作权中的展览权随之转移，即由原件所有权人享有作品的展览权。

作者身份不明的作品的著作权。作者身份不明的作品的著作权除署名权外，由其原件所有人行使；作者身份确定后，由作者或者其继承人行使。

自传体作品的著作权。著作权归属由双方当事人约定，如果没有约定或者约定不明确的，著作权归自传者享有，写作人或整理人可以获得一定的报酬。

三、著作权保护对象

（一）著作权客体的界定

著作权的客体是受法律保护的作品，作品是文学、艺术和科学领域内具有独创性并能以某种有形形式复制的脑力劳动成果。“独创性”与“可复制性”是一个具体对象成为著作权法所称作品的实质条件。

1. 独创性

独创性是指作者独立创作出来的，不是或者基本不是对现有作品的复制、抄袭、剽窃或模仿。独创性意味着只要作品是作者独立创作完成，即使与个人在先创作作品存在相似性，但只要具备可以被客观识别的差异，就不会排除于著作权保护范围之外。

2. 可复制性

可复制性是指著作权法所称的作品，可以被人们直接或借助某种机械或设备感知，并以某种有形物质载体复制。著作权法保护表达，而非思想。只有借助表达这样的交流形式，才能体现作者的个性，这也是著作权法要求作品必须固定在一定介质上的原因。

（二）著作权客体的种类

专业技术人员了解作品的分类，可以全面掌握著作权保护的范围。根据作品被感知方式的不同，可以把作品分为人读作品和机读作品。人读作品包括传统文本型作品（图书、报刊、文献类）、美术作品、摄影作品、艺术作品、口头作品。机读作品包括两类，一类是模拟作品（非数字化作品），如传统的音像作品、影视作品；另一类是数字化作品，如计算机程序、电子数据库、多媒体作品等。《著作权法》规定，根据作品的表现形式不同，可以把作品分为如下几类：

1. 文字作品

文字作品是指用文字或等同于文字的各种符号、数字来表达思想或情感的作品，是日常生活中数量最多、最为普遍、运用最为广泛的一种作品形式，如小说、散文、论文、剧本、教科书、科学专著及其译文、统计报表、乐谱等。应当注意的是，并非所有的文字作品都受著作权法保护，而是要看其有无独创性，如火车时刻表、电话号码簿等，因没有独创性就不受保护。

2. 口述作品

口述作品是指不借鉴任何载体形式，仅以口头方式表达出来的作品，如即兴的讲演、授课、法庭辩论等。口述作品实际上是文字作品的一种特殊形式，二者的区别仅在于文字作品被固定在有形物质载体上，而口述作品未以特定载体保留。

口述作品虽没有书面载体，但属于作品的范畴。我国为了防止口述作品被无限制滥用，将其列入保护范围。

3. 音乐、戏剧、曲艺、舞蹈、杂技艺术作品

音乐作品是指歌曲、交响乐等能够演唱或者演奏的带词或者不带词的作品，音乐作品所要保护的是创作音乐的词曲作者的劳动成果。

戏剧作品是把人的连续动作、台词、唱词、乐曲等编在一起，指话剧、歌剧、地方戏剧等供舞台演出的作品。需要注意的是，戏剧作品中虽存在对白、配乐等构成部分，但戏剧作品不等于文字作品和音乐作品，其中作为文字作品的剧本仅为戏剧作品的组成部分，而音乐作品则是戏剧作品为表达感情的辅助成分。

曲艺作品是指相声、快书、大鼓、评书等以说唱为主要表演形式的作品。曲艺作品同戏剧作品一样，保护的是曲目而不是曲艺的表演说唱。曲艺作品产生的是著作权，而曲艺表演艺术家对曲艺作品进行表演所产生的是邻接权。

舞蹈作品是指通过连续的动作、姿势、表情表现的作品。舞蹈作品大多通过口头或形体动作来表现，因而这些独创性的动作和姿势的表演成为保护对象。

杂技艺术作品是指杂技、魔术、马戏等通过形体动作和技巧表现的作品。杂技艺术作品所要保护的是杂技作品中的艺术成分，如脚本、动作编排、造型等，并不包括杂技中表现的动作难度和技巧难度。类似的如体操、跳水、滑冰等竞技项目的动作设计鼓励运动员模仿，而不属于受著作权保护的作品，受著作权保护的作品则意味着禁止他人模仿、复制、表演。

4. 美术作品

美术作品是指绘画、书法、雕塑等以线条、色彩或其他方式构成的具有审美意义的平面或立体的造型艺术作品。我国《著作权法》不仅保护绘画、雕塑等纯美术作品，而且保护实用的美术作品，如“发型”“菜肴”等一些特殊的造型艺术。

5. 建筑作品

建筑作品是指以建筑物或构筑物等形式表现的具有一定审美意义的作品，

包括任何固定结构，以及建筑物或固定结构的一部分。建筑作品不包括建筑物设计图、建筑物模型等。建筑物设计图是图形作品，建筑物模型是模型作品，分别适用于相应种类作品的著作权保护。

6. 摄影作品

摄影作品是指借助摄影器材，通过利用光学、化学原理，将客观事物再现于特定媒体的一种艺术作品。摄影作品不是简单的复制，包含作者的创作、作者的构思等智力劳动，能够突出地表现作者的思想。

7. 视听作品

视听作品是指摄制在一定的记录介质上，由一系列的伴音或无伴音的画面组成，并借助于适当的装置放映、播放的作品。视听作品是一系列作品的组合，需要导演将音乐、摄影、美术、布景、灯光、人物等融为一体，包含了导演的巨大的创作劳动，也包含了一些其他受著作权法保护的独立客体。在影视作品中，剧本、音乐等作品可以单独享有著作权。

8. 工程设计图、产品设计图、地图、示意图等图形作品和模型作品

工程设计图、产品设计图等图形作品是指为工程施工和产品生产而绘制的图样以及对图样的文字说明。地图及示意图是指地图、线路图、解剖图等反映地理现象、说明事物原理或结构的图形或模型。模型作品是指为展示、试验或观测等用途，根据物体的形状和结构，按照一定比例制成的立体作品。未经著作权人许可，根据设计图纸进行施工或生产产品不属于著作权的范围，应当由专利法、技术合同法等法律保护的，适用专利法、技术合同法等法律规定。

9. 计算机软件

计算机软件是指计算机的程序及有关文档。计算机程序是指为了得到某种结果，可以由计算机等具有信息处理功能的装置执行的代码化序列，或可被自动转化成代码化指令序列的符号化指令、语句序列。文档是指用来描述程序内容、组成、设计、功能规格、开发情况、测试结果及使用方法的文字资料和图表，包括程序设计说明书、流程图和用户手册等。计算机程序不同

于一般的著作权保护对象，除按照《著作权法》的规定保护外，还适用《计算机软件保护条例》和《计算机软件著作权登记办法》等法律法规。

10. 符合作品特征的其他智力成果

随着科技、文化事业的发展，需要保护的客体会不断变化，将来还可能出现一些新的作品形式。《著作权法》第三条第九项中“符合作品特征的其他智力成果”，正是为了适应这种与时俱进的需要而设立的弹性条款。这一规定可以使《著作权法》在相当长的时间内保持稳定性与灵活性。当然，这个弹性条款并不是张力无限，而是仅扩及于“符合作品特征的其他智力成果”。

根据我国《著作权法》第五条规定，法律、法规，国家机关的决议、决定、命令和其他立法、行政、司法性质的文件，及其官方正式译文；通过报纸、期刊、广播电台、电视台等媒体报道的单纯事实消息；历法、通用数表、通用表格和公式等，不属于著作权法保护的范围。

四、著作权人的权利及其范围

《著作权法》规定，著作权包括人身权和财产权。著作人身权是指作者对作品中体现的人格和精神利益所享有的权利；著作财产权是指权利人以特定方式利用作品的权利。正因著作权内容同时包括著作财产权和人身权，因此著作权内容具有双重性。

（一）著作人身权

著作人身权又称著作人格权，是作品作者依法享有的与其人身不可分离的非财产性权利。著作人身权具备法律保护期无时间限制、与作者不可分离以及不得以任何理由剥夺等基本特征。

1. 发表权

发表权是作者依法决定作品是否公之于众和以何种方式公之于众的权利。其具体内容包括：决定作品是否公之于众；决定作品在何时何地公之于众；决定作品以何种方式公之于众。“公之于众”是指著作权人自行或者经著作权人许可将作品向不特定的人公开，但不以公众知晓为条件。

发表权是著作权的首要权利。发表权的行使方式主要为作者自行或授权他人以发行、广播、表演、展示或信息网络传播等方式将作品公之于众。如专业技术人员将自己的文章上传至网络，使之处于他人可浏览的状态，至于他人是否实际看到，不影响发表权的行使。

发表权是一次性权利。作品一旦发表，发表权即行消灭，以后再次使用作品与发表权无关，而是行使使用权的体现。之后他人未经权利人许可而使用作品，根据侵犯著作财产权处理。发表权与财产权关系密切，一般通过出版、上网、朗诵等使用作品的方式来行使。

2. 署名权

署名权是作者为表明其作者身份，在作品上注明其姓名或名称的权利。作品署名发表后，其他任何人以出版、广播、表演、翻译、改编等形式进行传播和使用时，必须注明原作品作者的姓名。著作权由法人或其他组织享有的职务作品，署名权归作者享有。署名权不得转让、继承，也不存在放弃问题，保护期不受限制。如无相反证明，在作品上署名的公民、法人或其他组织为作者。

3. 修改权

修改权是作者修改或授权他人修改其作品的权利。修改权为作者所享有，只有经作者授权，他人才能修改其作品，未经授权而擅自修改的，即构成对作者修改权的侵犯。例外情形如下：

（1）报社、杂志社可对投稿作品作文字性修改、删节，无须征得作者同意。从实质上讲，修改权仍属于作者，他人只能在法定范围内对作品作文字性修改、删节，而不能改变作品的基本内容和形式。

（2）美术作品原件出售后，著作权人如想修改作品，须征得美术作品原件所有人同意。

4. 保护作品完整权

保护作品完整权是保护作品不受歪曲、篡改的权利。歪曲和篡改是指对作品内容的修改达到改变作者要表达原意的程度。保护作品完整权的目的，在于维护作品中所表现出的作者的人格利益。

保护作品完整权是修改权的延续，在内容上比修改权更进一步，不仅禁止对作品进行修改，而且禁止他人在以改编、注释、翻译、制片、表演等方式使用作品时对作品作歪曲性的改变。但作品在出版、发表的过程中，出版人、编辑者对出版作品所作的技术性处理，如引证的确认，文字和语法错误的更改，不能视为对保护作品完整权的侵犯。

保护作品完整权的权利保护期不受限制。作者死后，由作者的继承人或受遗赠人行使；无人继承又无人受遗赠的，则由著作权行政管理部门保护。

（二）著作财产权

著作财产权是指著作权人依法以特定方式利用作品并获得报酬的权利。著作财产权有以下特点：一是著作财产权的保护具有期限性；二是著作财产权的设定具有针对性，是一系列针对作品使用方式所设定的“权利束”，且随着科学技术的发展而不断丰富。

1. 复制权

复制权是指以印刷、复印、拓印、录音、翻录、翻拍、数字化等方式将作品制成一份或多份的权利。它是著作财产权中最基本的权能，是著作权人的专有权，非经著作权人许可或法律允许，他人不得擅自复制作品。复制属于有形利用，即在有形载体上稳定地再现作品。例如，在网络环境下以数字技术，通过上传和下载等方式在不同服务器或计算机之间复制数字作品。

2. 发行权

发行权是指以出售或赠与方式向公众提供作品的原件或者复制件的权利。发行权是一项重要的财产权。不受著作权保护的作品不能被发行。与复制权不同的是，发行权不再控制对作品内容的再现，而是保证权利人能够从作品有形载体的传播中获得收益。发行不是复制，而是向不特定的公众提供作品原件或复制件。

3. 出租权

出租权是指有偿许可他人临时使用视听作品、计算机软件的原件或者复制件的权利。计算机软件如果不是出租的主要标的，不适用于出租权。例如，专业技术人员向他人出租电脑，该电脑已经装有 Windows XP、Office 等软件。在这种情况下，出租人出租的标的是电脑，而非计算机软件，所以软件著作权人不得主张出租权。

4. 展览权

展览权是指将美术作品、摄影作品的原件或复制件公开陈列的权利。著作权人有权将作品自行展览，也可授权他人展览并获取报酬。《著作权法》第二十条规定，作品原件所有权的转移，不改变作品著作权的归属，但美术、摄影作品原件的展览权由原件所有人享有。可见，展览权是一项特殊权利，与作品原件所有权相伴，如果原件所有权转移，而展览权不随之转移，那么作品原件所有者购买作品原件就毫无意义。

5. 表演权

表演权是指公开表演作品，以及用各种手段公开播送作品的权利，其特点在于必须以公开的方式进行，面向不特定的多数人。表演他人作品应征得著作权人的许可。但免费表演已发表的作品可以不经著作权人的许可，不向其支付报酬，但应当指出作者的姓名、作品名称，且不得侵犯著作权人的其他权利。例如，餐厅、旅店、商场、卡拉 OK 厅等未经许可，擅自播放录制的歌曲、相声、曲艺等，就构成了对著作权的侵犯。在这些场所购买的唱片等，只是取得了载体的所有权，而未获得著作权中的表演权。

6. 放映权

放映权是指通过放映机、幻灯机等技术设备公开再现美术、摄影、视听作品等的权利。任何人需要放映美术、摄影、视听作品的，应当获得有关作品的著作权人的许可，并支付适当报酬。否则，其行为构成侵权。

7. 广播权

广播权是指以有线或者无线方式公开传播或者转播作品，以及通过扩音器或其他传送符号、声音、图像的类似工具向公众传播广播的作品的权利。著作权人有权禁止或许可将其作品通过广播的形式进行传播。

8. 信息网络传播权

信息网络传播权是指以有线或无线方式向公众提供，使公众可以在其个人选定的时间和地点获得作品的权利。信息网络传播权是我国应对网络环境下的作品利用行为所设定的一项权利。我国《著作权法》在原有广播权的基础上，增加了信息网络传播权，专门规制网络环境下交互式的作品传播。

9. 摄制权、改编权、翻译权、汇编权

摄制权是指以摄制视听作品的方法将作品固定在载体上的权利。

改编权即改变作品，创作出具有独创性的新作品的权利。改编是一种创作方式，如专业技术人员将小说改编成影视剧本或漫画等。不论在何种情况下，改编者都不能对原作所表达的综合理念作过大的改变，否则可能破坏作品的完整性，从而构成对著作权人之修改权、保护作品完整权的侵犯。

翻译权是将作品从一种语言文字转换成另一种语言文字的权利。翻译权是系列权，涉及一种语言文字，就产生一项子权利。例如，著作权人可同时许可不同的人将中文作品翻译为英文作品、法文作品、德文作品等。

汇编权是将作品或者作品的片段通过选择或者编排，汇集成新作品的权利。可以自己汇编其作品，或者许可他人将其作品或者作品片段进行汇编，创作出新作品并获得报酬的权利。

10. 应当由著作权人享有的其他权利

著作权的具体权项是随着科学技术的发展而发展的，是与时俱进的。当科学技术的发展使作品能够以新的方式使用时，相应的权项就可能产生。在这种情况下，著作权人就应享有这样的权利，可以许可他人行使此权利，并依法获得报酬。

（三）著作权保护的期限

著作权保护的期限是指著作权受法律保护的时间界限。在著作权的期限内，作品受《著作权法》保护；著作权期限届满，著作权丧失，作品进入公有领域。这也是著作权作为知识产权具有时间性这一法律特征的体现。

著作权包括人身权和财产权，对它们的保护期有不同的法律规定。著作人身权中的署名权、修改权和保护作品完整权，是与特定的人身相联系的权利，作者生前，依法享有此三项权利；作者死后，由此三项权利所产生的人身利益仍然受保护。发表权的保护期较为特殊，它与著作权中的财产权利保护期相同。著作财产权的保护期，根据作品性质和著作权主体的不同，其保护期规定如下。

1. 一般原则

著作财产权保护期的一般原则是作者有生之年及死亡后 50 年，截止于作者死亡后第 50 年的 12 月 31 日；如果是合作作品，截止于最后死亡的作者死亡后第 50 年的 12 月 31 日。例如，某作者于 2018 年 3 月 19 日去世，著作权保护期将于 2068 年 12 月 31 日届满，2069 年 1 月 1 日起不再受保护。

2. 特殊作品的期限

（1）法人或者非法人组织的作品、著作权（署名权除外）由法人或者非法人组织享有的职务作品，其发表权的保护期为 50 年，截止于作品创作完成后第 50 年的 12 月 31 日，但作品自创作完成后 50 年内未发表的，不再受保护。

视听作品，其发表权的保护期为 50 年，截止于作品创作完成后第 50 年的 12 月 31 日；但作品自创作完成后 50 年内未发表的，不再受保护。

（2）作者身份不明的作品，其使用权和获得报酬权的保护期为作品首次发表后 50 年。这里的作者“身份不明”，多指作品因以假名、笔名、化名或者未署名发表，难以确定作者身份的情况。如在 50 年内确定了作者，则其著作权的保护期按所述之规定。

五、著作权侵权及其法律责任

（一）著作权侵权行为

著作权侵权行为是指未经著作权人或相关著作权人许可，擅自实施其受著作权保护的客体，包括作品、表演、录音录像制品或广播电视节目等。著作权侵权行为主要有下列情形。

1. 侵犯著作人身权的行为

（1）未经著作权人许可，发表其作品的。发表权只能由作者决定行使；作者死后根据其生前的意志，由其合法继承人、受遗赠人或者作品原件所有人决定行使。未经著作权人许可，任何人不得擅自将他人尚未发表的作品公之于众。

（2）未经合作作者许可，将与他人合作创作的作品当作自己单独创作的作品发表的。合作作品著作权由合作作者享有，一般情况下合作作者可以就署名、作品的发表以及发表的时间、方式和地域等问题进行协商解决。未经协商，任何合作作者不得排除其他合作者，而以自己名义发表，否则构成侵权。

（3）没有参加创作，为谋取个人名利，在他人作品上署名的。只有作者（包括合作作者）有权在自己创作的作品上署名，特殊情况下，经作者同意，没有参加创作的人，也可以在作品上署名。如专业技术人员甲乙二人系夫妻，甲主要进行创作，乙做辅助工作，作品完成后，甲乙二人协商同时署名。在此种情形下，只要作者自己不提出否定意见，法律并不干预。

（4）歪曲、篡改他人作品的。保护作品完整权就是禁止他人歪曲、篡改其作品的权利。作品是作者人格的延伸，因此作者在作品中所表达的综合理念应当受到他人的尊重，任何人不得以诋毁他人作品、曲解作者的本意或者损害作者的名誉为目的，割裂作品，断章取义，歪曲原意，贬低作者，使得不明真相的读者或听众，对作者或作品产生不良的评价。

（5）剽窃他人作品的。著作权法上的剽窃，是指行为人将他人创作的作品窃为己有，以自己的名义公开发表，而不注明作品出处，不指明作者的姓名。

2. 侵犯著作财产权的行为

（1）未经著作权人许可，以展览、摄制视听作品的方法使用作品，或者以改编、翻译、注释等方式使用作品的。这种侵权行为是对被侵权作品的直接利用，很容易判断。即只要作品仍处于受保护期间，未经著作权人许可，行为人以展览、摄制、改编、翻译、注释等方式利用了该作品，其行为就可能构成侵权，但《著作权法》另有规定的除外。

（2）使用他人作品，应当支付报酬而未支付的。获得报酬权是著作权人和相关权人收回投资、获得收益的保证。除合理使用外，任何人使用他人受著作权保护的客体，都应按规定支付报酬，否则，就构成对获得报酬权的侵犯。

（3）未经视听作品、计算机软件、录音录像制品的著作权人、表演者或者录音录像制作者许可，出租其作品或者录音录像制品的原件或者复制件的，但《著作权法》另有规定的除外。任何人购买上述三种对象的原件和复制件后，除了可以供个人、家庭学习或欣赏外，不得以营利为目的使用。

3. 侵犯邻接权的行为

邻接权是指作品的传播者对传播作品过程中创造性劳动和投入所产生的成果依法享有的各种专有权利的统称，也称为著作邻接权、作品传播者权，在我国《著作权法》中被称为“与著作权有关的权利”。侵犯邻接权行为如下。

（1）侵犯版式设计权的行为。即未经出版者许可，使用其出版的图书、期刊的版式设计的行为。主要表现为，行为人将他人出版的图书、期刊的版式设计用于自己出版的图书或期刊。其目的是使自己出版的图书或期刊与他人的图书或期刊相混淆，以获得不法利益。

（2）侵犯表演者权的行为。侵权行为主要表现为，表演者正在表演，行为人事前未经表演者许可，以现场直播或者以其他有线或无线传输方式公开传送其现场表演，或者以录音、录像等方式将该表演固定下来。

（3）侵犯录制者权的行为。未经录制者的许可，复制、发行、出租、通过信息网络向公众传播音像制品，或不按规定支付报酬，除法律另有规定外，均构成侵犯录制者权的行为。

（4）侵犯广播电视组织权的行为。广播电视组织权又称为播放者的权利，是指广播电台、电视台对其播放的广播电视节目依法享有的专有权利。未经许可播放、复制、录制广播、电视的音像载体的行为，均构成侵犯广播电视组织权的行为。

4. 其他侵犯著作权以及与著作权有关的权利的行为

从立法技巧和社会现实来看，没有必要也没有可能穷尽所有的侵权行为，但是，从著作权人和相关权人利益的角度看，此弹性条款可使法律尚未明确规定的许多侵权行为，都难逃法律的制裁。

（二）著作权侵权的法律责任

构成著作权侵权的行为，需要依法承担相应的法律责任。这些责任包括民事责任、行政责任、刑事责任。

1. 民事责任

民事责任是指侵权行为人因实施侵权行为而应承担的民事法律后果。适用民事责任的侵犯著作权行为的构成要件包括：一是侵权行为使他人的合法权利和利益遭受损害；二是行为人的行为与损害事实之间存在因果关系，行为人的行为导致损害事实的发生；三是行为人实施侵权行为是由于过错；四是行为人必须具备民事行为能力。民事责任形式包括：

（1）停止侵害。由于著作权侵权行为具有连续性，受害人可以请求人民法院责令侵权人立即停止正在进行的侵权行为。

（2）消除影响。采取这种救济方式的前提是，侵权行为给著作权人造成不良影响，使得著作权人的名誉、声望、形象等遭受损害。侵权行为人必须采取生效的法律文件中指定的方式，消除其侵权行为给著作权人带来的消极影响。

（3）赔礼道歉。侵权人应以可使公众了解的方式承认侵权，并向著作权人表示歉意，使著作权人心理得到慰藉。

（4）赔偿损失。侵权人以自己的财产抵偿，弥补受害人的损失。该救济措施不仅是对著作权人或者相关权人经济损失的补偿，而且也是让侵权行为人无法因实施侵权行为而获取违法所得。

《著作权法》第五十四条规定，侵犯著作权或者与著作权有关的权利的，侵权人应当按照权利人因此受到的实际损失或者侵权人的违法所得给予赔偿；权利人的实际损失或者侵权人的违法所得难以计算的，可以参照该权利使用费给予赔偿。对故意侵犯著作权或者与著作权有关的权利，情节严重的，可以在按照上述方法确定数额的一倍以上五倍以下给予赔偿。

权利人的实际损失、侵权人的违法所得、权利使用费难以计算的，由人民法院根据侵权行为的情节，判决给予五百元以上五百万元以下的赔偿。

赔偿数额还应当包括权利人为制止侵权行为所支付的合理开支。

2. 行政责任

行政责任主要指著作权侵权行为不仅侵犯了著作权人的民事权益，而且同时损害公共利益，依法由行政机关给予的行政处罚。

《著作权法》第五十三条规定，有著作权侵权行为的，应当根据情况，承担停止侵害、消除影响、赔礼道歉、赔偿损失等民事责任；侵权行为同时损害公共利益的，由主管著作权的部门责令停止侵权行为，予以警告，没收违法所得，没收、无害化销毁处理侵权复制品以及主要用于制作侵权复制品的材料、工具、设备等，违法经营额五万元以上的，可以并处违法经营额一倍以上五倍以下的罚款；没有违法经营额、违法经营额难以计算或者不足五万元的，可以并处二十五万元以下的罚款。

3. 刑事责任

刑事责任是指著作权侵权行为构成犯罪，依法给予刑事处罚。刑事责任是最重的法律责任，适用于严重的违法行为，即构成犯罪的行为。主要有两种情形：

（1）侵犯著作权罪。侵犯著作权罪是指以营利为目的，侵犯著作权人权益，违法所得数额较大或者有其他严重情节的行为。

侵犯著作权罪在主观方面表现为故意，并且具有营利的目的。在实践中，除销售外，具有下列情形之一的，可以认定为“以营利为目的”：一是以在他人作品中刊登收费广告、捆绑第三方作品等方式直接或者间接收取费用的；二是通过信息网络传播他人作品，或者利用他人上传的侵权作品，在网站或者网页上提供刊登收费广告服务，直接或者间接收取费用的；三是以会员制方式通过信息网络传播他人作品，收取会员注册费或者其他费用的；四是其他利用他人作品牟利的情形。

侵犯著作权罪客观方面表现为侵犯著作权和与著作权有关权益，情节严重的行为。根据我国《刑法》第二百一十七条规定，实施侵犯著作权行为包括六种情形：一是未经著作权人许可，复制发行、通过信息网络向公众传播其文字作品、音乐、美术、视听作品、计算机软件及法律、行政法规规定的其他作品的；二是出版他人享有专有出版权的图书的；三是未经录音录像制作者许可，复制发行、通过信息网络向公众传播其制作的录音录像的；四是未经表演者许可，复制发行录有其表演的录音录像制品，或者通过信息网络向公众传播其表演的；五是制作、出售假冒他人署名的美术作品的；六是未经著作权人或者与著作权有关的权利人许可，故意避开或者破坏权利人为其作品、录音录像制品等采取的保护著作权或者与著作权有关的权利的技术措施的。

情节严重是指违法所得数额较大或者有其他严重情节，其中“违法所得数额较大”是指个人违法所得数额在两万元以上，单位违法所得数额在十万元以上。我国相关司法解释也对“有其他严重情节”作出了规定，总体趋势是降低门槛，更有利于保护著作权人的合法权益。

对于上述侵权行为，处三年以下有期徒刑或者拘役，并处或者单处罚金；违法所得数额巨大或者有其他特别严重情节的，处三年以上七年以下有期徒刑，并处罚金。

（2）销售侵权复制品罪。该罪是指以营利为目的，销售明知是侵犯他人著作权、专有出版权的文字作品、音乐、电影、电视、录像、计算机软件、图书及其他作品以及假冒他人署名的美术作品，违法所得数额巨大的行为。

根据我国《刑法》第二百一十八条规定，以营利为目的，销售明知是侵权复制品，违法所得数额巨大或者有其他严重情节的，处五年以下有期徒刑，并处或者单处罚金。

第二节　专利权法

一、专利权的概念与特征

专利权是指专利权人在法律规定的范围内独占使用、收益、处分其发明创造，并排除他人干涉的权利。专利分为发明、实用新型和外观设计三种。专利权主要具有以下特征。

（一）专有性

专利权人对其拥有的专利权享有独占或排他的权利．任何人要实施专利，除法律另有规定的以外，必须得到专利权人的许可，并按双方协议支付使用费，否则构成侵权。同一内容的发明创造，国家只授予一项专利。授予专利权意在鼓励先占、促进竞争。

（二）时间性

时间性是指法律对专利权人的保护具有一定的保护期限。在法定保护期限内，专利权人享有独占权，超过这一时间限制则不再予以保护，专利权随即成为人类公共财富，任何人都可以无偿使用。各国专利法对于专利权的有效保护期均有规定，而且计算保护期限的起始时间也各不相同。《中华人民共和国专利法》（以下简称《专利法》）第四十二条规定，发明专利权的期限为二十年，实用新型专利权的期限为十年，外观设计专利权的期限为十五年，均自申请日起计算。

（三）地域性

专利权的地域性是由专利法的国内法性质决定的。根据该特征，依一国法律取得的专利权只在该国领域内受到法律保护，而在其他国家则不受该国家的法律保护，除非两国之间有双边的专利（知识产权）保护协定，或共同参加了有关保护专利（知识产权）的国际公约。专业技术人员若利用那些在国外取得专利权但在本国没有取得权利保护的技术，则不会产生侵权问题。

二、专利权的主体与客体

（一）专利权的主体

专利权的主体是指有权提出专利申请并取得专利权的人。根据法律规定，专利权的权利主体可以分为以下几类。

1. 发明人或设计人

发明人或设计人是指对发明创造的实质性特点作出了创造性贡献的人。其中，发明人是指发明专利、实用新型专利的完成人；设计人是指外观设计的完成人。

在完成发明创造的过程中，只负责组织工作的人、为物质技术条件的利用提供方便的人或者从事其他辅助性工作的人，诸如管理人员、实验员、描图员等均不是发明人或设计人。发明人或设计人，只能是自然人，不能是单位、集体或课题组。

2. 法人及非法人单位

法人及非法人单位对发明人完成的职务发明享有专利权。职务发明是指为执行本单位的任务或者主要利用本单位的物质技术条件所完成的发明创造。一类是执行本单位的任务而完成的发明创造，另一类是主要利用本单位的物质技术条件所完成的发明创造。本单位的物质技术条件，是指本单位的资金、设备、零部件、原材料或者不对外公开的技术资料等。

3. 合作与委托发明申请人

两个以上单位或者个人合作完成的发明创造属于合作发明创造。除另有协议的以外，申请专利的权利属于完成或者共同完成的单位或者个人；申请被批准后，申请的单位或者个人为专利权人。合作开发的当事人一方不同意申请专利的，另一方或者其他各方不得申请专利。

一个单位或个人接受其他单位或个人委托所完成的发明创造属于委托发明创造。

以上两种情况，一般应以协议约定申请专利的权利。如果没有约定的，申请专利的权利属于对发明创造作出创造性贡献的一方。

4. 合法受让人

合法受让人是指依有偿转让或无偿继承、赠与等方式承受专利的自然人、法人及非法人单位。由于专利具有财产属性，专利申请权和专利权可以转让。通过合同或继承而依法取得专利权的单位和个人属于专利权人。

5. 外国人

依照我国《专利法》第十七条的规定，外国人有权依法在我国申请专利。这里的外国人，既包括外国自然人，也包括外国法人或其他组织。在中国没有经常居所或者营业所的外国人、外国企业或者外国其他组织在中国申请专利的，依照其所属国同中国签订的协议或者共同参加的国际条约，或者依照互惠原则，根据《专利法》规定办理。

同样的发明创造只能授予一项专利权。但是，同一申请人同日对同样的发明创造既申请实用新型专利又申请发明专利，先获得的实用新型专利权尚未终止，且申请人声明放弃该实用新型专利权的，可以授予发明专利权。两个以上的申请人分别就同样的发明创造申请专利的，专利权授予最先申请的人。

（二）专利权的客体

专利权的客体也称为专利法保护的对象，是指依法应授予专利权的发明创造。我国专利权客体包括发明、实用新型和外观设计三类。

1. 发明

发明主要是指对产品、方法或者其改进所提出的新的技术方案。发明必须是一种技术方案，是发明人将自然规律在特定技术领域进行运用和结合的结果，而不是自然规律本身，因而科学发现不属于发明范畴。例如，专业技术人员的数学发现不能申请专利，因其不是技术方案。《专利法》所称的发明分为产品发明（如机器、仪器、设备和用具等）和方法发明（制造方法）两大类。产品专利只保护产品本身，不包含该产品的制造方法，但产品专利可以排斥他人用不同方法生产同样的产品；方法专利的保护除涉及方法本身外，还延及用该专利方法直接获得的产品。

2. 实用新型

实用新型是指对产品的形状、构造或者其结合所提出的适于实用的新的技术方案。实用新型专利只保护产品，该产品应当是经过工业方法制造的、占据一定空间的实体。在审查实践中，产品的用途、产品的制造方法、使用方法、通信方法、处理方法、计算机程序、将产品用于特定用途以及未经人工制造的自然存在的物品，均不属于实用新型专利的保护客体。

3. 外观设计

外观设计又称为工业产品外观设计，是指对产品的整体或者局部的形状、图案或者其结合以及色彩与形状、图案相结合所作出的富有美感并适于工业应用的新设计。

（1）外观设计的载体必须是产品，也就是任何用工业方法生产出来的物品，不能重复生产的手工艺品、农产品、畜产品、自然物不能作为外观设计的载体。

（2）产品的色彩不能独立构成外观设计，它必须与产品结构和图案相组合。外观设计可以是立体的，也可以是平面的，但不能是明显属于平面印刷品的标识性设计。

（3）外观设计是对工业产品的设计，不是艺术品，要求能够进行工业化批量生产。

（三）专利权授予条件

我国《专利法》规定，授予专利权的发明和实用新型，应当具备新颖性、创造性和实用性。

1. 新颖性

新颖性是指在申请日以前没有同样的发明或实用新型在国内外出版物公开发表过、没有在国内公开使用过或以其他方式为公众所知，也没有同样的发明或实用新型由他人向专利局提出过申请，并且记载在申请日以后公布的专利申请文件中。新颖性的时间标准是以申请日划定的，凡是在申请日之前已经有相同的发明创作，由他人完成并公开或发明人自己公开，如在新闻发布会、科研鉴定会、展览会上披露该发明创作的实质性内容，都会丧失新颖性，不能再申请专利。

在某些特殊情况下，尽管申请专利的发明或者实用新型在申请日或者优先权日之前公开，但在一定的期限内提出专利申请的，仍然具有新颖性。我国《专利法》规定申请专利的发明创造在申请日以前6个月内，有下列情况之一的，不丧失新颖性。

（1）在国家出现紧急状态或者非常情况时，为公共利益目的首次公开的。

（2）在中国政府主办或者承认的国际展览会上首次展出的，在展出之日起6个月内申请专利的，可认为不丧失新颖性。这里中国政府承认的国际展览会，是指《国际展览会公约》规定的由国际展览会注册或认可的国际展览会。

（3）在规定的学术会议或者技术会议上首次发表的发明创造，在发表后6个月内申请专利的，不丧失新颖性。这里说的学术会议或技术会议是指国务院有关主管部门或者全国性学术团体组织召开的学术会议或技术会议。

（4）他人未经申请人同意而泄露发明创造内容的，申请人于泄露之日起6个月内申请专利仍可认为不丧失新颖性。他人未经申请人同意的情况既包括未遵守明示或默示的保密约定，也包括他人用威胁、欺诈或间谍活动等手段得知发明内容而后公开。上述情况的公开都是违反申请人意愿的，是非法公开。

2. 创造性

创造性是指同申请日以前已有的技术相比，该发明有突出的实质性特点和显著的进步，该实用新型有实质性特点和进步。发明与实用新型创造性的区别就在于“实质性特点”是否突出以及“进步”是否显著。例如，专业技术人员申请专利的发明解决了人们渴望解决但一直没有解决的技术难题；申请专利的发明克服了技术偏见；申请专利的发明取得了意想不到的技术效果；

申请专利的发明在商业上获得成功。一项发明专利是否具有创造性，前提是该项发明是否具有新颖性。

3. 实用性

实用性是指该发明或者实用新型能够制造或者使用，并且能够产生积极的效果。它有两层含义。

一是具备工业实用性。这里的工业是广义上的概念，包括工业、农业、林业、水产业、畜牧业、交通运输业以及服务业等行业。工业实用性是指技术能够在产业中制造或者使用，产业中的制造和使用是指具有可实施性及再现性。

二是必须能够产生积极的效果。即同现有的技术相比，申请专利的发明或实用新型能够产生更好的经济效益或社会效益，如能提高产品数量、改善产品质量、增加产品功能、节约能源或资源、防治环境污染等。

外观设计获得专利权的实质条件为新颖性和美观性。新颖性是指申请专利的外观设计与申请日以前已经在国内外出版物上公开发表的外观设计不相同或者不相近似、与申请日前已在国内公开使用过的外观设计不相同或者不相近似；美观性是指外观设计用在产品上时能使人产生一种美感，增加产品对消费者的吸引力。

（四）专利保护的排除客体

不授予专利权的对象，不属于《专利法》规定的保护对象或者不符合《专利法》规定条件的对象，不能被授予专利权。

1. 违反法律、社会公德或者妨害公共利益的发明创造

例如，伪造货币的机器、赌博用具、盗窃用具等，尽管可能具备新颖性、创造性和实用性，但是《专利法》不保护这类对社会没有进步作用的发明创造。

2. 科学发现

科学发现虽然也是一种智力劳动成果，但不具有发明创造必备的技术性，不是对客观世界改造提出的一种技术方案。例如，牛顿的力学定律与爱因斯

坦的相对论，不能获得专利权。

3. 智力活动的规则和方法

智力活动的规则和方法只是人的大脑进行精神和智能活动的手段或过程，并不是一种技术解决方案。例如，速算法、游戏方案、比赛规则、乐谱等都不能获得专利权。但专业技术人员创造用于这类智力活动的新设备、新工具、新装置，如果符合专利条件，是可以取得专利权的。

4. 疾病的诊断和治疗方法

疾病的诊断和治疗方法主要是以有生命的人体或动物作为直接实施对象，进行识别、确定或消除疾病的过程。例如，专业技术人员运用的西医外科手术方法、中医针灸和诊脉方法无法在产业上进行制作或使用，都不属于《专利法》所说的发明创造，但是诊断和治疗疾病的仪器设备可以申请专利。

5. 动物和植物品种

自然生产的动植物品种，是大自然的产物，不属于人类的发明创造，但培育和生产动植物的方法可以授予专利权。

6. 原子核变换方法以及用原子核变换方法获得的物质

原子核变换方法获得的物质主要是指用加速器、反应堆以及其他核反应装置生产、制造的各种放射性同位素。原子核变换方法如果缺乏安全生产手段，会给国家和人民利益带来损害，而且也不具备《专利法》所要求的实用性。但专业技术人员为实现原子核变换方法的各种设备、仪器及其零部件等，均可以被授予专利权。

7. 对平面印刷品的图案、色彩或者两者的结合作出的主要起标识作用的设计

发明是对产品、方法或者其改进所提出的新的技术方案，起到标识作用的设计显然不是技术方案，起到标识作用的设计属于《中华人民共和国商标法》的范畴。

三、专利权的权利内容

专利权的权利内容包括制造权、使用权、销售权、转让权、质押权、许可权、收益权等。

（一）独占实施权

发明和实用新型专利权被授予后，除《专利法》另有规定的以外，任何单位或者个人未经专利权人许可，都不得实施其专利。一是对产品发明，规定不得为生产经营目的制造、使用、许诺销售、进口其专利产品。二是对方法发明，规定不能使用其专利方法以及使用、许诺销售、销售、进口依照该专利方法直接获得的产品。三是外观设计专利权被授予后，任何单位或者个人未经专利权人许可，都不得实施其专利，即不得为生产经营目的制造、许诺销售、销售、进口其外观设计专利产品。

专利权人独占实施权的内容具体包括专利产品的制造权、使用权、许诺销售权、销售权和进口权等。其中，专业技术人员需要注意的是，使用权仅涉及专利产品和专利方法，外观设计不含使用权。

（二）实施许可权

实施许可权是指专利权人（许可方）通过签订合同的方式允许他人（被许可方）在一定条件下使用其取得专利权的发明创造的全部或部分技术的权利。许可他人利用专利技术，并非是将专利权出售给他人，而仅仅是将专利技术的使用权授予他人，专利所有权并没有发生变化。

《专利法》第十二条规定：“任何单位或者个人实施他人专利的，应当与专利权人订立实施许可合同，向专利权人支付专利使用费。被许可人无权允许合同规定以外的任何单位或者个人实施该专利。”专利权人通过合同约定采取不同的许可方式，如普通许可、排他许可和独占许可。

普通许可方式是最常用的一种方式，是指专利权人在一定期限和地域内，专利权人许可他人实施其专利，同时保留许可第三人实施该专利的权利。在这种方式下，只要与专利所有权拥有者协商好并获得许可，都可以获得专利的实施使用权。也就是说，同一个地区可以同时有很多获得专利许可的主体，专利所有权者并不阻止或干涉可能存在的竞争情况。

排他许可是普通许可的一个进阶，许可方允许被许可方在预定的范围内独家实施其专利，而不再许可任何第三方在该范围内使用该专利，但许可方仍保留自己在该范围内实施该专利的权利。排他许可排除了竞争者存在的可能性，当然许可的费用也会相应提高。

独占许可是指受让人在规定的范围内享有对合同规定的专利技术的使用权，让与人或任何第三方都不得同时在该范围内具有对该项专利技术的使用权。独占许可要求专利权人在规定的时间和地域范围内，不但不能许可第三者使用该专利，而且自己也不得使用。独占许可和排他许可的唯一区别是专利所有权的拥有者是否还拥有专利的使用权。

（三）转让权

《专利法》第十条规定："专利申请权和专利权可以转让。"转让权包括专利申请权的转让和专利权的转让。转让行为使权利主体发生变更，从而使权利从原所有人转移到新所有人。

转让可以通过两种方式：一类是合同转让，如因买卖、交换、赠与、技术入股而进行的专利权的转让。另一类是继承转让，当专利权人死亡后，专利权依继承法规定而转移于有继承权的人。

转让必须履行法律规定的手续。转让专利申请权或者专利权的，当事人应当订立书面合同，并向国务院专利行政部门登记，由国务院专利行政部门予以公告。专利申请权或者专利权的转让自登记之日起生效。

（四）标记权

《专利法》第十六条规定："发明人或者设计人有权在专利文件中写明自己是发明人或者设计人。"标记权是指专利权人有权在其专利产品或者该产品的包装上标明专利标识或专利号的权利。通过标记，可以起到宣传作用，有助于扩大产品的销售。同时，也可以起到警示作用，使得其他人了解这种产品是受到专利保护的，不能随意仿造。

四、专利侵权及其责任

专利侵权行为是指在专利权有效期内，侵权人未经专利权人许可又无法律依据，以营利为目的实施他人专利的行为。掌握专利侵权行为的认定方法和不视为专利侵权的情况，有助于专业技术人员理解专利司法与行政保护的规定。

（一）专利侵权行为

侵犯他人专利权的行为在法律上具有以下特征：一是侵害对象为存在有效的专利。实施专利授权以前的技术、已经被宣告无效、被专利权人放弃的专利或者专利权期限届满的技术，不构成侵权行为。二是必须有侵害行为，即行为人在客观上实施了侵害他人专利权的行为。三是侵权行为人是以生产经营为目的并构成事实侵权行为。非生产经营目的的实施，不构成侵权。四是侵权行为人主观上无须有过错。在专利侵权纠纷处理中，专利权人无须承担被诉人具有主观过错的举证责任，专利侵权以无过错责任为原则。

专利侵权行为分为直接侵权行为和间接侵权行为两类。

1. 直接侵权行为

（1）未经专利权人许可实施其专利的侵权行为

这里说的“实施”相对于不同性质的专利，含义也有所不同。对于发明和实用新型的产品专利，是指为生产经营目的制造、使用、许诺销售、销售、进口。对方法专利来说，是指对其专利方法的使用以及使用、许诺销售、销售、进口依照该专利方法直接获得的产品，不是直接用专利方法所获得的产品不适于此列。对于外观设计专利，是指为生产经营目的制造、销售、进口其外观设计专利产品。这里的“产品”仅指申请外观设计时所指定的产品。

（2）假冒专利

假冒专利是指在非专利技术产品上或广告宣传中表明专利权人的专利标记或者专利号，使公众误认为是他人的专利产品的行为。假冒专利的行为具体包括：①假冒专利标识。假冒专利标识表现为在未被授予专利权的产品或者其包装上标注专利标识；专利权被宣告无效后或者终止后继续在产品或者其包装上标注专利标识；未经许可在产品或者产品包装上标注他人的专利号。②销售假冒专利标识的产品。③虚假宣传。一是在产品说明书等材料中将未被授予专利权的技术或者设计称为专利技术或者专利设计；二是将专利申请称为专利；三是未经许可使用他人的专利号，使公众将所涉及的技术或者设计误认为是专利技术或者专利设计。④伪造或者变造专利证书、专利文件或者专利申请文件。⑤其他使公众混淆，将未被授予专利权的技术或者设计误认为是专利技术或者专利设计的行为。

2. 间接侵权行为

《专利法》规定的专利侵权行为是直接专利侵权行为。除此以外，还有一种间接专利侵权行为，简称为间接侵权行为。

我国《专利法》只规定了对专利直接侵权行为的法律制裁，没有对专利间接侵权行为加以规定。目前，司法实践中认为间接侵权行为是指行为人积极诱导或者促使他人实施直接专利侵权的行为。具体来说，行为人的行为本身可能并不构成对他人专利权的侵害，但其行为却诱导或促使他人实施了对专利权的直接侵害。间接侵权促使和导致了直接侵权行为的发生，在没有直接侵权行为发生的情况下，不存在间接侵权。由于间接侵权的成立以直接侵权为前提，因此只有确定直接侵权事实后，才能确认间接侵权。

（二）专利侵权行为的判定原则

判断专利侵权是否成立，就是要考查被控侵权物是否落入权利要求的范围，而由于对权利要求解释的弹性以及专利保护中的价值取向，司法实践中判断专利是否构成侵权有以下原则。

1. 全面覆盖原则

全面覆盖原则又称全部技术特征原则，即被控侵权的产品或者方法中含有权利要求书记载的全部必要技术特征。在判断是否为专利侵权时，法院应当将被控侵权产品或者方法和专利权利要求进行比较，如果被控侵权产品或者方法具备了权利要求里的每一项技术特征，或者说逐一要素相同，则专利侵权成立，这又被称为相同侵权或字面侵权。

2. 等同原则

在现实中，完全仿制他人专利产品或照搬他人专利方法的侵权行为并不多见，常见的是对权利要求中的某些技术特征加以简单变换，因此若严格按照权利要求的字面含义来确定专利权的保护范围，可能导致对专利权人的不公平。等同原则认为，将被控侵权的技术构成与专利权利要求书记载的相应技术特征进行比较，如果所属技术领域的普通技术人员在研究了专利权人的专利说明书和权利要求后，不经过创造性的智力劳动就能够联想到的，诸如采用部件移位、等同替换、分解或合并等替换手段实现专利的发明目的和积极效果的，并且与专利技术相比，在目的、功能、效果上相同或者基本相同的，则应当认定侵权成立。

3. 禁止反悔原则

禁止反悔原则是指在专利审批、撤销或无效宣告程序中，专利权人如果为确立其专利的新颖性和创造性，通过书面声明或者文件修改，限制或者部分地放弃了权利要求的保护范围，并因此获得了专利授权，那么在专利侵权程序中，法院适用等同原则确定保护范围时，禁止将其已被限制排除或者已经放弃的内容重新纳入专利保护范围。这一原则是诚实信用原则在专利侵权诉讼中的具体体现，并且已为多数国家专利审判实践所采用。

4. 多余指定原则

多余指定原则与全面覆盖原则性质刚好相反。多余指定原则是指在专利侵权诉讼中，法院把权利要求的技术特征区分为必要技术特征和非必要技术特征（多余特征），在忽略非必要技术特征的情况下，仅以权利要求中的必要技术特征来确定专利保护范围，并判定被控侵权客体是否落入权利要求保护范围的原则。

在我国专利代理水平尚不够发达的情况下，专业技术人员撰写权利要求时，可能会出现将对实现发明目的不甚重要的技术特征写入独立权利要求的情况，如果按照全面覆盖原则判断侵权与否，只能得出不侵权的结果。多余指定原则则有助于矫正全面覆盖原则的弊端。

（三）不属于专利侵权的情形

不视为专利侵权的情形意味着任何人不通过权利人的许可，都可以使用专利产品或技术而不会构成侵权。

1. 专利的合理使用

专利的合理使用是指不用经过专利权人许可，也不用向其支付费用即可使用其专利技术。具体来讲，依照《专利法》第七十五条规定，有下列情形之一的，不视为侵犯专利权：

（1）权利穷竭

当专利权人自己制造、进口或经专利权人许可而制造、进口的专利产品或者依照专利方法直接获得的产品售出后，其专利权就已经用尽，他人再使用通过分销、转卖或零售渠道获得的该产品，都无须征得专利权人的许可。

（2）先用权人的利用

对于在专利申请日前已经制造与专利产品相同的产品，或使用相同方法或者已经做好制造、使用的必要准备，并且仅在原有范围内继续制造、使用的必要准备工作的先使用人，可以在原生产规模范围内继续使用这一技术。主张享有先用权的主体须提供在申请日前未公开的使用证明，可以用新颖性或创造性丧失来抗辩或提出专利无效的请求。

（3）临时过境的外国运输工具的使用

临时通过中国领陆、领水、领空的外国运输工具，依照其所属国同中国签订的协议或者共同参加的国际条约，或者依照互惠原则，为运输工具自身需要而在其装置和设备中使用有关专利的，可以不经专利权人的许可。

（4）专为科学研究和实验而使用有关专利的

为科学研究和实验目的，为教育、个人及其他非生产经营目的使用专利技术的，可以不经专利权人的许可，不视为侵权行为。但这里所说的在科学、实验、教育中使用他人专利技术，只能是小范围的非营利性质的使用。如果在整个教育系统内大量使用他人专利技术制作的教学用具，即使没有营利，但由于单位节省了大量购置教具的经费，属于间接营利，并且使专利权人失去这一主要消费市场而蒙受经济损失，因此，这种行为不属于合理使用的范围。

（5）医药审批的使用

为提供行政审批所需要的信息，制造、使用、进口专利药品或者专利医疗器械的，以及专门为其制造、进口专利药品或者专利医疗器械而使用他人专利的，不属于专利侵权。这一条款考虑的是竞争者在专利保护期届满后再开始进行为行政审批的实验准备工作，会在专利权保护期后相当长时间内没有仿制药品投放市场。在《专利法》修正后，我国药品和医疗器械生产企业可以利用这一规则，在相关专利保护期届满前，进行药品或医疗器械的实验和申请生产许可。

2. 专利的强制许可

专利的强制许可是指由一定的国家机关决定许可其他单位或个人实施该专利，这种许可违反专利权人的意志，所以也被称为“非自愿许可”。强制许可本身与专利独占权相冲突，主要包括商业强制许可、紧急状态或非常情况或公共利益目的情况下的强制许可、药品专利的强制许可以及依存专利的强制许可。

商业强制许可是指如果专利权人自专利权被授予之日起满三年，且自提出专利申请之日起满四年，无正当理由未实施或者未充分实施其专利的；或者专利权人行使专利权的行为被依法认定为垄断行为，为消除或者减少该行为对竞争产生的不利影响的，国务院专利行政部门根据具备实施条件的单位或者个人的申请，可以给予实施发明专利或者实用新型专利的强制许可。

紧急状态或非常情况或公共利益目的情况下的强制许可是指在国家出现紧急状态或者非常情况时，或者为了公共利益的目的，国务院专利行政部门可以给予实施发明专利或者实用新型专利的强制许可。

药品专利的强制许可是指为了公共健康目的，对取得专利权的药品，国务院专利行政部门可以给予制造并将其出口到符合我国参加的有关国际条约规定的国家或者地区的强制许可。

依存专利的强制许可是指一项取得专利权的发明或者实用新型比前已经取得专利权的发明或者实用新型具有显著经济意义的重大技术进步，其实施又有赖于前一发明或者实用新型的实施的，国务院专利行政部门根据后一专利权人的申请，可以给予实施前一发明或者实用新型的强制许可。这样规定有利于先进技术的使用。

3. 实施现有技术或现有设计的行为不构成专利侵权

在专利侵权纠纷中，依照《专利法》第六十七条规定，如果被控侵权人有证据证明其实施的技术或者设计属于现有技术或者现有设计的，不构成侵犯专利权。其中，“现有技术”是指被诉落入专利权保护范围的全部技术特征，与一项现有技术方案中的相应技术特征相同或者无实质性差异。“现有设计”是指被诉侵权设计与一个现有设计相同或者无实质性差异的。

(四) 专利侵权的法律责任

《专利法》第六十五条规定，未经专利权人许可，实施其专利，即侵犯其专利权，引起纠纷的，由当事人协商解决；不愿协商或者协商不成的，专利权人或者利害关系人可以向人民法院起诉，也可以请求管理专利工作的部门处理，追究侵权人的相关民事责任、行政责任乃至刑事责任。

1. 专利侵权的民事责任

承担侵犯专利权民事责任的方式主要有两种：一是责令侵权人立即停止侵权行为，二是责令侵权人赔偿专利权人受到的损失。

（1）停止侵权

停止侵权是指专利侵权行为人应当根据管理专利工作的部门的处理决定或者人民法院的裁判，立即停止正在实施的专利侵权行为。

（2）赔偿损失

赔偿损失是指侵犯专利权的赔偿数额，按照专利权人因被侵权所受到的实际损失或者侵权人获得的利益确定；被侵权人所受到的损失或侵权人获得的利益难以确定的，可以参照该专利许可使用费的倍数合理确定。赔偿数额还应当包括权利人为制止侵权行为所支付的合理开支。

权利人的损失、侵权人获得的利益和专利许可使用费均难以确定的，人民法院可以根据专利权的类型、侵权行为的性质和情节等因素，确定给予三万元以上五百万元以下的赔偿。

（3）消除影响

在侵权行为人实施侵权行为给专利产品在市场上的商誉造成损害时，侵权行为人就应当采用适当的方式承担消除影响的法律责任，承认自己的侵权行为，以达到消除对专利产品造成的不良影响的目的。

2. 专利侵权的行政责任

对专利侵权行为，管理专利工作的部门有权责令侵权行为人停止侵权行为、责令改正、罚款等，管理专利工作的部门应当事人的请求，还可以就侵犯专利权的赔偿数额进行调解。

假冒专利的，除依法承担民事责任外，由负责专利执法的部门责令改正并予公告，没收违法所得，可以处违法所得五倍以下的罚款；没有违法所得或违法所得在五万元以下的，可以处二十五万元以下的罚款；构成犯罪的，依法追究刑事责任。

负责专利执法的部门根据已经取得的证据，对涉嫌假冒专利行为进行查处时，可以询问有关当事人，调查与涉嫌违法行为有关的情况；对当事人涉嫌违法行为的场所实施现场检查；查阅、复制与涉嫌违法行为有关的合同、发票、账簿以及其他有关资料；检查与涉嫌违法行为有关的产品；对有证据证明是假冒专利的产品，可以查封或者扣押。

3. 专利侵权的刑事责任

《刑法》第二百一十六条规定，假冒他人专利，情节严重的，处三年以下有期徒刑或者拘役，并处或者单处罚金。《专利法》第六十八条规定，专利侵权构成犯罪的，依法追究刑事责任。《专利法》第八十条规定，从事专利管理工作的国家机关工作人员以及其他有关国家机关工作人员玩忽职守、滥用职权、徇私舞弊，构成犯罪的，依法追究刑事责任；尚不构成犯罪的，依法给予处分。

第三节　职务成果权益制度

职务成果是指专业技术人员为了完成本职工作或主要利用了本单位的物质技术条件所产生的智力成果。职务成果权益制度与专业技术人员息息相关，主要包括职务发明创造、职务作品、单位商业秘密等形式。

一、职务成果的特征

职务成果除了具有智力成果的无形性、高额收益性、许可使用性等基本特征外，在权益主体和权益分配方面具有自身的特点。单位的工作性质及其物质技术条件对该项智力成果的产生起到了决定性的作用，职务成果权利主体一般为单位，职务成果的主要权益属于单位。

尽管职务成果属于完成人的工作任务或主要利用了单位的物质技术条件，但是职务成果的最终完成凝聚了该项成果完成人创造性的劳动。所以，职务成果完成人应当享有该职务成果的人身权和部分财产权，如署名权、标识权、荣誉权，获得奖励权、报酬权，成果许可或转让后分成的权利、优先受让的权利等。

二、职务成果的确认

（一）职务发明创造

《专利法》第六条规定：“执行本单位的任务或者主要是利用本单位的物质技术条件所完成的发明创造为职务发明创造。”因此，下列情形属于职务发明创造。

1. 执行本单位的任务所作出的发明创造

根据《中华人民共和国专利法实施细则》（以下简称《专利法实施细

则》）的规定，主要分为三种情形：

（1）在本职工作中作出的发明创造

在本职工作中作出的发明创造是指单位的职工在本职工作范围内承担单位工作任务所完成的发明创造，其判断标准可参照工作人员的职务内容或责任范围。

（2）履行本单位交付的本职工作之外的任务所作出的发明创造

第一种情况与这种情况是不同的，前者是专业技术人员任职期间，并在本职工作范围内完成的发明创造；后者是根据科研单位安排，专业技术人员承担的短期或临时性非本职工作，或者专业技术人员本职不是搞科研设计，但被派去临时从事科研工作而作出的发明创造。

（3）退职、退休或者调动工作一年内作出的，与其在原单位承担的本职工作或者分配的任务有关的发明创造

若作出的发明创造与原工作单位承担的工作或任务毫无关系，则该发明创造不论何时完成，都不是职务发明创造。

2. 主要利用本单位的物质技术条件所完成的发明创造

发明创造的完成人虽并不是在执行单位职务或任务，但在发明创造的过程中，主要利用了单位的物质技术条件，与单位的物质技术帮助密不可分。若离开单位的物质技术帮助，就不可能完成该发明创造。其中，物质技术条件是指本单位的资金、设备、零部件、原材料或者不向外公开的技术资料。利用物质技术条件的程度，以“主要”为限。“主要”应理解为发明创造的完成大部分或绝大部分是利用了单位的物质技术条件，如果仅利用了少部分或者仅用单位的技术资料作为辅助参考，或这种物质条件的利用对于发明创造的完成起不到决定性作用，就不应视为主要利用。

3. 利用本单位物质技术条件所完成的发明创造，单位与发明人或者设计人订有合同，约定申请专利的权利和专利权归属单位的

利用本单位物质技术条件所完成的发明创造也可以约定申请专利的权利和专利权归属发明创造人，由发明创造人向单位支付使用物质技术条件的费

用。这种情形的意义在于既有利于发挥单位物质技术条件的优势，又尊重作出创造性劳动的人的意愿。

（二）职务作品

职务作品是公民为完成法人或者其他组织工作任务所创作的作品。职务作品的著作权由作者享有，但法人或者非法人单位有在其业务范围内优先使用的权利。作品完成两年内，未经单位同意，作者不得许可第三人以与单位使用的相同方式使用该作品。

职务作品主要有两个构成要件：第一，作品的作者同单位之间有隶属关系；第二，作品必须是履行单位工作任务的结果。单位工作任务是指职工本职工作或者单位下达的书面或者口头任务，创作与本单位工作业务范围有关的作品。二者缺一不可。专业技术人员创作的作品如果不属于本职工作或者工作任务，其创作的作品即使属于单位的业务范畴，也不是职务作品。例如，某护士长，其本职工作是从事护理及其管理工作，她在工作之余，整理撰写了《护士长手册》，其作品虽与医院的业务有关，但也不属于职务作品。这一点有别于职务发明创造、职务技术成果。

但有下列情形之一的职务作品，作者享有署名权，其他权利归单位享有的职务作品，单位可以给予作者奖励：①主要利用单位的物质技术条件创作，并由单位承担责任的工程设计、产品设计图纸及其说明、计算机软件、地图等职务作品；②法律、行政法规规定或者合同约定著作权由单位享有的职务作品。

在职务作品著作权属于创作作品作者的情况下，著作权人行使著作权将受到一定限制：首先是受本单位有“优先使用权”的限制，即权利人行使或者许可他人使用其职务作品时，应当征询本单位是否使用该作品，只有在本单位放弃优先使用权时，权利人才可以行使或者许可他人使用著作权。其次，受时间和使用方式的限制，即在法律规定的一定时间——两年内未经单位同意，著作权人不得许可第三人以与单位使用的相同方式使用该作品。

（三）单位商业秘密

单位商业秘密范围广泛，表现形式多样，是一种技术的和非技术的智力创造成果的综合，是一种特殊的知识产权。商业秘密的特征有如下几个方面：第一，不为公众所知悉。第二，权利人已采取了必要的保密措施予以保护。以上两点区别于发明创造，发明创造是以公开为条件才能获得专有权。第三，具有实用性，即能够制造或运用到生产中去，并具有实际的或潜在的经济价值，能为权利人带来实际利益。商业秘密的以上基本特征，也是司法实践中判断某项信息能否成为依法保护的商业秘密的重要条件。

单位商业秘密通常有两种情形：一是由单位自己组织研制开发的商业秘密；二是单位以其他合法手段掌握的商业秘密，包括公私合营、自然人投资入股、兼并、受让等方式获得的。具体内容包括：第一，单位所有的以非专利技术为主的技术信息。未申请专利的技术成果、未授予专利的技术成果和《专利法》规定的不授予专利权的技术成果等。例如，生产工艺、产品配方、设计图纸、模型、能应用于实际的操作技巧、经验和试验数据、研究报告、计算机程序等，也属于单位商业秘密。第二，单位经营信息。单位经营信息是指销售方法、客户名单、货源资料、投资计划、广告策略、管理经验、财务账簿、价目表等。商业秘密范围广泛、表现形式多样，它是一种技术的和非技术的智力创造成果的综合，是一种特殊的知识产权。

知识链接

如何区别法人作品与特殊职务作品？①

法人作品，是将法人或其他组织视为作者的作品。职务作品，是公民为完成法人或其他组织工作任务所创作的作品。职务作品分为普通职务作品和特殊职务作品。两者的区别主要在于普通职务作品的作者是自然人，享有完整著作权；而创作特殊职务作品的自然人只享有署名权，由作品产生的其他

① 吴汉东．知识产权法［M］．7版．北京：北京大学出版社，2019：56.

著作权归法人或其他组织所有。区分普通职务作品和特殊职务作品的关键点源于《著作权法》第十八条第二款的规定，主要利用法人或者其他组织的物质技术条件创作，并由法人或者其他组织承担责任的工程设计图、产品设计图、地图、示意图、计算机软件等职务作品，报社、期刊社、通讯社、广播电台、电视台的工作人员创作的职务作品，以及法律、行政法规规定或者合同约定著作权由法人或者其他组织享有的职务作品，属于特殊职务作品，否则即为普通职务作品。

法人作品与特殊职务作品的区别虽然有法律规定，但实际判断却比较困难，进行判断时应注意以下几点：

（1）隶属关系不同

特殊职务作品的创作者与法人或者其他组织有隶属关系，而法人作品的创作者与法人或者其他组织则不一定具有隶属关系。

（2）创作起因不同

法人作品的创作一般由法人或者其他组织主动发起，或者事先征得其同意；而特殊职务作品的创作既可以是法人或者其他组织发起的，也可以是创作者自己发起的。

（3）作品理念不同

法人作品所表达的是法人或其他组织的意志，不是创作者的意志；而特殊职务作品所代表的就是创作者的意志。

（4）作品种类不同

法人作品可以是任何种类的作品；而特殊职务作品只能是法律明确规定的，如工程设计图、产品设计图、地图、示意图、计算机软件等。大学对外发布的招生简章肯定是法人作品，而不可能是职务作品。法人作品与职务作品不可能发生重合，即某作品不可能既是法人作品又是职务作品。

典型案例

离职后作出的发明创造专利申请权权属认定

——天津某某新创科技有限公司与天津特米斯科技有限公司专利申请权权属纠纷案①

【基本案情】

天津某某新创科技有限公司（以下简称某某公司）是2014年12月18日成立的高新技术企业。天津特米斯科技有限公司（以下简称特米斯公司）成立于2017年2月8日，其法定代表人及主要股东为崔某某。崔某某曾经于2016年8月17日与某某公司签订劳动合同及保密协议，在任职期间，崔某某曾经作为某某公司的技术研发人员参与并完成了某某公司拥有的脉冲涡流检测技术成果的技术研发工作。其后，崔某某突然于2017年1月18日主动提出离职。后来某某公司发现崔某某不仅在辞职之后不到一个月即出资设立了特米斯公司，从事与某某公司相同技术领域的技术服务与技术研发工作，与某某公司进行竞争，其还作为唯一发明人在相同技术领域以特米斯公司名义，向国家知识产权局提交了名称为“一种瞬变电磁传感器及检测传感装置”的发明专利申请。该申请的技术领域与某某公司研发并正在使用的技术成果密切相关。

某某公司认为，涉案专利申请的发明人崔某某在某某公司任职期间曾经在执行本单位任务过程中参与研发并完成了某某公司的技术成果。其在劳动合同终止后一年内又作为发明人，以特米斯公司名义向国家知识产权局提出涉案发明专利申请。涉案发明专利的技术方案与崔某某在某某公司任职期间承担的本职工作或者分配的任务所完成的技术成果属于相同技术领域，并密切相关。因此，涉案专利申请的技术成果属于某某公司的职务发明技术成果，其发明专利申请权应归某某公司享有。因此，原告主张被告申请专利的发明创造确系崔某某在离职后一年内作出的，且该发明创造与崔某某在原告单位

① 天津市第三中级人民法院民事判决书（2019）津03知民初3号、（2020）最高法知民终41号判决。

承担的本职工作或分配的任务有关。

特米斯公司辩称，首先，崔某某在某某公司任销售总监，而非技术研发人员；其次，特米斯公司申请的发明专利是利用自己的物质技术条件，由其法定代表人崔某某自主研发，与某某公司无任何关系。其申请授权的涉案发明专利不是崔某某为完成某某公司本职工作或者是某某公司分配的工作任务，而是从某某公司离职后自主研发完成，故该专利不属于《专利法实施细则》规定的情形。另外，某某公司声称双方签订保密协议，但是某某公司从未按照该保密协议约定给付崔某某任何补偿，也就是说该保密协议一直没有履行。综上，该发明专利申请权属于特米斯公司，请求法院驳回某某公司全部诉讼请求。

【一审裁判】

本案的争议焦点是被告申请专利的发明创造是否属于职务发明创造。根据当事人陈述和经审查确认的证据，法院认定事实如下：关于该发明创造与崔某某在原告单位承担的本职工作或分配的任务有关。虽然劳动合同中记载崔某某系销售人员，但结合崔某某在某某公司的工作内容显示，崔某某在某某公司同时也是技术人员，有机会对涉案专利申请利用其在某某公司的工作内容进行研发。

根据在案证据显示，崔某某参与的某某公司的专利技术称为脉冲涡流检测技术，特米斯公司申请专利的技术称为瞬变电磁检测技术，两者虽然名称不同，但采用的是相同的工作原理和相同的技术步骤，相关技术构思、解决的技术问题和要达到的技术效果实质相同，崔某某作为发明人新申请的诉争专利技术属于脉冲涡流（瞬变电磁）管道检测领域，与其在某某公司工作期间的本职工作及工作任务所涉及的技术领域相同。技术方案所依据的基本技术原理、所采用的主要系统架构、工作流程为崔某某在某某公司工作期间所熟知的技术原理、系统架构和工作流程。

一审法院认为，涉案发明创造登记的发明人为崔某某，结合崔某某本人的学历背景、工作能力，以及在某某公司的工作内容，并考虑到专利技术研发工作的系统性、传承性，应认定涉案发明创造属于崔某某在某某公司的职务发明。崔某某在与某某公司劳动关系终止后一年内作出的诉争发明创造，与其在某某公司承担的本职工作及某某公司分配的任务密切相关，属于职务发明创造，依据《专利法》第六条，《专利法实施细则》第十二条第一款第三项规定，判决确认被告特米斯公司的发明专利申请权属于原告天津某某公司。

一审宣判后，被告不服，向最高人民法院提起上诉。最高人民法院经审理认为，特米斯公司的上诉主张缺乏事实及法律依据，应予驳回，一审判决认定事实清楚，适用法律正确，遂判决驳回上诉，维持原判。

【案例分析】

一般而言，发明人或设计人理应有权申请专利并获得专利权。但是，若发明人或设计人的创造活动是其为某法人单位或其他组织履行其职务完成的，则不具备专利申请人资格。特别需要提醒专业技术人员注意的是，在退职、退休或调动工作一年内作出的，与其在原单位承担的本职工作或分配的任务有关的发明创造属于职务发明创造，职务发明创造的专利申请权属于该单位。实践中判断一年内还是超过一年，还应根据发明创造完成的证据以及实际领取相应职务工薪的实践。在人才流动已经非常普遍的情况下，为避免日后纠纷，最好通过劳动合同明确约定相关条款。如果企事业单位在劳动合同中约定了竞业限制条款，则专业技术人员需注意有关竞业限制的补偿条款。竞业限制期限不得超过两年，并且在限制期间内企事业单位还应当按月给予专业技术人员经济补偿，未约定或者约定标准过低的，专业技术人员都可以提出异议。

典型案例

侵害作品信息网络传播权纠纷

——赵某某与《中国学术期刊（网络版）》电子杂志社有限公司侵害作品信息网络传播权纠纷案①

赵某某长期从事中国经济史的教学与研究，在该学术领域内发表了诸多

① （2020）京0491民初34791号民事判决书、（2021）京73民终860号民事判决书。

学术论文，享有较高声誉。作为《中国经济发展学论纲》一文（字数：12312字）的作者，发现《中国学术期刊（网络版）》电子杂志社有限公司在其运营的网站“中国知网”中擅自向公众提供涉案文章的阅读、下载服务。原告赵某某认为《中国学术期刊（网络版）》电子杂志社有限公司未经许可擅自将此作品数字化并在网站上进行传播、销售，其行为严重侵害了赵某某的著作权，应当承担停止侵害、赔偿损失的民事责任。被告《中国学术期刊（网络版）》杂志社有限公司认为，涉案文章为原告发表在中国社会科学出版社相关期刊上的，杂志社已就涉案文章的传播权取得期刊方合法授权，不构成对原告的侵权；杂志社具有期刊资质，《中国学术期刊（网络版）》属于期刊，可以适用期刊转载法定许可，属于已为生效判决所确认的事实。

关于《中国学术期刊（网络版）》电子杂志社提供涉案作品网络阅读及下载服务是否构成侵权的问题，法院经审理认为，《中国学术期刊（网络版）》电子杂志社提交的证据不足以证明中国社会科学出版社经赵某某许可，获得涉案作品的信息网络传播权及转授权的权利，其与中国社会科学出版社签订《中国学术期刊网络出版总库辑刊许可使用协议》的行为，属于无权处分行为。该行为也未得到赵某某的追认，不能视为《中国学术期刊（网络版）》电子杂志社取得了涉案作品的信息网络传播权。《中国学术期刊（网络版）》电子杂志社通过“中国知网”网站向不特定公众提供涉案作品的阅读、下载服务，侵害了赵某某对涉案作品的信息网络传播权，应当承担侵权赔偿责任。

关于《中国学术期刊（网络版）》电子杂志社的被诉使用行为是否构成法定许可的问题，法院经审理认为，根据《著作权法》第三十五条规定，作品刊登后，除著作权人声明不得转载、摘编的外，其他报刊可以转载或者作为文摘、资料刊登，但应当按照规定向著作权人支付报酬。《最高人民法院关于审理著作权民事纠纷案件适用法律若干问题的解释》第十七条规定，《著作权法》规定的转载，是指报纸、期刊登载其他报刊已发表作品的行为。可见，将期刊上的作品转载于网络空间不属于法定许可的范围。本案中，《中国学术期刊（网络版）》电子杂志社在其经营的“中国知网”网站上登载涉案作品并允许网络用户阅读、下载的行为，不属于前述法律司法解释规定的报刊转载法定许可，对学术期刊电子杂志社该项主张，一审法院不予支持。

据此，一审法院认定，《中国学术期刊（网络版）》电子杂志社未经赵某某允许，在其经营的“中国知网”网站上登载了涉案作品并允许网络用户下载，侵害了赵某某对涉案作品享有的信息网络传播权，应当承担侵权赔偿责任。依照《著作权法》《中华人民共和国合同法》《中华人民共和国民事诉讼法》相关规定，判决被告《中国学术期刊（网络版）》电子杂志社有限公司赔偿原告赵某某经济损失 2 600 元及维权合理开支 538 元，以上共计 3 138 元。

一审宣判后，被告不服，向北京知识产权法院提起上诉。二审法院经审理认为，《中国学术期刊（网络版）》电子杂志社的上诉主张缺乏事实及法律依据，应予驳回，一审判决认定事实清楚，适用法律正确，程序合法，遂判决驳回上诉，维持原判。

【案例分析】

目前，我国知识资源数据库平台蓬勃发展，一些大的数据库平台收录了海量的期刊、报纸、学位论文及会议论文，进行数字化加工，通过网络平台、App 进行传播、提供下载，也采取打包、定制等方式对国内外的企业、高校科研机构、图书馆等用户进行销售。以“中国知网”为代表的知识资源数据库生产企业使用了海量未经许可的作品，一直没有妥善解决授权问题，未经权利人许可，长期、大量收录权利人作品，损害了权利人的权益。

基于此，专业技术人员需要注意的是，按照《著作权法》规定，知识资源数据库生产企业收录作品、在网络上传播和向国内外用户销售，应当获得作品权利人授权并支付相应的报酬。因此，报刊社若没有得到作者或权利人的许可，不能对作者的信息网络传播权进行转授。对于没有得到明确授权的作品，知识资源数据库企业在网络平台予以收录、传播、销售，涉嫌侵犯了权利人的著作权。

思考题？

1. 如何理解著作权内容的双重性？
2. 著作权侵权行为的民事责任包括哪些内容？
3. 专利权人享有哪些权利？
4. 试述专利侵权认定的适用原则。
5. 简述职务发明创造的情形。

第五章

专业技术人员需要掌握的合同法律制度

导读

合同在专业技术人员日常生活和工作中司空见惯，一些合同类型更与专业技术人员高度相关。专业技术人员要提高运用合同法律制度的能力，需要掌握《民法典》（合同编）的基本原理，系统学习合同编的内容。我国《民法典》共 1 260 条，其中合同编 526 条，在《民法典》中具有举足轻重的地位。专业技术人员对合同的概念、特点，以及专业技术人员接触频率较多的几类典型合同，如买卖合同、技术合同、劳动合同等要做重点学习。专业技术人员只有全面掌握合同法律制度中的法律概念、法律适用要领，在合同的订立、履行、终止等过程中，才可避免不必要的劳务纠纷、知识产权争议、侵权风险，并用法律的武器武装自身，保障自身的合法权益。

第一节　合同概述

合同法律制度是市场经济的基本法律制度，在现代市场经济的交易活动中发挥着最基础的作用。对专业技术人员而言，提高运用合同法律制度能力的第一步，是理解合同的概念、特点和类型。

一、合同的概念

从整个世界范围来看，合同之前被称为契约，在古罗马时期就存在，在不同语言中有不同的表述，合同的本义为“共相交易”。从两大法系来看，法国、德国是大陆法系的代表，从词源上看，大陆法系的学者基本认为合同是一种合意或协议，强调形式要件；英国是英美法系的代表，英美法系学者认为合同是一种共同的允诺，强调意思表示。

早在2000多年前，合同就在我国存在，但是出于封建社会“重农抑商”政策的影响，合同（契约）一直没有被广泛采用。① 古代汉语中的“契”，在古代同“锲”，即用刀刻的意思。“约”是“合意”的意思。《说文解字》中讲到：“券，契也。券别之书以刀判契其旁，故曰契券。”《辞源》中讲到：“合同即指契约。当事人订立一个‘约’，表示他们愿意受其约束。”在我国古代也有所谓的典型合同，最典型的两类合同，一个是“质剂”，相当于买卖契约；另一个是“傅别”，指借贷契约。在1949年以前，我国民法论著中主要使用的还是“契约”，而不是“合同”。从20世纪50年代之后，合同在我国民法中被广泛采用，时至今日早就替代了“契约”一词。综上，从我国古代至今，我国普遍认为合同是一种合意，这点同大陆法系学者的

---

① 周林彬．比较合同法［M］．兰州：兰州大学出版社，1989：79.

看法相同。

从民事法律规范的整个体系来看，最权威的合同概念在民法中。19世纪的《法国民法典》和20世纪初的《德国民法典》的问世，在世界民法发展史上具有典范意义，两部法典对民事法律关系的基本问题进行了概念明确。我国《民法典》的颁行，反映了中国特色社会主义制度的需求，从我国实践出发，回答了民法中的基本问题。其中我国《民法典》（合同编）共分三个分编（通则、典型合同、准合同），共计526条，占《民法典》条文总数的40%以上。合同编是在系统总结我国合同立法经验的基础上产生的。[①] 合同编对合同的定义也是最为权威的。《民法典》第四百六十四条规定："合同是民事主体之间设立、变更、终止民事法律关系的协议。婚姻、收养、监护等有关身份关系的协议，适用有关该身份关系的法律规定；没有规定的，可以根据其性质参照适用本编规定。"

二、合同的特点

根据《民法典》第四百六十四条关于合同的定义，可以归纳合同具有以下特点。

（一）合同是平等主体的自然人、法人和其他组织所实施的一种民事法律行为

民事法律行为作为一种最重要的法律事实，是民事主体实施的、能够引起民事权利和民事义务的产生、变更或终止的合法行为。民事法律行为以意思表示为成立要件，没有意思表示，就没有民事法律行为。合同是当事人之间设立、变更、终止民事权利义务关系的协议，是当事人意思表示一致的结果，因此，合同是一种民事法律行为。由于合同是一种民事法律行为，因而民法关于民事法律行为的一般规定，如民事法律行为的生效要件、民事法律行为的无效和撤销等，均适用于合同。此外，合同在本质上属于合法行为，

---

① 王利明．中国民法典释评·合同编通则［M］．北京：中国人民大学出版社，2020：1．

只有在合同当事人所做出的意思表示符合法律要求的情况下，合同才具有法律约束力；如果当事人做出违法的意思表示，即使当事人达成合意，也不能产生法律约束力。

（二）合同以设立、变更或终止民事权利义务关系为目的和宗旨

民事法律行为是以达到行为人预期的民事法律后果为目的的行为，对合同而言，这种预期的民事法律后果就是设立、变更、终止民事权利义务关系。设立民事权利义务关系，是指当事人订立合同旨在形成某种法律关系（如买卖关系、租赁关系、劳动关系等），从而具体地享有民事权利、承担民事义务。变更民事权利义务关系，是指当事人通过订立合同使原有的合同关系在内容上发生变化，它通常是在继续保持原合同关系效力的前提下变更合同内容。终止民事权利义务关系，是指当事人订立合同的目的是消灭原合同关系。无论当事人订立合同旨在达到何种目的，只要当事人达成的协议依法成立并生效，就会对当事人产生法律效力，当事人可以基于合同约定享有权利，但也应当按照约定履行义务。

（三）合同的成立需要当事人意思表示一致

合同又称协议，相当于英美法上的“agreement”，“协议”一词在民法中也可以指当事人之间形成的合意。[①] 任何合同都必须是订约当事人意思表示一致的产物。由于合同是合意的结果，因而它必须包括以下要素：第一，合同的成立必须要有两个以上的当事人；第二，各方当事人须做出意思表示，这就是说，当事人各自从追求自身的利益出发而做出某种意思表示；第三，各个意思表示是一致的，也就是说当事人达成了一致的协议；第四，当事人必须在平等、自愿基础上进行协商，形成合意，如果不存在平等、自愿，也就没有真正的合意。合同是由平等主体的自然人、法人或其他组织所订立的，因此，订立合同的主体在法律地位上是平等的，任何一方都不得将自己的意志强加给另一方。合同是反映交易的法律形式，而任何交易都要通过交易当

① 梁慧星．民法学说判例与立法研究［M］．北京：中国政法大学出版社，1993：242-243.

事人的合意才能完成，所以合同必须是当事人协商一致的产物或意思表示一致的协议。总之，合同是平等主体的自然人、法人及其他组织之间设立、变更、终止民事权利义务关系的协议，是一种发生民法上效果的合意。

三、合同的主要类型

《民法典》中将合同类型分为两大类：典型合同（有名合同）、非典型合同（无名合同）。其中典型合同主要包括买卖合同、赠与合同、借款合同、保证合同、租赁合同、融资租赁合同、保理合同、承揽合同、建设工程合同、运输合同、技术合同、保管合同、仓储合同、委托合同、物业服务合同、行纪合同、中介合同、合伙合同，以及供用电、水、气、热力合同。

专业技术人员是从事科学研究和专业技术工作的人员。买卖合同、技术合同、劳动合同不仅是专业技术人员，也是其他民事主体在日常生活中接触相对较多的合同。以“专业技术人员”“合同”为关键词在中国裁判文书网上检索，以裁判文书量计算，排名前三的三类合同，依次是买卖合同、技术合同、劳动合同。专业技术人员掌握合同法律制度，需重点学习掌握这三种合同。

（一）买卖合同

《民法典》第五百九十五条规定：“买卖合同是出卖人转移标的物所有权于买受人，买受人支付价款的合同。”买卖是市场交易的典型形式，也是专业技术人员日常工作和生活中接触最多的一类合同类型，其作为买卖合同的当事人，既能成为买受人一方，也有可能成为出卖人一方。

专业技术人员作为买受人一方时，依据《民法典》的规定，须具备相应的民事行为能力，除此之外，并无特别要求。但实际上，依据民法的基本原则、其他法律的规定以及特定买卖合同的性质，某些具有特别身份的人不能成为特定买卖合同中的买受人。例如，监护人负有保护被监护人、维护被监护人合法利益的责任。如果监护人购买被监护人的财产，就很难确保被监护人的利益。因此，如果专业技术人员作为监护人，那就不能成为其被监护人财产的买受人。又如，受托人一般不得自行购买委托人委托其出售的财产，拍卖公司及其职员不得购买接受委托拍卖的财产，公务人员、其配偶及其近亲属不得购买由该公务人员依职权出售、变卖的财产，公司的董事、经理不得同本公司订立合同或者进行交易成为特定买卖合同的买受人。此外，军队、武装警察部队、司法机关和行政执法机关也不得成为商事经营活动中所订立的买卖合同的买受人。

专业技术人员作为出卖人一方时，除须具备相应的民事行为能力之外，还应当是买卖合同标的物的所有权人或其他有处分权人，否则依据《民法典》第五百九十七条第一款的规定："因出卖人未取得处分权致使标的物所有权不能转移的，买受人可以解除合同并请求出卖人承担违约责任。"所谓所有权人，依据《民法典》第二百四十条的规定，是指"对自己的不动产或者动产依法享有占有、使用、收益和处分权利"的人。所谓有处分权人，是指经过所有权人授权或基于法律的规定，可以对他人的财产进行出卖行为的人。需要说明的是，所谓买卖合同的标的物，依据《民法典》第五百九十五条的规定，应认定为实物。财产权利的转让则规定在诸如技术转让合同，建设用地使用权出让、转让合同等其他的合同类型中。买卖合同的标的物可以是现实存在的物，也可以是将来产生的物，也可以是不定物。

专业技术人员需要掌握买卖合同的法律特征。买卖合同有以下法律特征：第一，买卖合同是一方当事人转移标的物的所有权、另一方当事人支付价款的合同；第二，买卖合同是双务合同，买卖合同双方当事人在享有合同权利的同时，都负担相应的合同义务；第三，买卖合同是有偿合同，出卖人所负担的交付标的物或者交付提取标的物的单证并转移其所有权于买受人的义务，与买受人所负担的支付价款的义务，互为对价；第四，买卖合同是诺成合同，除法律另有规定或当事人另有约定外，买卖合同自双方当事人意思表示一致之时起成立，并不以一方当事人标的物的交付或一定行为的进行作为合同的成立要件；第五，买卖合同是不要式合同，法律、行政法规并未要求当事人之间的买卖合同采用书面形式。①

（二）技术合同

《民法典》第八百四十三规定："技术合同是当事人就技术开发、转让、许可、咨询或者服务订立的确立相互之间权利和义务的合同。"《最高人民法院关于审理技术合同纠纷案件适用法律若干问题的解释》（以下简称《技术合同司法解释》）第一条规定："技术成果，是指利用科学技术知识、信息和经验做出的涉及产品、工艺、材料及其改进等的技术方案，包括专利、专利申请、技术秘密、计算机软件、集成电路布图设计、植物新品种等。"专业技术人员大都是在某种领域内具有专项技能，很多时候还会创造一定的技术成果，在技术成果开发、转让、许可等一系列活动中，都会需要签订、履行技术合同等。专业技术人员掌握技术合同的相关法律规范，对其自身技术成果的转化和维权等，具有切实的现实需求和实用价值。

从类型上看，技术合同围绕技术成果展开的交易大致又可以分为技术开发合同、技术转让合同、技术许可合同、技术咨询合同和技术服务合同。与普通财产不同，技术成果不是普通的消耗品。技术成果本身存在一个在既有技术基础上不断积累和创新的特点，因此，国家在通过专利授权等特殊机制保护既有的技术成果持有人的财产权益的同时，还得考虑如何促进科学技术的持续发展和进步，避免因为对既有权利人的保护而抑制技术的不断进步。这是技术合同区别于其他合同的最大特点。对此，《民法典》第八百四十四条规定："订立技术合同，应当有利于知识产权的保护和科学技术的进步，促进科学技术成果的研发、转化、应用和推广。"

专业技术人员在签订技术合同时，需要把握技术合同交易的原则。第一，有利于知识产权的保护。技术合同交易当事人应当尊重相对人的技术成果，特别要尊重技术合同规定的保密义务。第二，有利于科学技术的进步。如果

① 王轶，高圣平，石佳友，等．中国民法典释评·合同编典型合同（上卷）［M］．北京：中国人民大学出版社，2020：2.

既有技术成果持有人通过技术合同安排形成技术垄断，则会妨碍技术的持续进步，因此，《民法典》第八百五十条规定："非法垄断技术或者侵害他人技术成果的技术合同无效。"第三，有利于技术成果和产品的研发。根据《民法典》第八百五十七条规定："作为技术开发合同标的的技术已经由他人公开，致使技术开发合同的履行没有意义的，当事人可以解除合同。"此种原因导致的合同解除，对双方而言都是意外风险，双方互不承担违约责任。第四，有利于技术成果的转化、应用和推广。对此，《促进科技成果转化法》专门规定了"技术权益"，对技术成果的投入、分配和保密作了细致规定。

（三）劳动合同

《中华人民共和国劳动合同法》（以下简称《劳动合同法》）第十条规定："建立劳动关系，应当订立书面劳动合同。已建立劳动关系，未同时订立书面劳动合同的，应当自用工之日起一个月内订立书面劳动合同。用人单位与劳动者在用工前订立劳动合同的，劳动关系自用工之日起建立。"掌握劳动合同，是专业技术人员维护劳动者自身合法权益的重要保障。劳动合同没有规定在《民法典》中，有关劳动合同的法律规定主要是由《劳动合同法》来统一规范的。

劳动合同是劳动者与用人单位建立劳动关系、明确双方权利和义务的协议。有些情况下，用人单位会在签订劳动合同时，通过降低待遇、更换工作地点、另设试用期等方式，侵害劳动者的合法权益。为帮助专业技术人员在订立劳动合同时，更好地维护自身的合法权益，本书通过系统梳理劳动合同中的常见问题，帮助专业技术人员避免纠纷。

1. 劳动合同主体不一致

《中华人民共和国劳动法》（以下简称《劳动法》）第十六条规定："劳动合同是劳动者与用人单位确立劳动关系、明确双方权利和义务的协议。建立劳动关系应当订立劳动合同。"专业技术人员在签订劳动合同时，一定要注意劳动合同的签订主体，确定用人单位公章是否与企事业单位名称一致，企事业单位名称是否与注册信息一致，法定代表人身份是否与注册信息一致，避免因签约对象被“掉包”，导致劳动关系变成劳务关系甚至劳动合同无效，最后维权困难的情况。

2. 试用期约定不当

《劳动合同法》第十九条规定：“劳动合同期限三个月以上不满一年的，试用期不得超过一个月；劳动合同期限一年以上不满三年的，试用期不得超过二个月；三年以上固定期限和无固定期限的劳动合同，试用期不得超过六个月。”可见，试用期可约定的最长时间与合同期限有关。如果企事业单位在合同中约定了试用期，专业技术人员需要注意试用期是否匹配合同期限。同时，试用期内也是要签订劳动合同和缴纳社会保险的。

3. 约定劳动者承担违约金

对于约定违约金，主要规定在《劳动合同法》第二十二条①、第二十三条②和第二十五条③中。除《劳动合同法》第二十二条和第二十三条规定的两种情形外，用人单位要求专业技术人员支付违约金的情形都是违反《劳动合同法》的。有些用人单位为了单位利益会违反相关法律约定或者强迫劳动者签订违约金条款，这样的违约金条款是无效的。

4. 约定工资低于当地最低工资标准

《劳动法》第四十八条规定：“国家实行最低工资保障制度。最低工资的具体标准由省、自治区、直辖市人民政府规定，报国务院备案。用人单位支付劳动者的工资不得低于当地最低工资标准。”专业技术人员在订立和变更劳动合同时，要维护好自身合法权益，企事业单位应当遵循平等自愿、协商一

---

① 《劳动合同法》第二十二条规定：“用人单位为劳动者提供专项培训费用，对其进行专业技术培训的，可以与该劳动者订立协议，约定服务期。劳动者违反服务期约定的，应当按照约定向用人单位支付违约金。违约金的数额不得超过用人单位提供的培训费用。用人单位要求劳动者支付的违约金不得超过服务期尚未履行部分所应分摊的培训费用。”

② 《劳动合同法》第二十三条规定：“用人单位与劳动者可以在劳动合同中约定保守用人单位的商业秘密和与知识产权相关的保密事项。对负有保密义务的劳动者，用人单位可以在劳动合同或者保密协议中与劳动者约定竞业限制条款，并约定在解除或者终止劳动合同后，在竞业限制期限内按月给予劳动者经济补偿。劳动者违反竞业限制规定的，应当按照约定向用人单位支付违约金。”

③ 《劳动合同法》第二十五条规定：“除本法第二十二条和第二十三条规定的情形外，用人单位不得与劳动者约定由劳动者承担违约金。”

致的原则，不得违反相关法律法规。低于最低工资标准的劳动合同，即便专业技术人员自愿订立，该部分也自始无效。

5. 竞业限制条款泛滥

根据《劳动合同法》第二十四条①规定，如果企事业单位在劳动合同中约定了竞业限制条款，专业技术人员要先判断该条款是否有必要。竞业限制的人员限于用人单位的高级管理人员、高级技术人员或其他负有保密义务的人员，如果并非以上类型的岗位，是不需要签订竞业限制条款的。对普通岗位进行竞业限制，可能只是为了限制专业技术人员辞职。如果专业技术人员从事的岗位确有签订竞业限制条款的必要，那么也要注意有关竞业限制的补偿条款。竞业限制期限不得超过二年，并且限制期间企事业单位还应当按月给予专业技术人员经济补偿，未约定或者约定标准过低的，专业技术人员都可以提出异议。

第二节　合同的订立和效力

合同是一个动态过程，它始于订立，然后成立、生效，终结于适当履行或者承担责任。合同的订立是指当事人通过协商而于互相之间建立合同关系的行为。合同的成立是当事人就合同的条款协商一致。合同效力是法律对合同价值的判断。其中，合同订立是合同成立的基础，合同成立是合同生效的前提。

一、合同的订立

合同的订立是整个合同关系的基础阶段。它在第一次明确当事人之间特

---

① 《劳动合同法》第二十四条规定：“竞业限制的人员限于用人单位的高级管理人员、高级技术人员和其他负有保密义务的人员。竞业限制的范围、地域、期限由用人单位与劳动者约定，竞业限制的约定不得违反法律、法规的规定。在解除或者终止劳动合同后，前款规定的人员到与本单位生产或经营同类产品、从事同类业务的有竞争关系的其他用人单位，或者自己开业生产或者经营同类产品、从事同类业务的竞业限制期限，不得超过二年。”

定权利义务的同时，也使其获取法律保护成为可能。依法成立并生效的合同具有法律约束力。专业技术人员对合同订立过程中涉及的法律风险及风险防控必须立足于对相关法律规定的理解和掌握上。《民法典》第四百六十九条规定："当事人订立合同，可以采用书面形式、口头形式或者其他形式。"

（一）书面形式

书面形式是指以文字等有形的表现形式订立合同的形式。书面形式的主要优点在于，它能够通过文字凭据确定当事人之间的权利义务，既有利于当事人依据该文字凭据作出履行，也有利于在发生纠纷时有据可查，准确地确定当事人的权利义务和责任，从而能够合理公正地解决纠纷。书面形式主要起到证明合同关系存在的作用，有书面形式存在，就能够有效证明合同关系的存在，并且通常也能证明合同的内容，尤其是作为书面形式的合同书，更能够有效证明合同关系。

（二）口头形式

口头形式是指当事人通过口头对话的方式订立合同。在社会生活中，口头形式是最普遍采用的合同订立方式，其优点在于简单、便捷。"今天对于我们来说，不言而明的是，合同不应该要求具有任何特定形式，即使是口头合同也是可履行的，这一点已经得到广泛的认可。"① 口头形式的合同与书面形式相比，虽然具有缺乏文字凭据的缺点，但并非任何口头形式都不如书面形式。例如，对于一些重要的交易，专业技术人员可以采用录音的方式将双方的对话内容录制下来，这也可以成为一种有效的证据，所以在采用口头形式缔约的情况下，并不一定意味着当事人就不能就合同关系的存在和合同的内容进行举证。

值得探讨的是，关于视听资料，如录音录像资料，究竟是口头形式，还是书面形式，一些学者将其归入书面形式的范畴。② 另一些学者认为，它们仍

---

① ［德］海因·克茨．欧洲合同法（上卷）［M］．周忠海，等译．北京：法律出版社，2001：113.

② 朱广新．合同法总论［M］．北京：中国人民大学出版社，2008：95.

然是口头形式。[①] 对此，我们认为，视听资料仍然是对口头形式的记载，并且其并没有“书写”的特点，因此，归入口头形式更为妥当，即使当事人以视听资料的方式来证明，仍然表明其采取了口头形式。

（三）其他形式

其他形式是指推定形式，也有学者称为默示形式。推定形式是当事人未用语言、文字表达其意思表示，而是仅用行为向对方发出要约，对方通过一定的行为作出承诺，从而使合同成立。在实践中，当事人在交易过程中通过协商谈判，可能并没有就合同主要条款达成书面合同或者口头协议，但事后一方当事人向对方做出了实际履行（如交付了一定数量的货物），而对方又接受该履行的，可以通过当事人实际履行的行为认定合同已经成立。这种订约方式也被称为通过实际履行的方式订立合同。此种订约方式的特点是，主要通过法律规定认定当事人具有订立合同的意思，从而发生法律效果。[②]

从鼓励交易的目的出发，《民法典》第四百九十条对以实际履行方式订约这一合同订立方式作出了规定[③]。该条确立了合同不成立的补正规则，从而明确了以实际履行方式订约实际上是书面、口头形式之外的另一种订约形式。需要注意的是，以实际履行方式订约，必须是一方履行了主要义务，且另一方必须无条件地接受履行，且未提出异议。例如，如果专业技术人员拿出自己技术成果的100%作为交易内容，但是对方只接受其中的50%，而不接受另外的50%，这意味着当事人可能只是就这50%的技术成果的交易作出了承诺，而对于另外的50%的技术成果并未达成合意。但是，如果这100%的技术成果是完整的、不可分割的整体，则应当认定合同并未成立，只能认定接受技术成果的一方当事人向专业技术人员发出了新的要约。

---

① 王利明．中国民法典释评·合同编通则［M］．北京：中国人民大学出版社，2020：51.

② 谢鸿飞．合同法学的新发展［M］．北京：中国社会科学出版社，2014：114.

③《民法典》第四百九十条规定，当事人采用合同书形式订立合同的，自当事人均签名、盖章或者按指印时合同成立。在签名、盖章或者按指印之前，当事人一方已经履行主要义务，对方接受时，该合同成立。法律、行政法规规定或者当事人约定合同应当采用书面形式订立，当事人未采用书面形式但是一方已经履行主要义务，对方接受时，该合同成立。

二、合同的成立

合同的订立与合同的成立既有联系又有区别：合同订立是合同成立的基础和前提，没有合同的订立，也就不会有具体合同的成立；合同订立是当事人为订约而进行相互协商的全过程，而合同的成立仅是缔约当事人达成合意的状态；合同的订立有合同成立与不成立两种后果，而合同成立仅是合同订立的积极后果。专业技术人员需要掌握合同的成立要件和成立时间，并且能够根据合同的订立方式确定合同的成立时间，这对判断合同的履行期，以及如果未来发生纠纷需要确定起诉期时，会有重要作用。

专业技术人员要掌握合同的成立要件。合同成立与否基本上取决于当事人双方的意志，体现的是合同自由原则，合同成立的意义在于表明当事人双方已就特定的权利义务关系取得共识。合同成立的要件有四点：第一，合同具有双方或者多方的当事人；第二，合同订立必须是依法的；第三，双方当事人对合同条款协商一致；第四，具备要约和承诺阶段。要约、承诺是合同成立的基本规则，也是合同成立必须经过的两个阶段。以上只是合同的一般成立条件，实际上由于合同的类型和具体内容不同，合同也会具有特定的成立要件。

专业技术人员要学会判断合同的成立时间。合同成立时间的判断具体分为三种情况。第一，自动成立的合同。合同的自动成立，是指合同的各方当事人就合同内容以书面形式达成一致的、完全的意思表示。它适用于当事人当面签订书面合同而又无须经批准的情况，当事人签订合同的日期，就是合同的成立日期。第二，确认成立的合同。口头形式订立的合同，以及通过信件、电报、电传达成的合同。此种情况，当事人如果不要求签订确认书，合同另一方当事人作出承诺后，合同成立。如果当事人要求签订确认书，只有在确认书各方签字后，合同方能成立。第三，批准成立。凡依照法律法规应当由国家批准成立的合同，须获得批准时合同才能成立。由国家授权审查批准的合同，主要有中外合资经营企业合同、中外合作经营企业合同、中外合作勘探开发资源合同、涉外信贷合同等。这些合同往往具有期限长、连续性强、内容复杂、牵涉面广、政策法律性强等特点，对国民经济的影响较大，有的还可能涉及国家主权，所以必须经国家或者国家授权的审批机关批准后方能成立。这些合同的成立时间，不是当事人在合同上签字的日期，而是审批机关的批准日期。

需要说明的是，格式条款不能任性而为，否则格式条款不成立。《民法典》第四百九十六条第二款规定："采用格式条款订立合同的，提供格式条款的一方应当遵循公平原则确定当事人之间的权利义务，并采取合理的方式提示对方注意免除或者减轻其责任等与对方有重大利害关系的条款，按照对方的要求，对该条款予以说明。提供格式条款的一方未履行提示或者说明义务，致使对方没有注意或者理解与其有重大利害关系的条款的，对方可以主张该条款不成为合同的内容。"如果未履行提示或说明义务，则对方可以主张把格式条款从内容中"抹去"。基于本条规定可以预见，当事人在提供格式条款时，会更加频繁地使用加粗、加黑、突出显示等方式来提示对方注意这些条款，或者要求对方手写重要内容，表明已知悉格式条款内容。专业技术人员在签约时，对于这些特别强调的格式条款，也要反复确认，因为这些通常是免除或者减轻责任，限制己方权利或者加重己方责任的"不利"条款，需要审慎缔约。

三、合同的效力

合同成立后，并不意味着合同生效，合同成立和合同生效是两个不同的法律概念。合同的效力是针对合同的法律价值判断问题，合同的成立是针对合同的形式要件问题。合同生效的要件主要包括行为人具有相应的民事行为能力，意思表示真实，不违反法律或者社会公共利益，以及符合法定形式。

《民法典》第五百零二条对合同的生效时间进行了规定。根据该条规定，依法成立的合同，自成立时生效。在一般情况下，合法的合同经成立便生效，合同成立的时间就是合同生效的时间。[①] 但是也有一些合同，合同的成立和生效时间是不同的，如上文所述，确认成立和批准成立的两种合同，它们都属于效力待定的合同，合同虽然已经成立，但是效力仍处于待定状态。

一般认为，合同的效力可分为四大类，即有效合同、无效合同、效力待定合同和可撤销合同。关于有效合同，比较容易理解，前面已论述。需要掌握的难点是另外三类合同，针对此三类合同，专业技术人员需要掌握的要点如下。

（一）无效合同

无效合同是指因违反法律、法规要求，国家不予承认和保护的，不发生法律效力的合同。无效合同的情形包括：①一方以欺诈、胁迫的手段订立合同，损害国家利益；②恶意串通，损害国家、集体或者第三人利益；③以合法形式掩盖非法目的；④损害社会公共利益；⑤违反法律、行政法规的强制性规定。无效合同的法律后果是，无效合同自始没有法律约束力。需要注意的是，合同部分无效，不影响其他部分效力的，其他部分仍然有效。

（二）可撤销合同

可撤销合同又称为相对无效合同，是指因合同当事人订立合同时意思表示不真实，通过有撤销权的当事人行使撤销权，可使已经生效的合同变更或归于无效的合同。可撤销合同的情形包括：①因重大误解订立的合同；②在订立合同时显失公平的合同；③一方以欺诈、胁迫的手段或者乘人之危，使对方在违背真实意思的情况下订立的合同。可撤销合同的法律后果是，被撤销的合同，同无效合同一样，自始没有法律约束力。需要注意的是，撤销权的行使是有时效限制的。

（三）效力待定合同

效力待定合同是指已成立的合同因欠缺一定的生效要件，其生效与否尚未确定，须经过补正方可生效，在一定的期限内不予补正则视为不发生效力

---

① 赵德铭. 合同成立与合同效力辩［J］. 法律科学，1994（3）.

的合同。对效力待定合同法律并无明文规定，效力待定合同是在学理和实务中衍生出来的概念。这类合同，首先是不满足全部生效要件（即行为人具有相应的民事行为能力；意思表示真实；不违反法律、行政法规的强制性规定；不违背公序良俗），虽不满足但又不足以引起无效，是否将来能满足还处于待定状态。但是，法律不保护躺在权利上睡觉的人，待定状态不能持久，一方面不知情的相对人享有催告的权利，另一方面权利人的追认权利行使有一定的期限。因此，往往效力待定与追认权、催告权同时存在。根据《民法典》规定，效力待定合同类型有三种，即限制民事行为能力人实施的依法不能独立实施的双方行为，无权代理行为，待债权人同意的债务转移行为。①

另外，除《民法典》规定外，《劳动合同法》第二十六条也对劳动合同效力作出规定："下列劳动合同无效或者部分无效：①以欺诈、胁迫的手段或者乘人之危，使对方在违背真实意思的情况下订立或者变更劳动合同的；②用人单位免除自己的法定责任、排除劳动者的权利的；③违反法律、行政法规强制性规定的。"专业技术人员需要注意的是，对劳动合同的无效或者部分无效有争议的，由劳动争议仲裁机构或者人民法院确认。

第三节　合同的履行

合同的履行是对当事人依照合同义务进行行为的高度抽象。就合同履行的形态而言，既有积极的作为，又有消极的不作为。例如，双方当事人之间约定不在规定的时间内进行活动。在作为中，又包括标的物所有权的转移、标的物使用权的转移、完成约定的工作并交付劳动成果、劳务的提供等。

---

① 《民法典》第五百零三条规定："无权代理人以被代理人的名义订立合同，被代理人已经开始履行合同义务或者接受相对人履行的，视为对合同的追认。"

《民法典》第五百五十一条规定："债务人将债务的全部或者部分转移给第三人的，应当经债权人同意。债务人或者第三人可以催告债权人在合理期限内予以同意，债权人未作表示的，视为不同意。"

一、合同履行的原则

《民法典》第五百零九条规定："当事人应当按照约定全面履行自己的义务。当事人应当遵循诚信原则，根据合同的性质、目的和交易习惯履行通知、协助、保密等义务。当事人在履行合同过程中，应当避免浪费资源、污染环境和破坏生态。"

（一）全面履行原则

全面履行原则一直是我国法律对于合同履行的基本要求。1981 年通过、1982 年起施行的《经济合同法》（已失效）规定："经济合同依法成立，即具有法律约束力，当事人必须全面履行合同规定的义务，任何一方不得擅自变更或解除合同。"《涉外经济合同法》（已失效）、《技术合同法》（已失效）也有类似的规定。《合同法》（已失效）第六十条在"合同的履行"一章中开宗明义规定"当事人应当按照约定全面履行自己的义务"，从而确立了合同履行中的全面原则。《民法典》第五百零九条沿袭了这一规定。[①]

全面履行原则又称为契约必守原则，也被有些学者称为正确履行原则、全面适当履行原则。这一原则是合同效力的集中体现。当事人之间通过自由、真实的意思表示达成的合意，经过法律的效力性评价后即可发生法律效力。因此，合同生效后，当事人就负有信守诺言、履行合同的义务，除非遇到不可抗力或者合同明确约定的免责情形，否则当事人都应当按照约定全面履行合同。

（二）诚信履行原则

《民法典》第七条规定："民事主体从事民事活动，应当遵循诚信原则，秉持诚实，恪守承诺。"在合同履行制度中，做到诚信履行原则，主要是指当事人对依据诚信原则确定的法定附随义务的履行。附随义务虽不影响合同目的的实现，但起着辅助实现合同义务的作用。

① 王利明. 中国民法典释评·合同编通则［M］. 北京：中国人民大学出版社，2020：205.

附随义务是指合同当事人依据诚实信用原则所产生的，根据合同的性质、目的和交易习惯所应当承担的通知、协助和保密义务。专业技术人员掌握诚信履行原则，在实践中需要学懂弄通六种附随义务。

1. 通知义务

合同履行过程中，对于可能损害合同相对人利益的事项，当事人负有及时通知的义务，以便相对人及时准备、避免损失。例如，在供用电合同中，供电人因供电设施计划检修、临时检修、依法限电或者用电人违法用电等原因，需要中断供电时的通知义务。

2. 告知义务

告知义务一般是在合同订立过程中所负有的先合同义务，不履行此义务可能构成欺诈。告知与通知不同，是指当面告知，更多强调双方当事人面对面的情形。例如，在客运合同中，承运人延迟运输的，应当履行告知义务，并根据旅客的要求安排改乘其他班次或者退票。

3. 协助义务

合同有效成立后，当事人处于一种密切的关系中，相互之间负有协助的义务。在上面的客运合同中，承运人根据旅客的要求安排改乘其他班次或者退票，就属于协助义务。

4. 保密义务

需要保守的秘密，主要是指履行合同过程中知悉的商业秘密以及其他重要秘密。例如，专业技术人员作为医护人员时，对在医疗服务合同中掌握的患者的个人信息等隐私，应负有保密义务。又如，专业技术人员作为技术研发人员，对在技术合同中掌握的核心技术等商业秘密，应负有保密义务。

5. 保管义务

在保管合同、仓储合同中，保管义务是主给付义务。但在其他相关合同中，往往存在一方当事人依据合同的约定合法占有对方财产的情形。此种情况下，占有人依据诚实信用原则，也应当有妥善保管的义务。如果违反保管义务，造成标的物的毁损、灭失，占有人应当承担赔偿责任。但是也要注意，在保管期间，如果因不可归责于双方当事人的原因导致标的物毁损、灭失，则应当依据风险负担规则处理。如果因为买受人保管不善导致标的物毁损灭失，买受人应当负有赔偿责任，而不能再按照风险负担规则来处理。

6. 保护义务

保护义务是侵权行为法上的义务，由于合同关系也可能造成当事人合法权益的侵害，所以保护义务也属于合同法中的附随义务。保护义务具体是指，合同当事人应当防止因自己的给付造成对方的人身和财产损害的义务。例如，对可能危及人身、财产安全的商品和服务，应当向相对人作出真实的说明和明确的警示，并说明和标明正确使用商品或者接受服务的方法以及防止危害发生的方法。①

（三）绿色履行原则

《民法典》第九条规定："民事主体从事民事活动，应当有利于节约资源、保护生态环境。"绿色履行原则是《民法典》立法中新增的内容。绿色履行原则被确定为民法的基本原则，将环境资源保护上升至民法基本原则的地位，具有鲜明的时代特征，也为环境资源保护开启了民法上的通道，有利于构建生态时代下人与自然的新型关系，顺应绿色立法潮流。

专业技术人员在产品研发或包装设计过程中，在当事人双方没有特别约定而且法律没有明确的补充性规定的情况下，在具体权利义务的安排上，当事人应当遵循绿色履行原则，避免浪费资源、污染环境和破坏生态。特别是在包装方式、包装材料等方面，专业技术人员应当注意环保要求，尽量使用可再生产品。在包装方式上，也要避免过度包装。而且对于履行合同中产生的垃圾、废料，双方有约定的按照合同约定履行，即便没有特别约定或者法律特别规定的，当事人也应当予以回收或者清理，由此产生的费用，在没有特别约定的情况下，一般由履行债务的一方承担。

---

① 王利明. 中国民法典释评·合同编通则［M］. 北京：中国人民大学出版社，2020：214-215.

二、合同履行中的漏洞补充

《民法典》第五百一十条规定："合同生效后，当事人就质量、价款或者报酬、履行地点等内容没有约定或者约定不明确的，可以协议补充；不能达成补充协议的，按照合同相关条款或者交易习惯确定。"《民法典》立法上规定了合同漏洞，主要是考量了现实情况的需要。实践中，当事人很难对未来合同履行过程中可能遇到的问题进行详尽、无遗漏的判断，从而在约定权利义务时，难免存在一定的欠缺。这就需要通过合同漏洞补充规则对合同约定中的不足加以补充和完善。专业技术人员在履行合同过程中，如遇到合同漏洞问题，可以根据以下补充规则进行漏洞补充，从而实现合同的正常履行。

（一）协议补充

当事人达成的补充协议，可以是书面的，也可以是口头的，但补充协议对于合同漏洞的填补应当是全面的、明确的，否则，仍然不能解决合同条款的争议，合同仍然难以顺利履行。补充协议也可以通过双方当事人的行为来确立。例如，在双方当事人签订的合同书中虽然没有对某一条款进行约定，但是一方履行了合同，对方当事人并没有提出异议并且接受了，这就属于通过行为进行了协议补充。又如，在劳动合同中，企事业单位向专业技术人员提前支付了3个月的工资，该专业技术人员接受了该工资并开始工作，这种情况下应当认为双方就提前支付3个月的工资达成了合意。

（二）根据合同相关条款补充

按照合同相关条款进行补充，要将合同视为一个整体，依据合同目的和合同性质，对合同进行整体解释从而探求当事人的意思。可见，与协议补充不同，通过探求当事人的意思进行合同漏洞补充，实际上是在当事人无法达成补充协议的情况下，由法官或者仲裁员根据合同的相关条款来推断当事人的意思。既然是对当事人意思的探求，这就需要适用意思表示的解释规则来探求当事人的真实意思。《民法典》中把合同解释的规则纳入总则之中，在第一百四十二条规定了意思表示的解释规则①。根据该条规定，意思表示的解释首先要按照所使用的词句进行文义解释。在文义解释的过程中，语句的使用应当按照通常的理解来进行。当然，专业技术人员还要注意，考虑到语言字句本身有时具有模糊性，对于合同的解释也不能仅仅依据词句本身，还要结合合同的其他条款进行上下文解释，根据合同的性质和目的来确定双方当事人的真实意思。

(三) 根据交易习惯补充

交易习惯是指在某时某地某一行业或者某一类交易关系中，为人民所普遍采纳的惯常做法，或者特定当事人之间既往交易中的惯常做法。《最高人民法院关于适用〈中华人民共和国合同法〉若干问题的解释（二）》（已废止）第七条对交易习惯规定，下列情形，不违反法律、行政法规强制性规定的，人民法院可以认定为合同法所称“交易习惯”：①在交易行为当地或者某一领域、某一行业通常采用并为交易对方订立合同时所知道或者应当知道的做法；②当事人双方经常使用的习惯做法。对于交易习惯，由提出主张的一方当事人承担举证责任。这一规定符合“谁主张，谁举证”的证明责任分配原理。

专业技术人员主张交易习惯补充时，需要承担举证责任，对于举证内容，就一般的交易习惯而言，其不仅要证明该合同在交易行为当地或者某一领域、某一行业通常采用，更要就交易双方订立合同时明知该习惯进行举证。就当事人双方经常适用的习惯做法而言，专业技术人员还应当对此前双方曾在类似的交易或者类似的事项上的经常适用该做法加以举证。也就是说，在主张交易习惯时，承担举证责任的一方，不仅要对交易习惯进行识别，而且要证明交易习惯的合法性，以及双方针对交易习惯的主观状态。

---

① 《民法典》第一百四十二条规定：“有相对人的意思表示的解释，应当按照所使用的词句，结合相关条款、行为的性质和目的、习惯以及诚信原则，确定意思表示的含义。无相对人的意思表示的解释，不能完全拘泥于所使用的词句，而应当结合相关条款、行为的性质和目的、习惯以及诚信原则，确定行为人的真实意思。”

三、电子合同的履行

电子合同的发展已成为不可阻挡的趋势。电子合同是指通过互联网等信息网络订立的合同，在合同的履行过程中与传统的合同相比存在较大差异。《民法典》在合同编就电子合同的履行作出特别规定，结合电子合同的标的，对其履行方式和履行时间进行规定。专业技术人员在电子商务过程中，会接触非常多的电子合同，为了便于更好地掌握这一类合同，明确合同履行的关键点，本部分将电子合同的履行单独进行分析。根据给付类型的不同，对于电子合同的履行方式和履行时间分为以下几种情形。

（一）对于标的为交付商品并采用快递物流方式交付的电子合同

实践中，主要是指通过互联网订立的买卖合同。在此类合同履行的过程中，交付时间和风险承担是难点，这也是发生纠纷最多的领域，需要专业技术人员重点掌握。在传统的买卖合同中，标的物需要运输的，在当事人没有特别约定的情况下，出卖人将标的物交付给第一承运人就意味着完成了交付，风险负担随之发生转移。但是，在此种情形的电子合同中，收货人的签收时间才是交付时间，也就是说将风险负担的时间推后，由出卖人承担标的物的在途风险，目的在于保护网购买受人的利益。需要说明的是，签收主体是收货人，收货人包括收件人以及收件人指定的代收人。但是，实践中存在快递员未经收件人同意直接将快递件交给物业或者放在收件柜，然后再通知收件人取件的情况。此种做法有其合理性，但是不能认为已经完成签收，具体签收时间还是应当以收件人或者收件人指定的代收人实际领取货物为准。专业技术人员如发生网购纠纷，判断合同完成履行的时间点很重要，在未明确签收或者实际领取货物前，货物的在途风险应由出卖人承担。

（二）对于标的为提供服务的电子合同

此类电子合同的履行，专业技术人员往往会作为提供服务的一方，如技术服务、咨询服务、法律服务等。需要注意的是，与物的交付不同，服务的提供具有无形性，严格地讲，服务的提供不涉及交付问题。在此类电子合同中，专业技术人员按照合同约定完成提供的服务后，应当向对方当事人提供电子凭证或者实物凭证，其上应当载明服务完成的时间，这个时间应当认定为合同履行完毕的时间。需要注意的是，由于信息、网络等原因，往往提供服务一方的合同履行时间不一定与接受服务一方实际享受服务的时间一致，对此《民法典》也作出规定，此种情况下应当以实际完成服务的时间作为合同履行完成的时间。所以，专业技术人员在作为提供服务的一方当事人时，应当主动提供电子凭证或者实物凭证并在上面写明完成服务的时间。在此种情况下，即便对方当事人对此有异议，其也应当就实际完成服务时间与载明时间不一致承担举证责任。而且，对方当事人在收到电子凭证或实物凭证时，也需要及时确认完成服务的时间，如果有不同意见应当及时提出异议。

（三）电子合同的标的物为采用在线传输方式交付的

此类电子合同交付的标的物是通过网络传播的数据，如影音、网游、电子软件等。此类合同的履行，以数据进入对方当事人指定的特定系统并且能够检索识别的时间为合同履行时间。

（四）电子合同当事人对履行方式、履行时间另有约定的，按照合同约定

电子合同中时常会采用格式条款。针对格式条款，专业技术人员在履行合同时要留意，先根据《民法典》的规定，确定该条款是否属于格式条款，并且关注格式条款的效力，如果双方当事人对格式条款有异议的，应当依据《民法典》第四百九十八条作出解释。

第四节 合同的变更、转让和权利义务终止

合同是平等主体的自然人、法人、其他组织之间设立、变更、终止民事权利义务关系的协议。《民法典》第三编第六章共 14 条，是关于合同的变更和转让的规定，当事人协商一致，可以变更、转让合同；第七章共 20 条，是关于合同的权利义务终止的规定，规定了债权债务和合同权利义务关系终止

的一般事由和后果。

一、合同的变更

（一）合同变更的内涵

《民法典》第五百四十三条规定："当事人协商一致，可以变更合同。"合同的变更是指合同成立后，当事人对合同的内容进行修改或者补充。需要注意的是，本条规定的合同变更，不包括合同当事人或者合同主体的变更。另外，《民法典》第五百三十三条规定，构成情势变更的情况下，当事人可以请求人民法院或者仲裁机构变更合同。可见，合同的变更不仅可以通过"当事人协商一致"进行变更，也可以通过人民法院的判决或者仲裁机构的仲裁裁决来实现。

（二）合同变更的条件

1. 要求存在合法、有效的合同

这是合同变更的前提，未成立、无效、被撤销、确定不发生效力的合同不能被变更。已经成立但尚未生效的合同，如附生效条件和生效期限的合同，也可以变更。例如，对合同定金数额的变更，就不属于合同的变更。《民法典》第五百八十六条第二款规定："实际交付的定金数额多于或者少于约定数额的，视为变更约定的定金数额。"此规定是考虑到，定金合同自实际交付定金时才成立，所以变更定金数额的，并不是对已经成立的定金合同的变更，而仅仅是对尚未成立的合同中原约定数额的变更。

2. 要求对合同的内容进行变更

合同变更可能是合同履行地点的变更，如将交付标的物的地点由南京改为上海；可能是合同履行期的延期或提前；还有可能是支付价款数额或方式的变更。需要注意的是，以增加新的合同条款方式补充合同，尽管原合同内容没有发生变化，但增加了新的合同条款，所以合同也属于发生了变更。

3. 合同的变更须依据当事人的协议或法律的直接规定、法院的裁决或形成权人的意思表示根据《民法典》第一百四十条规定，如果当事人一方要求变更合同，对方当事人虽然未明确反对，但是也没有表示同意，或者没有以其行为表示同意的，则不能认定对方当事人同意该变更。需要注意的是，法律、行政法规规定合同的变更等情形需要办理批准等手续生效的，应当依照其规定。

（三）合同变更的法律后果

合同变更后，当事人应当依变更后的合同内容作出履行，否则将构成违约。合同变更除当事人另有约定或法律另有规定外，仅对将来发生效力，已经按变更前合同履行的债务不因合同的变更而失去法律依据。合同部分变更的，未变更部分继续有效。合同变更不影响当事人要求赔偿损失的权利。同时，当事人之间的合同变更，未经第三人同意，不得对该第三人产生不利影响，否则对第三人不发生效力。

二、合同的转让

（一）合同转让的内涵

《民法典》第五百五十五条规定："当事人一方经对方同意，可以将自己在合同中的权利和义务一并转让给第三人。"

合同的转让是指合同权利、义务的转让，即在合同内容不变的前提下，合同关系的一方当事人将合同的权利和义务全部或部分地转让给第三人的法律行为。合同转让具体包括以下三种形式：债权让与、债务承担和合同的概括承受。

（二）合同转让的形式

1. 债权让与

债权让与是指不改变合同的内容，债权人将其债权转于第三人享有的法律行为。其中债权人称为转让人，第三人称为受让人。

债权让与的条件：须存在有效的合同债权；被让与的合同债权具有可让与性；让与人与受让人须就合同债权的转让达成合意；债权人须向债务人作

出债权让与的通知，未经通知的，该转让对债务人不发生效力。

债权让与的法律后果：原债权人（让与人）脱离原合同关系，受让人取代让与人成为合同关系的新债权人，部分让与时，让与人和受让人共同享有债权。从属于债权的从权利，如利息债权、违约金债权等，一并随之转移。

需要注意的是，债权让与对债务人的效力以债权让与通知为准，在债务人收到债权让与通知之前，对让与人（原债权人）所为的履行有效。债务人对让与人（原债权人）的抗辩，可以向受让人主张。债权人将债权让与第三人的事项通知债务人后，即使让与并未发生或让与无效，债务人基于对让与通知的信赖而向该第三人所为的履行仍然有效。

2. 债务承担

债务承担是指在不改变合同内容的前提下，债权人、债务人通过与第三人订立转让债务的协议，将债务全部或部分移转给第三人承担。

债务承担的种类：①免责的债务承担。第三人取代原债务人地位而承担全部债务，债务人脱离合同关系，免责的债务承担必须取得债权人的同意才能生效。②并存的债务承担。债务人不脱离合同关系，第三人加入合同关系中，与债务人连带承担合同义务。并存的债务承担也须征得债权人同意。

债务承担的条件：①须存在有效的债务；②被移转的债务具有可转移性；③第三人须与债权人或债务人就债务的移转达成合意；④债务承担须经债权人同意。

债务承担的法律后果：免责的债务承担有效成立后，第三人取代原债务人成为新债务人，原债务人脱离合同关系。并存的债务承担有效成立后，第三人加入合同关系中成为新债务人，同原合同债务人一起对债权人连带承担合同义务。无论免责的债务承担还是并存的债务承担，新债务人可以主张原债务人对债权人的抗辩，从债务随之转移。

3. 合同的概括承受

合同的概括承受是指原合同当事人一方经对方同意，将其合同权利和义务一并移转给第三人，由第三人概括地继受这些权利和义务。

合同概括承受的类型：①合同承受。合同承受是指合同关系一方当事人与第三人订立合同，经对方当事人同意后，将合同的权利和义务全部或部分地移转给该第三人，由其在移转范围内承受自己在合同上的地位，享受合同权利并履行合同义务。②企业的合并与分立。当事人订立合同后合并的，由合并后的法人或其他组织行使合同权利、履行合同义务。当事人订立合同后分立的，除债权人和债务人另有约定外，由分立的法人或者其他组织对合同的权利和义务享有连带债权、承担连带债务。

（三）合同转让的法律后果

合同权利义务的一并转让，除当事人另有约定外，原则上转让的当事人一方退出合同关系，其当事人地位被第三人所取代，第三人成为新的当事人，享受当事人的所有权利，包括与合同当事人地位联系在一起的撤销权和解除权、所有的从债权等，并承担当事人的所有义务，包括所有的从债务。当然，当事人之间也可以另行作出其他约定。例如，当事人可以约定，转让方的债务不解除，而是继续对债务承担连带责任，或者转让方作为次级债务人而对债务承担约定的担保责任。

三、合同权利义务的终止

合同权利义务的终止包括合同履行的终止与合同关系的消灭两层含义。其中，合同权利义务终止的主要事由包括清偿、解除、抵销、提存、免除、混同。

（一）清偿

清偿是指合同双方当事人按合同的约定实现债权目的的行为，即合同履行完毕，双方的合同关系终止。清偿主要用在债务合同中，意思是此合同已经履行完成，所以称之为“清偿”。从这个意义上说，清偿与履行基本同义，清偿所重视的是给付结果的发生，而履行更重视债务内容的实现过程和行为。[①] 针对清偿，专业技术人员还需要注意的是，债权债务原则上不涉及债权债务关系之外的第三人，债务应当由债务人履行，履行主体原则上应为债务人。当债务人的履行需要他人协助实现时，债务人可以使用履行辅助人，但此时债务仍然还是债务人履行。

（二）解除

解除可以分为意定解除和法定解除。

意定解除包括协议解除和约定解除。①协议解除。在合同成立后，未履行或未完全履行以前，当事人双方可以通过协议解除合同，使合同的效力消灭。协议解除是通过订立新的合同来消灭原有合同的效力。②约定解除。合同订立之时，当事人双方在合同中约定当事人的单方解除权，在合同生效之后履行完毕之前，如果发生了当事人在合同中约定的可以解除合同的条件，则双方当事人均可以自己的意思表示通知对方而解除合同。

法定解除是指法定的合同解除的情形出现时，合同一方当事人以自己的单方意思表示使合同的效力终止。法定解除是合同当事人行使合同解除权的结果。法定解除的情形：①因不可抗力致使合同目的不能实现；②在履行期限届满之前，当事人一方明确表示或者以自己的行为表示不履行主要债务；③当事人一方迟延履行主要义务，经催告后在合理的期限内仍未履行义务；④根本违约，即当事人一方迟延履行债务或者有其他违约行为致使不能实现合同目的；⑤法律规定的其他情形。

（三）抵销

抵销是指双方互负同类给付债务时，各以其债权充当债务之清偿，而使其债务与对方的债务在对等额内相互消灭。抵销依其产生的根据不同，分为法定抵销与合意抵销。法定抵销的抵销权任何一方均可行使，行使抵销权只需通知对方，不以对方同意为生效要件。通知到达对方时，即产生抵销效力。合意抵销是指按照当事人双方的合意所为的抵销，可不受法律规定的构成要

---

① 王利明. 合同法研究（第二卷）［M］. 北京：中国人民大学出版社，2005：257-258.

件限制。

法定抵销的情形包括：①双方当事人互享债权、互负债务，双方互有的债权必须合法有效；②互负的债务种类相同，包括标的物的种类、品质相同，否则，只有双方协商一致，才能抵销；③互负债务已届清偿期，已经到期的债权人可以放弃其期限利益，与未到期的债权人抵销债权；④双方债务须均为可抵销之债务，依法律规定或者依债之性质不得抵销的，不得主张抵销。

（四）提存

提存是指由于债权人的原因无法向其交付合同标的物时，债务人将标的物交给法定的提存部门而消灭债务的制度。

提存的情形包括：①债权人无正当理由拒绝受领；②债权人下落不明；③债权人死亡未确定继承人，或者丧失民事行为能力未确定监护人；④法律规定的其他情形。

（五）免除

免除是指债权人抛弃债权，从而全部或部分消灭合同权利和义务的单方行为。免除为债权人处分债权的行为，因而债权人必须具有处分该债权的能力，无行为能力人或限制行为能力人不得进行免除行为，应由其法定代理人代为免除或征得其同意。

（六）混同

混同是指债权和债务同归一人，致使合同权利和义务关系消灭的事实。合同权利和义务的概括承受，如作为债权人和债务人的企业合并，则债权债务消灭；合同权利和义务的特定承受指债务人受让债权人的债权或债权人承受债务人的债务。混同的法律效果是合同关系消灭，从权利同时消灭。但是，债权系他人权利的标的时，为保护第三人的合法权益，债权不消灭。

第五节　违约责任

《民法典》第五百七十七条规定："当事人一方不履行合同义务或者履行合同义务不符合约定的，应当承担继续履行、采取补救措施或者赔偿损失等违约责任。"违约责任就是违约损害赔偿责任（包括赔偿性违约责任）。违约责任有狭义和广义之分。狭义的违约责任包括违约损害赔偿和强制实际履行。广义的违约责任是指《民法典》（合同编）违约责任一章所规定的违反合同债务的所有民事法律后果。

一、违约责任

《民法典》第五百七十七条明确列举的违约责任包括继续履行、采取补救措施和赔偿损失。对于前两者应当一体把握，因为两者没有本质差异。继续履行也称强制履行、强制实际履行，是以第三方的强制力为保障的实际履行。①

采取补救措施，是指修理、重作、更换等，完全可以被继续履行所覆盖。广义的继续履行既包括迟延履行场合的继续履行，又包括不完全履行场合的补正履行。狭义的继续履行仅指前者，后者即为采取补救措施。

该条款中规定的"赔偿损失"，就是违约损害赔偿。违约损害赔偿是指以金钱填补受损害方因违约遭受的利益损失，在固有利益因违约而受损的情况下，其包括以恢复原状的各种方法填补固有利益的损失。

结合以上三种违约责任的情形，违约责任具有以下特点。

（一）违约责任具有救济受损害方的功能

与其说违约责任是对违约方当事人的制裁，不如说违约责任主要是对受损害方的救济。这与现代民法作为权利保护法、权利救济法的功能定位是相

① 郭明瑞，房绍坤．合同法学［M］．上海：复旦大学出版社，2016：182.

契合的。针对违约责任，专业技术人员还需要注意的是，《民法典》中没有规定违约责任的惩罚性赔偿。当事人自愿约定的“惩罚性违约金”，本质上还是一种督促合同中当事人严格按照合同约定履行义务，不是一种惩罚性赔偿。

（二）违约责任具有相对性

违约责任只能在特定的合同当事人之间发生，合同之外的第三人不承担违约责任，合同当事人原则上也不对第三人承担违约责任。例外情况是在利益第三人合同中，第三人虽然不是合同关系的当事人，但在债务人不能履行债务时，应该向第三人承担违约责任。最典型的就是保险合同，当保险合同中的保险人不履行合同时，应当向受益人承担违约责任。

（三）违约责任具有一定的任意性

当事人可以在不违反法律强制性规定的前提下对违约责任自由约定。当事人可以就违约行为的类型、违约金的数额、损害赔偿的计算方法、免责事由等进行事先约定。[①] 需要注意的是，当事人关于违约责任的规定不能违反法律法规的强制性规定，也不得违背公序良俗。

（四）违约责任具有补偿性

违约责任赔偿不是以惩罚性赔偿为目的，而是以填补损失为目的。在合同法中，原则上不承认惩罚性损害赔偿，有关惩罚性赔偿的规定主要集中在侵权法领域。

二、违约损害赔偿

根据德国合同法的相关规定，损害赔偿的方法包括恢复原状和金钱赔偿，以恢复原状为原则。在我国法律上，对于恢复原状和赔偿损失分别作出了规定。[②] 按照主流观点，我国合同中的违约损害赔偿仅限于金钱赔偿。对于恢复原状，则主要规定在侵权责任中，以修理、更换等为主要方式。

---

① 李开国．合同法［M］．北京：法律出版社，2007：156.

② 王利明．中国民法典释评·合同编通则［M］．北京：中国人民大学出版社，2020：569.

（一）违约损害赔偿的归责事由

违约责任的归责事由，就是违约损害赔偿责任归由某人承担的根据。强制履行不需要归责事由，因为给付义务是当事人约定的，按照约定提供给付是当事人意思自治的当然结果，不需要另外寻找债务人负责提供给付的依据。

《民法典》第五百七十七条规定，当事人一方不履行合同义务或者履行合同义务不符合约定的，应当承担继续履行、采取补救措施或者赔偿损失等违约责任。合同违约责任的归责方式主要有过错责任和无过错责任。对合同的违约责任，一般以无过错责任为原则，过错责任为例外。也就是说，合同债务人不履行债务或者履行不适当，若无法定或者约定的免责事由，即构成违约，应当承担违约责任。

但是，在法律明确规定的几类合同中，也有采用过错责任的例外情形。债务人对不履行或者履行不适当合同义务无过错的，不构成违约。债务人有过错的，才构成违约。例如，①赠与合同。《民法典》第六百六十条规定："经过公证的赠与合同或者依法不得撤销的具有救灾、扶贫、助残等公益、道德义务性质的赠与合同，赠与人不交付赠与财产的，受赠人可以请求交付。"在赠与合同中，赠与人有故意或者重大过失致使应当交付的财产毁损、灭失的，才应当承担赔偿责任。②保管合同。《民法典》第八百九十七条规定："保管期内，因保管人保管不善造成保管物毁损、灭失的，保管人应当承担赔偿责任。但是，无偿保管人证明自己没有故意或者重大过失的，不承担赔偿责任。"③委托合同。《民法典》第九百二十九条第一款规定："有偿的委托合同，因受托人的过错造成委托人损失的，委托人可以请求赔偿损失。无偿的委托合同，因受托人的故意或者重大过失造成委托人损失的，委托人可以请求赔偿责任。"④承揽合同。《民法典》第七百八十四条规定："承揽人应当妥善保管定作人提供的材料以及完成的工作成果，因保管不善造成毁损、灭失的，应当承担赔偿责任。"⑤其他。

（二）违约损害赔偿的构成要件

违约损害赔偿的构成要件可以分为无过错责任的构成要件和过错责任的

构成要件。

1. 无过错责任的构成要件

无过错责任是指不论合同的违约方是否存在过错，只要其存在不履行行为，就应承担损害赔偿责任，除非存在不可抗力等免责事由。无过错责任实际上是将通常事变的风险分配给违约方承担，不可抗力、合同基础丧失后的风险则由双方分担。在无过错责任领域，违约损害赔偿责任的构成要件包括：①损害的发生；②债务不被履行；③债务不履行与损害之间存在因果关系；④无其他免责事由。在买卖合同、借款合同、租赁合同等以交付物或者提交服务为主给付义务的合同中，当事人不履行主给付义务的，在认定违约损害赔偿责任成立时，都必须满足以上构成要件。

2. 过错责任的构成要件

过错责任是违约损害赔偿以过错为归责事由。在过错责任领域，违约损害赔偿责任的构成要件包括：①损害的发生；②债务不被履行；③债务不履行与损害之间存在因果关系；④过错。无过错和过错的构成要件，主要区别在第四点“过错”上，过错主要是指故意或过失。其中，故意是指积极追求合同不履行或者消极放任该后果的出现。过失是指违反应尽的注意义务，导致合同不被履行。在《民法典》合同编中，实行过错责任的情形大致可分为三类：一是以提供服务为标的的若干合同中，《民法典》规定了过错责任为违约损害赔偿责任的归责原则；二是在赠与合同中，鉴于赠与合同的无偿性，赠与方只有在存在过错的情况下才承担违约损害赔偿责任；三是鉴于附随义务是基于诚实信用原则而产生的，违反附随义务产生的损害赔偿责任均属于过错责任。

（三）违约精神损害赔偿

我国法律对违约损害赔偿是否包括精神损害赔偿尚未作明确规定。违约精神损害赔偿一直是理论上的争论点，也是司法实务中的难点问题。有学者认为，违约损害赔偿包括精神损害赔偿，因为有关违约责任的规定并没有排斥非财产上损害的赔偿，特别是在旅游、观看演出、保管骨灰盒等合同中，不应当禁止守约方选择违约的精神损害赔偿。[①] 也有学者提出因加害给付导致人身伤亡的，可以将损失解释为实际遭受的财产损失，适宜用侵权损害赔偿来处理，对于精神损害，原则上不能基于合同违约请求赔偿。[②]

《民法典》实施后，精神损害赔偿可结合人格权编中的相关规定进行统筹思考，这也体现了《民法典》所倡导的体系化思维。《民法典》人格权编第九百九十六条规定："因当事人一方的违约行为，损害对方人格权并造成严重精神损害，受损害方选择请求其承担违约责任的，不影响受损害方请求精神损害赔偿。"损害赔偿属于违约损害赔偿的内容，依据《民法典》合同编第五百七十七条、第五百八十三条和人格权编第九百九十六条的规定，受损害方即使主张违约责任也可包含精神损害赔偿。

三、不可抗力

《民法典》第五百九十条规定："当事人一方因不可抗力不能履行合同的，根据不可抗力的影响，部分或者全部免除责任，但是法律另有规定的除外。因不可抗力不能履行合同的，应当及时通知对方，以减轻可能给对方造成的损失，并应当在合理期限内提供证明。当事人迟延履行后发生不可抗力的，不免除其违约责任。"不可抗力是合同中确定违约责任的重要内容，专业技术人员要全面掌握合同的违约责任，除要学习违约责任的情形，以及损害赔偿的确定外，还需要掌握免除违约责任的法定事由——不可抗力。

《民法典》第一百八十条规定："因不可抗力不能履行民事义务的，不承担民事责任。法律另有规定的，依照其规定。不可抗力是不能预见、不能避免且不能克服的客观情况。"专业技术人员要掌握不可抗力，首先需要学习如何界定不可抗力。

第一，不能预见与不能预测应予区分。不能预见，是指可能预测但无法预见，如对于地震、海啸，虽然可以认知、监测，甚至在一定范围内预测，

---

① 崔建远．合同法［M］．北京：北京大学出版社，2016：362-363.

② 王利明．合同法研究（第二卷）［M］．北京：中国人民大学出版社，2015：607-611.

但在订立合同时对于其发生的具体时间、范围均无法预见。可预见性在不同时期有不同的内涵。例如，在近代以前，人们对天气是很难预测的，但是随着现代气象技术的发展，能够在数日前就对天气进行准确的预测。在订立合同中，当事人双方有能力对天气现象在合同的具体约定中予以考虑。但是，对于地震、海啸等，限于目前的技术水平，仍然很难作出提前数天的精准预测，所以这一类仍属于实践中典型的不可抗力。

第二，不能避免与不可克服应予区分。不可避免，是指即使尽最大努力也不能采取合理的措施予以避免。不可克服，是指尽最大努力也不能克服。至于何种努力程度可谓最大努力，不能基于当事人的主观标准进行判断，而应当基于社会生活的通常观点，从普通人的客观标准出发加以判断。一般而言，自然灾害、战争、军事冲突是典型的不可抗力。新型传染病带来的物价波动不构成不可抗力，但是为防治传染病而实施的政府命令则往往是不可抗力。

典型案例

通过微信等数据电文订立买卖合同的效力认定[①]

【基本案情】

2019年4月10日，尹某应聘为湖南俊龙化工科技有限公司（以下简称为俊龙公司）的员工从事基础油销售工作。同年4月22日，俊龙公司的法定代表人陈某以微信形式向尹某发送了劳动合同，约定试用期为三个月，月工资为2 000元。尹某当时回复为月工资为3 000元，差旅费补助为每天180元。后尹某便开始为俊龙公司进行基础油销售工作，并与公司按照每月工资3 000元，差旅补助每天180元的标准进行劳务结算。双方并没有签订劳动合同。2019年12月17日，尹某申请劳动仲裁，后因不服仲裁裁决，提起本案诉讼，请求判令公司支付未签合同双倍工资差额24 000元。

---

① （2020）湘民申4243号。

【一审裁判】

一审法院认为，俊龙公司作为用工单位在与尹某没有签订劳动合同的情况下，从2019年4月10日起与尹某建立劳动关系至同年11月18日止，事实清楚。俊龙公司的这一未签订劳动合同的行为违反了《劳动合同法》第八十二条规定，应当向尹某每月支付未签订书面劳动合同两倍工资差额。俊龙公司辩称，原被告之间虽然没有签订劳动合同，但双方实际就劳动合同内容已经基本达成协议。之后双方按照劳动合同的约定实际履行，至此俊龙公司并没有不与尹某签订劳动合同的主观恶意，不适用《劳动合同法》第八十二条之规定支付两倍工资。因其辩称与本案事实不符，一审法院不予以支持。

【公司上诉】

一审法院认定事实错误。上诉人与被上诉人通过微信平台签订了劳动合同，该合同是双方真实的意思表示，合同合法有效，上诉人不应向被上诉人支付未签劳动合同的双倍工资。

【二审裁判】

关于俊龙公司应否向尹某支付未签劳动合同的双倍工资问题，公司法定代表人陈某以微信形式向尹某发送了劳动合同，尹某予以回复后，双方对工资和差旅补助标准等达成了一致意见，后双方实际上也按照此合同进行相关结算。

《劳动合同法》第十条规定："建立劳动关系，应当订立书面劳动合同"。《民法典》第一百三十五条规定："民事法律行为可以采用书面形式、口头形式或者其他形式。"第四百六十九条规定："书面形式是合同书、信件、电报、电传、传真等可以有形地表现所载内容的形式。"

本案双方当事人以微信形式达成的协议，是一种典型的书面劳动合同形式，理应视为双方已订立书面劳动合同。一审判决认定双方未签劳动合同属认定事实错误。一审判决俊龙公司向尹某支付未签劳动合同的双倍工资不妥，应予纠正。

【申请再审】

尹某再审称：二审法院认为双方当事人以微信形式达成的协议，是一种典型的书面劳动合同形式，理应视为双方已订立书面劳动合同，一审判决公司向申请人支付未签劳动合同的双倍工资不妥，应予纠正，该观点是缺乏证据支持和法律依据的……二审法院适用法律错误，偏袒、纵容被申请人不遵守《劳动法》《劳动合同法》的行为，严重损害了申请人的合法权益，扰乱了社会主义市场经济的劳动制度。请求撤销二审判决第一项，维持一审法院支持申请人要求被申请人支付未签订书面劳动合同两倍工资的判决。

【高院裁定】

高院再审认为，本案的争议焦点为俊龙公司是否应当向尹某支付未签订劳动合同的双倍工资问题。《劳动合同法》第十条规定："建立劳动关系，应当订立书面劳动合同。"当事人订立合同存在书面形式、口头形式或者其他形式。就本案而言，俊龙公司的法定代表人陈某以微信形式向尹某发送了劳动合同，尹某予以回复后，双方对工资和差旅补助标准等达成了一致意见，且双方实际按照上述的工资和差旅补助标准进行相关结算。因此，本案双方当事人以微信的形式达成协议，属于书面劳动合同的一种。故二审认定双方已经订立书面劳动合同，俊龙公司不应当向尹某支付未签订劳动合同的双倍工资并无不当。

【案例分析】

《民法典》第四百六十九条规定："书面形式是合同书、信件、电报、电传、传真等可以有形地表现所载内容的形式。"现实中，越来越多的人采用微信进行沟通交流、商务洽谈。微信通过手机、电脑等媒介将数据传递给对方，不仅可以有形地表现所承载的内容，其内容也可以作为证据来提取、调用。因此，在订立合同过程中，一方当事人通过微信将希望订立合同的意思具体明确地传达给对方，这一行为就是要约。对方当事人一经确认，就为承诺，合同即成立。需要注意的是，正如本案中，对方当事人的承诺，可以通过微信进行承诺，也可以实际履行合同的行动来确认。

典型案例

“格式条款”合同关键信息需“高亮”①

【基本案情】

2017年9月，田某、周某和中原信托有限公司（以下简称为中原信托）签订贷款合同，约定田某、周某向中原信托借款600万元，贷款期限8年。贷款利率具体以还款计划表为准，平均年利率为11.88%。还款方式为分次还款，还款计划表载明每月还款本息额和剩余本金额。

根据合同约定，田某、周某按期归还了15期本息。随后，田某、周某提前还款，实际支付本息740余万元。田某、周某认为实际利率高达20.94%，远高于合同约定的11.88%，且中原信托在借款合同履行过程中从未披露过实际利率。

【一审裁判】

鉴于双方自愿签订贷款合同，并已实际履行完毕，故对田某、周某要求中原信托退还钱款、返还利息以及赔偿律师费损失的诉讼请求，均不予支持。至于中原信托在实际放款前先行收取第一期还款，确有不妥，现中原信托愿意补偿田某、周某2万元，无不妥，予以准许。

【二审裁判】

本案中，中原信托应当向田某、周某明确披露系争贷款合同的实际利率。系争贷款合同系格式合同，根据《民法典》第一百四十二条第一款、第四百六十六条第一款规定，合同解释应当采用内在意思与外在表示兼顾的原则，对格式条款的解释应当采用通常理解的原则，无论是外在表示还是通常理解，均应当采用一般理性人的标准。格式条款提供者应当采取合理方式提示对方注意与其有重大利害关系的条款，并明确未履行该义务时的法律后果。若因贷款人未履行提示或者说明义务，导致借款人没有注意或者理解借款合同的实际利率，贷款人无权主张按照该利率计算利息。

---

① （2020）沪74民终1034号。

本案中，还款计划表仅载明了每期还款本息额和剩余本金额，未载明实际利率或能够反映实际利率的利息计算方式，甚至未载明利息总额或其计算公式。一般人若不具备会计或金融专业知识，难以通过短时阅看而自行发现实际利率与合同首部载明利率存在差别，也难以自行验算实际利率。因此，系争还款计划表不足以揭示借款合同的实际利率，中原信托未尽到明确披露实际利率的义务，其主张按照还款计划表收取利息缺乏法律依据。

【案例分析】

该案中，还款计划表仅载明每期还款本息额和剩余本金额，既未载明实际利率，也未载明利息总额或其计算方式。最终二审判决中原信托退还多收利息。该判决体现了弘扬正义的契约精神、诚信负责的法治精神。《民法典》提倡诚信为本、规范经营，为治理“霸王条款”提供了法律依据。在生活中，专业技术人员往往会涉及与网贷公司签订借款合同，却发现实际所付借款利率，远高于合同展示利率，看样板房、沙盘购买楼盘，却发现开发商已在购房合同中声称，样板房、沙盘、宣传册等资料仅供参考。面对这些被隐藏在复杂合同中的关键细节，针对格式合同，如遇纠纷，可以参照以上案例来维护自身的合法权益。

典型案例

《民法典》中技术合同的主要变化及风险防控①

【基本案情】

原告长沙某技术开发公司（以下简称为技术开发公司）与被告株洲某化工集团公司（以下简称为化工集团公司）签订技术开发合作合同，合同约定：原告许可被告使用“立窑利用电石渣配料生产水泥的新工艺”技术。原告向被告提供必要的协助和相应的技术支持；被告需支付技术使用费 84 万元。

就本案中双方签订的技术开发合作合同应该被定性为哪种技术合同类型

① （2010）株中法民三初字第 37 号。

的问题，法院在判决中称：本案双方签订的技术合同名称虽系“技术开发合作合同”，但从合同约定的权利义务内容分析，既不存在分工参与技术研究开发，也不存在技术成果的后续试验、开发应用等内容，而是对一项现有特定的、已经申请专利的技术成果许可使用所订立的合同。

【案例分析】

《民法典》第八百四十三条在定义中增加了“技术许可合同”这一合同类型，第八百六十三条明确了“技术许可合同”的外延，即包括专利实施许可、技术秘密使用许可等合同。因此，本案合同类型和案由应当是技术秘密使用许可合同，但是，因为《民法典》出台之前，并没有将技术秘密许可合同明确为一种独立的合同类型。该案发生、审理都在《民法典》正式实施前，因此在该案中法院只能参照适用技术转让合同的有关规定。在《民法典》生效后，针对此类案件法院可以直接将涉案合同确定为技术秘密使用许可合同，适用其具体的规定即可。专业技术人员如果遇到类似情况，要注意《民法典》新规定的适用。

《民法典》中对技术合同的规定，从第八百四十三条至第八百八十七条共计 45 个条文，包括技术合同的定义和类型、技术秘密的保密义务、委托开发人的免费实施权和工作费用的负担。专业技术人员在签订技术合同时要参照《民法典》的新规定，明确技术合同的类型，再具体确定双方义务、技术成果归属等条款。

【案例延伸】

除上述变化外，针对技术合同的其他内容，如技术秘密的保密义务、委托开发人的免费实施权、工作费用的负担等，也是专业技术人员需要掌握的重点难点。

例如，《民法典》第八百六十八条规定，除当事人另有约定外，保密义务不限制许可人申请专利。因此，技术秘密许可合同的许可人仅仅是将技术秘密许可给被许可人在一定的期限内使用，被许可人仅享有使用权，并没有所有权，许可人有权对其技术秘密进行处分，包括申请专利。

又如，《民法典》第八百五十九条规定，在委托开发合同中研究开发人取得专利权的，委托人的专利实施权由“免费实施”变为“依法实施”。因此，订立合同中需要注意，在委托开发合同中，如果已经就委托开发成果的归属作了明确约定，约定成果归属于委托人，就没有必要对免费实施权再作约定。但是，如果是研究开发人取得专利权的，要有意识地在起草合同时对委托人的免费实施权进行约定，即委托人可以免费实施该专利，以免丧失权利。

再如，因“技术咨询合同和技术服务合同中的工作费用由谁支付”的问题产生过很多法律纠纷，《民法典》第八百八十六条特别对两种合同中工作费用的负担作了明确规定，即如没有约定或约定不明的，由受托人负担。因此，在技术咨询和技术服务合同中，如果专业技术人员是受托方，要注意明确约定工作费用由委托人承担，切忌想当然地认为自己为了展开工作所支付的费用都应当由委托人支付，如果没有事先约定，即使日后诉至法院也无法得到法律的支持，所有工作费用只能由自己负担。

综上，针对《民法典》中技术合同条款的变化，专业技术人员要做到：首先，明确要签订的技术合同的类型，根据合同类型做具体的合同条款的编排；其次，技术秘密合同中在约定保密义务时要注意明确申请专利的权利的有无条件；再次，委托开发合同中的委托开发人要有意识地对自己的免费实施权进行约定；最后，技术咨询和技术服务合同的受托人要注意明确约定工作费用的承担方。

思考题

1. 合同的内涵是什么？
2. 合同有哪些订立方式？
3. 合同的履行原则是什么？
4. 合同权利义务终止的主要事由有哪些？
5. 如何界定免除违约责任的法定事由（不可抗力）？

第六章

专业技术人员需要掌握的劳动人事争议处理法律制度

导读

专业技术人员在处理劳动关系或人事关系时，与用人单位或者工作单位不可避免地会发生这样或那样的争议。在现代社会中，运用法律方式和平、有效地化解争议，而非以违法或者暴力方式处理矛盾纠纷，无论是对专业技术人员、用人单位，还是对国家治理和社会和谐有序而言，都有十分重要的意义。专业技术人员解决劳动人事争议的方式主要包括协商、调解、仲裁和诉讼。其中，协商具有自治性、和解性和非规范性，调解是在第三方的主持下促使争议双方自愿达成协议，两种途径均属于当事人自愿选择的方式。仲裁和诉讼是较为正式的途径，诉讼是最终途径，而专业技术人员要诉诸法院通过诉讼解决争议，劳动人事争议仲裁是必经的前置程序。

第一节　劳动人事争议处理的法律方式

现代社会是多元社会，每个人都可以在法律允许的范围内追求自己的利益，专业技术人员也不例外。在按照自己的方式生活、工作时，特别是在工作中，专业技术人员可能会与其所在的工作单位因劳动关系、人事关系中的利益问题发生摩擦，进而出现争议和纠纷。“利益是引起冲突、激发矛盾的根本原因。适度的利益是人与人之间、群体之间、阶层之间以及国家之间和谐相处的基础。”① 在现代社会，争议和纠纷的存在属于正常现象，无法根除也没有必要加以根除。对待争议和纠纷至关重要的立场和态度是，要建立合理、有效的争议和纠纷解决处理机制，让争议和纠纷能以和平、公正的方式加以解决。

一、专业技术人员与工作单位的关系

专业技术人员与其工作单位的关系是专业技术人员要处理的重要关系，一旦发生争议和纠纷，如何妥善处理将会直接影响专业技术人员的作用发挥。要分析专业技术人员与用人单位的争议解决渠道和方式，首先要分析二者之间关系的性质。

由于专业技术人员涉及的领域十分广泛，其工作单位或者用人单位性质也各不相同，既包括事业单位、企业，也包括国家机关、社会团体等，因此形成的工作关系性质有别。即使用人单位相同，因专业技术人员的岗位不同，与用人单位形成的工作关系可能也会有差异。尽管如此，大体而言，专业技术人员与用人单位的工作关系可分为两种：人事关系与劳动关系。人事关系

① 邝少明、李秀华．和谐与利益［J］．法学论坛，2005（4）．

是（国家）机关、事业单位、社会团体的工作人员与其工作单位形成的关系，劳动关系是企业、个体经济组织、民办非企业单位等组织与劳动者形成的关系。不过，在（国家）机关、事业单位、社会团体工作的有关人员可能与工作单位之间建立劳动合同关系，从而形成劳动关系。

人事关系与劳动关系的主要区别如下。

一是主体不同。人事关系的一方是（国家）机关、事业单位、社会团体等，即公共权力机关，另一方是编制内的工作人员，常常为公职人员。劳动关系的一方是依法成立的企业、个体经济组织、民办非企业单位，在一定情况下机关、事业单位、社会团体也可以成为劳动关系主体，而另一方是劳动者。

二是性质不同。人事关系一般着眼于社会客观利益，是按指令和服从组织和监督建立起来的隶属关系。[①] 人事关系着眼于完成公共任务，工作人员与单位之间有很强的隶属关系。而劳动关系则具有平等、从属关系的属性，是通过市场机制双向选择，依照平等自愿进行的。一旦劳动关系确立，劳动者成为用人单位的职工，与用人单位存在身份、组织和经济上的从属关系。

三是调整的法律不同。人事关系通常受公法调整，目前主要受《公务员法》《事业单位人事管理条例》等调整，劳动关系主要受私法调整，由《劳动法》《劳动合同法》等调整。

如前所述，由于专业技术人员的工作单位具有广泛性，包括（国家）机关、事业单位、社会团体、企业，且专门技术人员的岗位也有不同，因而专业技术人员与工作单位之间的工作关系，既有可能是人事关系，也可能是劳动关系。总体上，专业技术人员与企业之间的工作关系基本为劳动关系，与（国家）机关、事业单位和社会团体之间的工作关系多为人事关系，但在一些情形下也可能是劳动关系。

尽管专业技术人员与工作单位之间的关系存在着人事关系和劳动关系的

---

① 张艳华，王东维. 略论劳动关系、劳务关系、人事关系的区别与界定［J］. 佳木斯大学社会科学学报，2003（2）.

不同，在处理的实体规则上也有明显不同，不过，现有制度安排将过去分立的人事争议与劳动争议处理程序加以统合，在争议处理程序上二者有更多的一致性。例如，对于在事业单位工作的专业技术人员，《事业单位人事管理条例》第三十七条规定："事业单位工作人员与所在单位发生人事争议的，依照《中华人民共和国劳动争议调解仲裁法》等有关规定处理。"《劳动人事争议仲裁办案规则》第二条规定，本规则适用下列争议的仲裁：①企业、个体经济组织、民办非企业单位等组织与劳动者之间，以及机关、事业单位、社会团体与其建立劳动关系的劳动者之间，因确认劳动关系订立、履行、变更、解除和终止劳动合同，工作时间、休息休假、社会保险、福利、培训以及劳动保护，劳动报酬、工伤医疗费、经济补偿和赔偿金等发生的争议；②实施公务员法的机关与聘任制公务员之间、参照公务员法管理的机关（单位）与聘任工作人员之间因履行聘任合同发生的争议；③事业单位与其建立人事关系的工作人员之间因终止人事关系以及履行聘用合同发生的争议；④社会团体与其建立人事关系的工作人员之间因终止人事关系以及履行聘用合同发生的争议；⑤军队文职人员用人单位与聘用制文职人员之间因履行聘用合同发生的争议；⑥法律、法规规定由劳动人事争议仲裁委员会处理的其他争议。

《公务员法》规定，机关根据工作需要，经省级以上公务员主管部门批准，可以对不涉及国家秘密的又具专业性较强的职位和辅助性职位实行聘任制。机关聘任公务员，应当按照平等自愿、协商一致的原则，签订书面的聘任合同，确定机关与所聘公务员双方的权利义务。同时，《公务员法》第一百零五条规定："聘任制公务员与所在机关之间因履行聘任合同发生争议的，可以自争议发生之日起60日内申请仲裁。省级以上公务员主管部门根据需要设立人事争议仲裁委员会，受理仲裁申请。人事争议仲裁委员会由公务员主管部门的代表、聘用机关的代表、聘任制公务员的代表以及法律专家组成。当事人对仲裁裁决不服的，可以自接到仲裁裁决书之日起15日内向人民法院提起诉讼。仲裁裁决生效后，一方当事人不履行的，另一方当事人可以申请人民法院执行。"上述规定表明，专业技术人员成为聘任制公务员，与工作单位发生人事争议，适用劳动人事争议程序。

值得特别注意的是，专业技术人员若为一般公务员，或者虽为专业技术类公务员，但不是采用聘任制，则不能通过仲裁、诉讼方式解决，应当采用的是复核、申诉方式。《公务员法》第九十五条规定，公务员对涉及本人的下列人事处理不服的。可以自知道该人事处理之日起30日内向原处理机关申请复核；对复核结果不服的，可以自接到复核决定之日起15日内，按照规定向同级公务员主管部门或者作出该人事处理的机关的上一级机关提出申诉；也可以不经复核自知道该人事处理之日起30日内直接提出申诉：①处分；②辞退或者取消录用；③降职；④定期考核定为不称职；⑤免职；⑥申请辞职、提前退休未予批准；⑦不按照规定确定或者扣减工资、福利、保险待遇；⑧法律、法规规定可以申诉的其他情形。

整体而言，由于专业技术人员担任普通公务员的情形在专业技术人员所从事的工作中相对较少，在此不作具体分析，而将重点放在前一种情形。

二、专业技术人员劳动人事争议范围

对专业技术人员的劳动人事争议有范围的限定，具体如下。

（一）人事争议的范围

人事争议是专业技术人员在工作中与工作单位之间就特定的人事处理发生的争议，因工作单位性质不同，可以纳入仲裁、诉讼事项的人事争议事项也有不同。

1. 聘任制公务员因履行聘任合同发生的争议

聘任制公务员因履行聘任合同发生的争议是指实施公务员法的机关与聘任制公务员之间、参照公务员法管理的机关（单位）与聘任工作人员之间因履行聘任合同发生的争议。

2. 事业单位的人事争议

事业单位的人事争议是指事业单位与其建立人事关系的工作人员之间因终止人事关系以及履行聘用合同发生的争议。具体是指事业单位与其工作人员之间因辞职、辞退及履行聘用合同所发生的争议①，但不包括事业单位对事业单位工作人员的考核结果、处分决定等，涉及这些事项，事业单位工作人员不服而产生争议，可以按照国家有关规定申请复核、提出申诉。

3. 社会团体的人事争议

社会团体的人事争议是指社会团体与其建立人事关系的工作人员之间因终止人事关系以及履行聘用合同发生的争议。

4. 军队文职人员用人单位与聘用制文职人员之间因履行聘用合同发生的争议

（二）劳动争议的范围

劳动争议是指劳动关系双方当事人在执行劳动法律、法规或履行劳动合同时发生的争议或者纠纷。根据《中华人民共和国劳动争议调解仲裁法》（以下简称《劳动争议调解仲裁法》）相关规定，具体包括下列事项：

1. 因确认劳动关系发生的争议

因确认劳动关系发生的争议是指劳动者与用人单位之间没有订立书面劳动合同，但已形成劳动关系后发生的纠纷。

2. 因订立、履行、变更、解除和终止劳动合同发生的争议

劳动者与用人单位因劳动关系是否已经解除或者终止，以及应否支付解除或者终止劳动关系经济补偿金发生的纠纷。

3. 因除名、辞退和辞职、离职发生的争议

劳动者与用人单位解除或者终止劳动关系后，请求用人单位返还其收取的劳动合同定金、保证金、抵押金、抵押物发生的纠纷，或者办理劳动者的人事档案、社会保险关系等移转手续发生的纠纷。

4. 因工作时间、休息休假、社会保险、福利、培训以及劳动保护发生的争议

下列三类纠纷也在争议范围：一是劳动者以用人单位未为其办理社会保

---

① 《最高人民法院关于人民法院审理事业单位人事争议案件若干问题的规定》第一条。

险手续，且社会保险经办机构不能补办导致其无法享受社会保险待遇为由，要求用人单位赔偿损失发生的纠纷；二是劳动者退休后，与尚未参加社会保险统筹的原用人单位因追索养老金、医疗费、工伤保险待遇和其他社会保险待遇而发生的纠纷；三是劳动者因为工伤、职业病，请求用人单位依法给予工伤保险待遇发生的纠纷。

5. 因劳动报酬、工伤医疗费、经济补偿或者赔偿金等发生的争议

6. 法律、法规规定的其他劳动争议

下列纠纷不属于劳动争议：一是劳动者请求社会保险经办机构发放社会保险金的纠纷；二是劳动者与用人单位因住房制度改革产生的公有住房转让纠纷；三是劳动者对劳动能力鉴定委员会的伤残等级鉴定结论或者对职业病诊断鉴定委员会的职业病诊断鉴定结论的异议纠纷。

三、专业技术人员劳动人事争议范围处理的具体方式

根据《劳动法》《劳动争议调解仲裁法》和《人事争议处理规定》，对于属于上述范围的人事争议或劳动争议，专业技术人员可以与工作单位或用人单位协商解决；当事人不愿协商、协商不成或者达成和解协议后不履行的，可以向主管部门或调解组织等申请调解；不愿调解、调解不成或者达成调解协议后不履行的，可以向劳动人事争议仲裁委员会申请仲裁；对仲裁裁决不服的，除特别规定的外，可以向人民法院提起诉讼。因此，劳动人事争议的处理方式主要有四种方式。

一是协商。发生人事争议或劳动争议后，专业技术人员与工作单位或用人单位通过沟通、协调、商量等协商方式解决。

二是调解。发生人事争议或劳动争议后，专业技术人员不愿协商、协商不成或者达成和解协议后不履行的，专业技术人员就人事争议可以向主管部门申请调解。其中，军队聘用单位与文职人员的人事争议，可以向聘用单位的上一级单位申请调解。就劳动争议，可以向调解组织申请调解。

三是仲裁。发生人事争议或劳动争议后，专业技术人员不愿调解或调解

不成的，可以向劳动人事争议仲裁委员会申请仲裁。当事人也可以直接向劳动人事争议仲裁委员会申请仲裁。如果专业技术人员想通过法院解决争议，仲裁是进入法院之前的必经程序。

四是诉讼。专业技术人员对仲裁裁决不服的，可以依法向人民法院提起诉讼，这一诉讼是民事诉讼。

上述四种方式是处理劳动人事争议的法定方式，它们既相互独立，又相互衔接，在争议处理中都发挥着重要作用。其中，劳动人事争议仲裁与诉讼是由公权力介入的争议处理方式，且仲裁是提起诉讼前的必经程序。如此安排，不仅试图充分发挥劳动人事争议仲裁快捷、便利地解决争议的作用，而且实现司法最终解决，从而能为争议当事人提供公正、及时解决争议的渠道。

第二节　劳动人事争议协商和调解

对专业技术人员而言，协商和调解是十分常用的解决劳动人事争议的方式。虽然这两种方式不是必然要使用的方式，但却常常是优先使用的方式，有助于快速解决争议，避免矛盾激化或升级。

一、协商

协商是就劳动争议或者人事争议问题，专业技术人员与工作单位或用人单位双方以平等方式通过相互沟通、相互谅解、相互妥协和平消除分歧、化解争议的争议解决渠道。协商具有下列特点。

（一）自治性

协商是根据专业技术人员与工作单位或用人单位争议双方的自我意愿，在没有第三方协助或者主持的情况下进行的沟通、处理。协商是否进行取决于双方的自愿性、主动性，协商过程、方式如何由双方确定，是否能达成一致也取决于双方的愿意。因而，协商是高度自愿且由双方意思自治的争议解决方式。

当然，在实践中，专业技术人员也可以请工会或者第三方帮助，共同与工作单位、用人单位进行协商。是否请人帮助或协助，取决于专业技术人员，有时也取决于工作单位或用人单位的态度和立场。不过，无论是工会或者其他第三方，在协商中只是协助身份或帮助角色，而不是争议的居中者或中间人。

（二）和解性

协商的关键是专业技术人员与工作单位或用人单位就争议或纠纷问题能否互谅互让，达成一致意见。协商一致的，双方可以达成和解协议。不过，通常情形下，和解协议具有民事合同或契约的性质和效力，但不具有强制执行力，要取决于当事人的自觉履行。

（三）非规范性

由于协商过程和结果取决于当事人双方，因此协商过程和结果不受也不需要受法律规范的严格约束，既不必严格依据程序规范进行，也不必严格依据实体规范进行。①

值得注意的是，协商虽是化解或解决人事争议或者劳动争议的重要方式，但并非是必经程序，专业技术人员不愿协商可以直接使用其他方式。如果使用了协商，协商不成甚至协商达成和解协议后不履行的，专业技术人员可以使用其他方式。

二、调解

发生人事争议或劳动争议后，专业技术人员不愿协商、协商不成或者达成和解协议后不履行的，可以进行调解。

调解是在第三方的主持下，以国家法律、政策以及社会公德为依据，对争议双方进行斡旋、劝说，促使争议双方互相谅解，进行协商，自愿达成协议，消除纷争。调解与协商或和解的主要区别在于，调解有第三方的参与，

---

① 江伟. 民事诉讼法［M］. 4版. 北京：高等教育出版社，2013：3.

而且第三方对争议或者纠纷的解决发挥着十分重要的作用。①

调解有不同的类型，人事争议和劳动争议的调解组织要求也不同，总体而言劳动争议的调解渠道更多。

（一）人事争议的调解

按照规定，针对人事争议，专业技术人员可以向主管部门申请调解。这一调解在性质上属于行政调解范畴，具体程序和要求可参见下文分析。根据规定，军队聘用单位与文职人员的人事争议，可以向聘用单位的上一级单位申请调解。

（二）劳动争议的调解

依据现有制度安排，劳动争议的调解有调解组织调解、人民调解、行政调解。

1. 调解组织的调解

根据《劳动争议调解仲裁法》规定，发生劳动争议，包括专业技术人员在内的当事人可以到下列调解组织申请调解：企业劳动争议调解委员会；依法设立的基层人民调解组织；在乡镇、街道设立的具有劳动争议调解职能的组织。企业劳动争议调解委员会由职工代表和企业代表组成。职工代表由工会成员担任或者由全体职工推举产生，企业代表由企业负责人指定。企业劳动争议调解委员会主任由工会成员或者双方推举的人员担任。劳动争议调解组织的调解员应当由公道正派、联系群众、热心调解工作，并具有一定法律知识、政策水平和文化水平的成年公民担任。

一般而言，调解组织的调解采取申请原则，包括专业技术人员在内的当事人可以采取书面方式也可以采取口头方式申请调解。口头申请的，调解组织应当当场记录申请人的基本情况、申请调解的争议事项、理由和时间。

调解组织调解劳动争议，应当充分听取双方当事人对事实和理由的陈述，耐心疏导，帮助其达成协议。经调解达成协议的，应当制作调解协议书。调

---

① 张卫平．民事诉讼法［M］．3版．北京：中国人民大学出版社，2015：6.

解协议书由双方当事人签名或者盖章，经调解员签名并加盖调解组织印章后生效，对双方当事人具有约束力，当事人应当履行。因支付拖欠劳动报酬、工伤医疗费、经济补偿或者赔偿金事项达成调解协议，用人单位在协议约定期限内不履行的，劳动者可以持调解协议书依法向人民法院申请支付令，人民法院应当依法发出支付令。

2. 人民调解

人民调解属于上述调解组织调解中的一类，我国十分重视这一调解方式，专门制定了《中华人民共和国人民调解法》。

人民调解是指人民调解委员会通过说服、疏导等方法，促使当事人在平等协商基础上自愿达成调解协议，解决民间纠纷的活动。村民委员会、居民委员会设立人民调解委员会，企业事业单位根据需要设立人民调解委员会。人民调解委员会是依法设立的调解民间纠纷的群众性组织，委员由三至九人组成，设主任一人，必要时可以设副主任若干人。人民调解委员会调解民间纠纷，不收取任何费用。

当事人可以向人民调解委员会申请调解，调解委员会也可以主动调解。当事人一方明确拒绝调解的，不得调解。人民调解委员会根据调解纠纷的需要，可以指定一名或者数名人民调解员进行调解，也可以由当事人选择一名或者数名人民调解员进行调解。人民调解员根据调解纠纷的需要，在征得当事人的同意后，可以邀请当事人的亲属、邻里、同事等参与调解，也可以邀请具有专门知识、特定经验的人员或者有关社会组织的人员参与调解。调解民间纠纷，应当坚持原则，明法析理，主持公道。

经人民调解委员会调解达成调解协议的，可以制作调解协议书。当事人认为无须制作调解协议书的，可以采取口头协议方式，人民调解员应当记录协议内容。调解协议书自各方当事人签名、盖章或者按指印，人民调解员签名并加盖人民调解委员会印章之日起生效。调解协议书由当事人各执一份，人民调解委员会留存一份。所达成的口头调解协议，自各方当事人达成协议之日起生效。

经人民调解委员会调解达成的调解协议，具有法律约束力，当事人应当按照约定履行。人民调解委员会应当对调解协议的履行情况进行监督，督促当事人履行约定的义务。经人民调解委员会调解达成调解协议后，当事人之间就调解协议的履行或者调解协议的内容发生争议的，一方当事人可以向人民法院提起诉讼。

经人民调解委员会调解达成调解协议后，双方当事人认为有必要的，可以自调解协议生效之日起30日内共同向人民法院申请司法确认，人民法院应当及时对调解协议进行审查，依法确认调解协议的效力。人民法院依法确认调解协议有效，一方当事人拒绝履行或者未全部履行的，对方当事人可以向人民法院申请强制执行。

3. 行政调解

行政调解是指由行政机关居间主持，通过说服教育方式促使民事纠纷当事人自愿达成协议，从而解决纠纷的一种调解制度。

目前，在国家层面尚无统一的行政调解立法，不过一些地方已有相应的规定，如《北京市行政调解办法》《辽宁省行政调解规定》《贵阳市行政调解暂行规定》《广州市行政调解规定》《武汉市行政调解暂行办法》《拉萨市行政调解规定》等。一般而言，劳动争议和人事争议属于行政调解的范围，一些地方立法专门作出规定，如《辽宁省行政调解规定》明确规定，“劳动人事和社会保障权益纠纷”属于行政调解的范围。

行政调解主要由三个阶段构成。①行政调解的启动。原则上，行政调解由当事人申请提出，即发生人事争议或者劳动争议后，专业技术人员可以向主管行政机关和政府申请行政调解。当然，行政机关在履行行政管理职责过程中发现属于行政调解范围，也可以在征得双方当事人同意后启动调解。若争议已被法院、仲裁机构、人民调解组织或者其他行政机关受理或处理，行政机关则不予受理或处理。②实施调解。对受理的行政调解事项，行政机关应安排人员主持调解。行政调解应当遵循自愿、合法、公平公正、注重效果的原则，调解人员应当保持客观中立，不得偏袒、包庇任一方当事人，听取当事人的陈述，查明事实，分清责任，讲解有关法律、法规、规章和政策，耐心疏导，必要时行政机关可以在职权范围内根据案件情况依法开展调查。③达成调解协议。行政机关应在依法查明事实、分清责任的基础上，建议当事人在平等协商、互谅互让的前提下，提出调解协议，也可以提出调解建议方案供当事人协商。达成协议的，行政机关可以制作行政调解协议书。对调解协议书，当事人可以依法申请公证机关公证，或者曰请法院确认效力。经法院依法确认有效的行政调解协议，一方当事人不履行或者不适当履行的，对方当事人可以向法院申请强制执行。

第三节　劳动人事争议仲裁

在我国，劳动人事争议仲裁是解决人事争议和劳动争议的重要方式，也是当事人诉诸法院前的必经程序。对专业技术人员而言，了解、熟悉劳动人事争议仲裁的基本知识十分重要。目前，规范劳动人事争议仲裁的法律法规主要有《劳动争议调解仲裁法》《劳动人事争议仲裁组织规则》《劳动人事争议仲裁办案规则》等。

一、仲裁组织

发生劳动人事争议，专业技术人员向有管辖权的劳动人事争议仲裁委员会申请仲裁，具体由仲裁庭进行审理和裁决。

（一）劳动人事争议仲裁委员会及其办事机构

劳动人事争议仲裁委员会由人民政府依法设立，专门处理争议案件。省、市、县均设有劳动人事争议仲裁委员会，设在各级人力资源社会保障行政部门，部分市或县区在街道乡镇设有仲裁分庭。仲裁委员会由干部主管部门代表、人力资源社会保障等相关行政部门代表、军队文职人员工作管理部门代表、工会代表和用人单位方面代表等组成。仲裁委员会组成人员为单数，设主任一名，副主任和委员若干名。其中，主任由政府负责人或者人力资源社会保障行政部门主要负责人担任。仲裁委员会依法履行职责包括下列六个方面：聘任、解聘专职或者兼职仲裁员；受理争议案件；讨论重大或者疑难的争议案件；监督本仲裁委员会的仲裁活动；制定本仲裁委员会的工作规则；其他依法应当履行的职责。

仲裁委员会下设实体化的办事机构，具体承担争议调解仲裁等日常工作。办事机构称为劳动人事争议仲裁院，设在人力资源社会保障行政部门。仲裁院对仲裁委员会负责并报告工作。

仲裁委员会处理争议案件，应当遵循合法、公正的原则，先行调解，及时裁决。

（二）仲裁庭

仲裁委员会处理争议案件实行仲裁庭制度，实行一案一庭制，由仲裁庭行使仲裁权。仲裁庭分为合议仲裁庭和独任仲裁庭两种，简单争议案件可以由一名仲裁员独任仲裁，复杂的案件则应由合议仲裁庭仲裁。合议仲裁庭由三名仲裁员组成仲裁庭，设首席仲裁员。下列争议案件的仲裁应交由合议仲裁庭仲裁，不能实行独任仲裁：十人以上并有共同请求的争议案件；履行集体合同发生的争议案件；有重大影响或者疑难复杂的争议案件；仲裁委员会认为应当由三名仲裁员组庭处理的其他争议案件。

仲裁员是由仲裁委员会聘任、依法调解和仲裁争议案件的专业工作人员。仲裁员分为专职仲裁员和兼职仲裁员两种，二者在调解仲裁活动中享有同等权利，履行同等义务。仲裁委员会设仲裁员名册，并予以公告。省、自治区、直辖市人力资源社会保障行政部门应当将本行政区域内仲裁委员会聘任的仲裁员名单报送人力资源社会保障部备案。

仲裁员享有的权利有：履行职责应当具有的职权和工作条件；处理争议案件不受干涉；人身、财产安全受到保护；参加聘前培训和在职培训；法律、法规规定的其他权利。仲裁员同时应当履行下列义务：依法处理争议案件；维护国家利益和公共利益以及保护当事人合法权益；严格执行廉政规定、恪守职业道德；自觉接受监督；法律、法规规定的其他义务。相关规定为仲裁员的行为划定了红线和底线，下列行为为禁止性行为，不得从事：徇私枉法，偏袒一方当事人；滥用职权，侵犯当事人合法权益；利用职权为自己或者他人谋取私利；隐瞒证据或者伪造证据；私自会见当事人及其代理人，接受当事人及其代理人的请客送礼；故意拖延办案、玩忽职守；泄露案件涉及的国家秘密、商业秘密和个人隐私，或者擅自透露案件处理情况；在受聘期间担任所在仲裁委员会受理案件的代理人；其他违法违纪的行为。

二、申请仲裁的基本要求

专业技术人员要申请劳动人事争议仲裁，应当符合仲裁范围，在规定的期限内，向有管辖权的仲裁委员会提出。

（一）符合仲裁范围

并非所有的人事争议和劳动争议都能申请劳动人事争议仲裁，申请劳动人事争议仲裁必须在规定的仲裁范围内。如前所述，能够申请劳动人事争议仲裁的事项如下。

一是企业、个体经济组织、民办非企业单位等组织与劳动者之间，以及机关、事业单位、社会团体与其建立劳动关系的劳动者之间，因确认劳动关系，订立、履行、变更、解除和终止劳动合同，工作时间、休息休假、社会保险、福利、培训以及劳动保护，劳动报酬、工伤医疗费、经济补偿或者赔偿金等发生的争议。

二是实施公务员法的机关与聘任制公务员之间、参照公务员法管理的机关（单位）与聘任工作人员之间因履行聘任合同发生的争议。

三是事业单位与其建立人事关系的工作人员之间因终止人事关系以及履行聘用合同发生的争议。

四是社会团体与其建立人事关系的工作人员之间因终止人事关系以及履行聘用合同发生的争议。

五是军队文职人员用人单位与聘用制文职人员之间因履行聘用合同发生的争议。

六是法律、法规规定由劳动人事争议仲裁委员会处理的其他争议。

值得注意的是，上述六项只是总体的范围，由于专业技术人员的工作单位不同、身份不同，具体是否属于仲裁范围需要根据单位性质和自身身份性质对照上述前五项中的特定事项来确定。凡不属于上述六项范围以及特定事项范围的事项，不能申请劳动人事争议仲裁。在事业单位工作的专业技术人员或者技术类公务员因对处分、考核、未按规定确定或者扣减工资福利等人事处理不服的，依法应通过申诉解决，不属于劳动人事争议调解仲裁受理范围。

（二）在规定期限内申请仲裁

专业技术人员应当在规定的期限内申请仲裁，逾期申请仲裁则会丧失申请仲裁权。仲裁申请期限因争议性质不同而有所区别，主要有两种情况。

1. 申请期限为 1 年

适用于前述第一、三、四、五项规定的争议，仲裁时效期间从当事人知道或者应当知道其权利被侵害之日起计算。

值得特别注意的是，劳动人事关系存续期间因拖欠劳动报酬发生争议的，劳动者申请仲裁不受 1 年仲裁时效期间的限制；但是，劳动人事关系终止的，应当自劳动人事关系终止之日起 1 年内提出。因此，法律赋予因拖欠劳动报酬发生争议给予了更为充分的保护，有利于保护劳动者的权益。

2. 申请期限为 60 日

对两项争议，即实施公务员法的机关与聘任制公务员之间、参照公务员法管理的机关（单位）与聘任工作人员之间因履行聘任合同发生的争议，申请仲裁的时效期间适用公务员法有关规定。根据《公务员法》第一百零五条规定，可以自争议发生之日起 60 日内申请仲裁。

在上述申请仲裁的时效期间内，遇到特定情形仲裁时效中断，从中断时起仲裁时效期间重新计算。这些情形包括：一方当事人通过协商、申请调解等方式向对方当事人主张权利的；一方当事人通过向有关部门投诉，向仲裁委员会申请仲裁，向人民法院起诉或者申请支付令等方式请求权利救济的；

对方当事人同意履行义务的。

（三）向有仲裁管辖权的机构申请

不同地域均有劳动人事争议仲裁委员会，同时仲裁委员会有多个层级，专业技术人员须向有仲裁管辖权的仲裁委员会提出申请。

仲裁案件由劳动合同履行地或者用人单位所在地的仲裁机构管辖，具体分工可以在各地仲裁机构或人力资源社会保障部门公共网站，或者省劳动人事争议调解仲裁网的“各地仲裁快速指引”专栏查询各地仲裁机构受案范围和申请指南。

根据规定，劳动合同履行地为劳动者实际工作场所地；用人单位所在地为用人单位注册、登记地或者主要办事机构所在地，用人单位未经注册、登记的，其出资人、开办单位或者主管部门所在地为用人单位所在地。双方当事人分别向劳动合同履行地和用人单位所在地的仲裁委员会申请仲裁的，由劳动合同履行地的仲裁委员会管辖。有多个劳动合同履行地的，由最先受理的仲裁委员会管辖。劳动合同履行地不明确的，由用人单位所在地的仲裁委员会管辖。案件受理后，劳动合同履行地或者用人单位所在地发生变化的，不改变争议仲裁的管辖。

对于中央机关及所属事业单位人事争议交由北京市处理，根据有关规定，仲裁管辖为凡中央机关及所属事业单位所在地的区已成立的劳动人事争议仲裁院，其所发生的人事争议由单位所在地的区劳动人事争议仲裁委员会管辖。若聘用合同履行地不在同一地区的，其所发生的人事争议由中央机关及所属事业单位所在地的区劳动人事争议仲裁委员会管辖。[①]

仲裁委员会发现已受理案件不属于其管辖范围的，应当移送至有管辖权的仲裁委员会，并书面通知当事人。对上述移送案件，受移送的仲裁委员会应当依法受理。受移送的仲裁委员会认为移送的案件按照规定不属于其管辖，

① 北京市人力资源社会保障局《关于中央机关及所属事业单位人事争议仲裁管辖有关问题的通知》（京人社仲发〔2012〕97号），北京市人力资源社会保障局《关于成立劳动人事争议仲裁院所辖区域内中央一级人事争议管辖的通知》（京人社仲发〔2014〕51号）。

或者仲裁委员会之间因管辖争议协商不成的，应当报请共同的上一级仲裁委员会主管部门指定管辖。

当事人遇到管辖错误的，有权提出管辖异议，不过应当在答辩期满前书面提出。仲裁委员会应当审查当事人提出的管辖异议，异议成立的，将案件移送至有管辖权的仲裁委员会并书面通知当事人；异议不成立的，应当书面决定驳回。当事人逾期提出的，不影响仲裁程序的进行。

案件受理后，劳动合同履行地或者用人单位所在地发生变化的，不改变争议仲裁的管辖。

三、仲裁程序

基于公正处理争议的要求，仲裁须遵守仲裁程序，它由一系列的环节、方式、时限等组成。

（一）申请与受理

1. 申请

仲裁实行不告不理原则，因此仲裁的启动须由申请人依法提出。申请人申请仲裁原则上应当采用书面方式，向仲裁委员会提交书面仲裁申请书，并按照被申请人人数提交副本。书写仲裁申请确有困难的，可以口头申请，由仲裁委员会记入笔录，经申请人签名、盖章或者捺印确认。

根据规定，仲裁申请书应当载明下列事项：

一是申请人与被申请人的基本情况，包括工作者或者劳动者的姓名、性别、出生日期、身份证件号码、住所、通信地址和联系电话，用人单位或者工作单位的名称、住所、通信地址、联系电话和法定代表人或者主要负责人的姓名、职务。

二是仲裁请求和所根据的事实、理由。

三是证据和证据来源，证人姓名和住所。

对于仲裁申请书不规范或者材料不齐备的，仲裁委员会应当当场或者在五日内一次性告知申请人需要补正的全部材料。仲裁委员会收取当事人提交的材料应当出具收件回执。

下文是劳动人事争议仲裁申请书的参考文本。

劳动人事争议仲裁申请书（参考文本）①

<table>
<tr><td>申请人姓名</td><td colspan="2"></td><td>性别</td><td></td><td>出生日期</td><td>年　月　日</td></tr>
<tr><td>公民身份号码</td><td colspan="4"></td><td>联系电话</td><td></td></tr>
<tr><td>住所</td><td colspan="6"></td></tr>
<tr><td>通信地址</td><td colspan="6">□以《当事人有效送达地址确认书》为准
□其他：</td></tr>
<tr><td>被申请人名称</td><td colspan="6"></td></tr>
<tr><td>住所</td><td colspan="6"></td></tr>
<tr><td>通信地址</td><td colspan="6">□与被申请人住所相同
□其他：</td></tr>
<tr><td rowspan="2">法定代表人
（或主要负责人）</td><td>姓名</td><td></td><td rowspan="2" colspan="2">联络人及联系电话</td><td rowspan="2" colspan="2"></td></tr>
<tr><td>职务</td><td></td></tr>
<tr><td>申请人签名</td><td colspan="2"></td><td colspan="2">提交日期</td><td colspan="2">年　月　日</td></tr>
<tr><td colspan="7">仲裁请求</td></tr>
<tr><td colspan="7"></td></tr>
<tr><td colspan="7"></td></tr>
<tr><td colspan="7">基本事实和理由</td></tr>
<tr><td>入职时间</td><td colspan="2">年　月　日</td><td>岗位及职务</td><td></td><td>有无签订
劳动合同</td><td>□有
□无</td></tr>
<tr><td>最后一期劳动
合同期限</td><td colspan="6">年　月　日至　年　月　日</td></tr>
<tr><td>工作地点</td><td colspan="6"></td></tr>
<tr><td>工作时间</td><td colspan="6">□每周工作____天，每天工作____小时
□其他：</td></tr>
<tr><td>是否需要考勤</td><td>□是
□否</td><td>考勤
方式</td><td></td><td>工资发放
方式</td><td colspan="2">□现金　□需要签收
□转账　□不需签收</td></tr>
<tr><td>入职时
工资标准</td><td colspan="2"></td><td>工资标准
调整情况</td><td colspan="3"></td></tr>
</table>

① 广东省人力资源和社会保障厅省劳动人事争议仲裁委员会申请劳动人事仲裁常用文书［EB/OL］. http://hrss.gd.gov.cn/ldzyzc/zczn/content/post_2717961.html.

续表

<table>
<tr><td>现是否在职</td><td>□是
□否</td><td>离职时间
（现仍在职的不需填写此项）</td><td>年　月　日</td></tr>
<tr><td colspan="2">离职原因
（现仍在职的不需填写此项）</td><td colspan="2"></td></tr>
<tr><td colspan="3">离职前 12 个月的月平均工资
（现仍在职的不需填写此项）</td><td>元/月</td></tr>
</table>

2. 受理

仲裁委员会对符合条件的仲裁申请应当予以受理，并在收到仲裁申请之日起五日内向申请人出具受理通知书。应符合的条件包括：①属于规定的争议范围；②有明确的仲裁请求和事实理由；③申请人是与本案有直接利害关系的自然人、法人或者其他组织，有明确的被申请人；④属于该仲裁委员会管辖范围。对于不符合前三项要求之一的仲裁申请，仲裁委员会不予受理，并在收到仲裁申请之日起五日内向申请人出具不予受理通知书；对于不符合第四项的仲裁申请，仲裁委员会应当在收到仲裁申请之日起五日内，向申请人作出书面说明并告知申请人向有管辖权的仲裁委员会申请仲裁。对仲裁委员会逾期未作出决定或者决定不予受理的，申请人可以就该争议事项向人民法院提起诉讼。不过，仲裁委员会受理案件后，发现不应当受理的，除受移送的案件外，应当撤销案件，并自决定撤销案件后五日内以决定书的形式通知当事人。

在仲裁委员会受理仲裁申请后仲裁处理结果作出前，申请人可以自行撤回仲裁申请。撤回申请后，申请人再次申请仲裁的，仲裁委员会应当受理。

仲裁委员会受理仲裁申请后，应当在五日内将仲裁申请书副本送达被申请人。被申请人收到仲裁申请书副本后，应当在十日内向仲裁委员会提交答辩书。仲裁委员会收到答辩书后，应当在五日内将答辩书副本送达申请人。被申请人逾期未提交答辩书的，不影响仲裁程序的进行。

（二）调解在仲裁中的地位

在我国，通过调解解决争议，既是我国文化使然，也是相关法律制度的要求，在劳动人事争议仲裁中也是如此。通过调解解决劳动人事争议是便捷高效的方式，有利于当事人减少成本支出和节省时间，双方达成调解协议也更有利于发展和谐的劳动关系。仲裁委员会处理争议案件，应当坚持调解优先，引导当事人通过协商、调解方式解决争议，给予必要的法律释明以及风险提示。劳动人事争议仲裁重视调解和对调解的运用主要表现在下列方面。

1. 立案前调解

对于未经调解当事人直接申请仲裁的争议，仲裁委员会可以向当事人发出调解建议书，引导其到调解组织进行调解。当事人同意先行调解的，应当暂缓受理，对申请人提出的仲裁申请暂不予立案。双方立案前达成调解协议的，申请人可申请撤回仲裁申请或者对已达成的调解协议提出仲裁审查申请，仲裁委员会审查通过后出具仲裁调解书。仲裁调解书经双方当事人签收后发生法律效力，一方当事人不履行的，另一方当事人可向人民法院申请强制执行。不过，如果当事人不同意先行调解的，仲裁委员会应当依法受理。

2. 庭前调解

仲裁委员会立案后到开庭之前，经双方当事人同意，仲裁庭可以委托调解组织或者其他具有调解能力的组织、个人进行调解。

经调解组织调解达成调解协议的，双方当事人可以自调解协议生效之日起十五日内，共同向有管辖权的仲裁委员会提出仲裁审查申请。当事人申请审查调解协议，应当向仲裁委员会提交仲裁审查申请书、调解协议和身份证明、资格证明以及其他与调解协议相关的证明材料，并提供双方当事人的送达地址、电话号码等联系方式。仲裁委员会受理仲裁审查申请后，应当指定仲裁员对调解协议进行审查。仲裁委员会经审查认为调解协议的形式和内容合法有效的，应当制作调解书。调解书的内容应当与调解协议的内容相一致。调解书经双方当事人签收后，发生法律效力。自当事人同意调解之日起十日内未达成调解协议的，仲裁庭应当开庭审理。

3. 仲裁庭调解

仲裁庭审理争议案件时，应当进行调解。必要时可以邀请有关单位、组织或者个人参与调解。

（三）开庭

1. 开庭准备

仲裁委员会应当在受理仲裁申请之日起五日内组成仲裁庭并将仲裁庭的组成情况书面通知当事人。仲裁庭应当在开庭五日前，将开庭日期、地点书面通知双方当事人。当事人有正当理由的，可以在开庭三日前请求延期开庭。是否延期，由仲裁委员会根据实际情况决定。

申请人收到书面开庭通知，无正当理由拒不到庭或者未经仲裁庭同意中途退庭的，可以按撤回仲裁申请处理；申请人重新申请仲裁的，仲裁委员会不予受理。被申请人收到书面开庭通知，无正当理由拒不到庭或者未经仲裁庭同意中途退庭的，仲裁庭可以继续开庭审理，并缺席裁决。

2. 一般程序

仲裁庭开庭审理前，记录人员应当查明当事人和其他仲裁参与人是否到庭，宣布仲裁庭纪律。根据规定，仲裁庭纪律是不得有下列行为的：一是未经准许进行录音、录像、摄影；二是未经准许以移动通信等方式现场传播庭审活动的；三是其他扰乱仲裁庭秩序、妨害审理活动进行的行为。对有上述情形之一的，仲裁庭可以训诫、责令退出仲裁庭，也可以暂扣进行录音、录像、摄影、传播庭审活动的器材，并责令其删除有关内容。拒不删除的，可以采取必要手段强制删除，并将上述事实记入庭审笔录。

开庭审理时，由仲裁员宣布开庭、案由和仲裁员、记录人员名单，核对当事人，告知当事人有关的权利义务，询问当事人是否提出回避申请。开庭审理中，仲裁员应当听取申请人的陈述和被申请人的答辩，主持庭审调查、质证和辩论、征询当事人的最后意见，并进行调解。

仲裁庭应当将开庭情况记入笔录。当事人或者其他仲裁参与人认为对自己陈述的记录有遗漏或者差错的，有权当庭申请补正。仲裁庭认为申请无理由或者无必要的，可以不予补正，但是应当记录该申请。

仲裁员、记录人员、当事人和其他仲裁参与人应当在庭审笔录上签名或者盖章。当事人或者其他仲裁参与人拒绝在庭审笔录上签名或者盖章的，仲裁庭应当记明情况附卷。

3. 简易程序

对于简易案件，可以采用简易程序处理。简易程序的适用范围可以从两方面把握。一方面，在正面清单之内，即争议案件符合下列情形之一的，可以适用简易程序：事实清楚、权利义务关系明确、争议不大的；标的额不超过本省、自治区、直辖市上年度职工年平均工资的；双方当事人同意简易处理的。另一方面，不在负面清单之内，即争议案件有下列情形之一的，不得简易处理：涉及国家利益、社会公共利益的；有重大社会影响的；被申请人下落不明的；仲裁委员会认为不宜简易处理的。

相比一般程序，简易程序的简化主要体现在下列方面。一是实行独任仲裁。仲裁委员会决定简易处理的，可以指定一名仲裁员独任仲裁，并应当告知当事人。二是可缩短或者取消答辩期。简易处理的案件，经与被申请人协商同意，仲裁庭可以缩短或者取消答辩期。三是以简便方式送达仲裁文书。对于简易处理的案件，仲裁庭可以用电话、短信、传真、电子邮件等简便方式送达仲裁文书，但送达调解书、裁决书除外。值得注意的是，以简便方式送达的开庭通知，未经当事人确认或者没有其他证据证明当事人已经收到的，仲裁庭不得按撤回仲裁申请处理或者缺席裁决。四是灵活处理庭审程序。简易处理的案件，仲裁庭可以根据案件情况确定举证期限、开庭日期、审理程序、文书制作等事项，但应当保障当事人陈述意见的权利。

仲裁庭在审理过程中，发现案件不宜简易处理的，应当在仲裁期限届满前决定转为按照一般程序处理，并告知当事人。案件转为按照一般程序处理的，仲裁期限自仲裁委员会受理仲裁申请之日起计算，双方当事人已经确认的事实，可以不再进行举证、质证。

4. 仲裁期限

仲裁庭裁决案件，应当自仲裁委员会受理仲裁申请之日起 45 日内结束。案情复杂需要延期的，经仲裁委员会主任或者其委托的仲裁院负责人书面批准，可以延期并书面通知当事人，但延长期限不得超过 15 日。

对于上述仲裁期限，遇有下列情形的，期限也应按照下列规定计算：仲裁庭追加当事人或者第三人的，仲裁期限从决定追加之日起重新计算；申请人需要补正材料的，仲裁委员会收到仲裁申请的时间从材料补正之日起重新计算；增加、变更仲裁请求的，仲裁期限从受理增加、变更仲裁请求之日起重新计算；仲裁申请和反申请合并处理的，仲裁期限从受理反申请之日起重新计算；案件移送管辖的，仲裁期限从接受移送之日起重新计算；中止审理期间、公告送达期间不计入仲裁期限内；法律、法规规定应当另行计算的其他情形。

（四）举证责任

举证责任是仲裁中的重要问题，关系到案件事实的查清和专业技术人员的权利实现。

1. 举证责任分配

举证责任分配主要解决举证责任由谁承担问题，基本原则是谁主张谁举证。当事人对自己提出的主张有责任提供证据。不过，与争议事项有关的证据属于用人单位掌握管理的，用人单位应当提供；用人单位不提供的，应当承担不利后果。对于法律没有具体规定、按照上述要求无法确定举证责任承担的，仲裁庭可以根据公平原则和诚实信用原则，综合当事人举证能力等因素确定举证责任的承担。

2. 举证责任的承担

按照规定应当承担举证责任的当事人，应当在仲裁委员会指定的期限内提供有关证据。当事人在该期限内提供证据确有困难的，可以向仲裁委员会申请延长期限，仲裁委员会根据当事人的申请适当延长期限。当事人逾期提供证据的，仲裁委员会应当责令其说明理由；拒不说明理由或者理由不成立的，仲裁委员会可以根据不同情形不予采纳该证据，或者采纳该证据但予以训诫。

3. 仲裁委员会收集证据

当事人因客观原因不能自行收集的证据，可以向仲裁委员会提出申请。

仲裁委员会根据当事人的申请，可以参照民事诉讼有关规定予以收集。如果仲裁委员会认为有必要的，可以不经当事人申请而直接决定参照民事诉讼有关规定予以收集。

（五）仲裁调解协议与仲裁裁决

仲裁庭对仲裁案件的处理，有两种结案方式：一是达成仲裁调解协议，二是作出仲裁裁决。

1. 仲裁调解协议

经仲裁庭仲裁调解达成协议的，仲裁庭应当制作调解书。调解书应当写明仲裁请求和当事人协议的结果。调解书由仲裁员签名，加盖仲裁委员会印章，送达双方当事人。调解书经双方当事人签收后，发生法律效力。当事人就部分仲裁请求达成调解协议的，仲裁庭可以就该部分先行出具调解书。调解不成或者调解书送达前，一方当事人反悔的，仲裁庭应当及时作出裁决。

2. 仲裁裁决

裁决应当按照多数仲裁员的意见作出，少数仲裁员的不同意见应当记入笔录。仲裁庭不能形成多数意见时，裁决应当按照首席仲裁员的意见作出。裁决书应当载明仲裁请求、争议事实、裁决理由、裁决结果、当事人权利和裁决日期。裁决书由仲裁员签名，加盖仲裁委员会印章。对裁决持不同意见的仲裁员，可以签名，也可以不签名。仲裁庭裁决案件时，其中一部分事实已经清楚的，可以就该部分先行裁决。当事人对先行裁决不服的，可以按照《劳动争议调解仲裁法》有关规定处理。

仲裁裁决有两个重要类型，即终局裁决和非终局裁决。终局裁决的裁决书自作出之日起发生法律效力，它适用于特定案件，包括两种情形。一种情形是小额仲裁案件，即追索劳动报酬、工伤医疗费、经济补偿或者赔偿金，不超过当地月最低工资标准 12 个月金额的争议。不过，这里的金额不是指申请人在仲裁申请书中的请求金额，而是仲裁裁决最终确定的金额。同时，如果仲裁裁决涉及数项，只要每项确定的数额均不超过当地月最低工资标准 12 个月金额标准即可，而不考虑数项请求之和是否超过限额。另一种情形是标准仲裁裁决，即因执行国家的劳动标准在工作时间、休息休假、社会保险等方面发生的争议。除适用于终局仲裁外的案件的仲裁裁决，则为非终局仲裁裁决。无论对专业技术人员而言还是对用人单位而言，区别终局裁决和非终局裁决都有十分重要的意义。

对终局裁决不服的，用人单位不能向法院起诉，只有在符合法律规定条件时，才可以自收到仲裁裁决书之日起30日内向仲裁机构所在地的中级人民法院申请撤销裁决。用人单位可以申请撤销终局裁决的法定情形有：适用法律、法规确有错误的；仲裁机构无管辖权的；违反法定程序的；裁决所根据的证据是伪造的；对方当事人隐瞒了足以影响公正裁决的证据的；仲裁员在仲裁该案时有索贿受贿、徇私舞弊、枉法裁决行为的。对于非终局裁决不服的，用人单位可以自收到仲裁裁决书之日起15日内向人民法院提起诉讼。期满不起诉的，裁决书发生法律效力。

与用人单位不同，对仲裁裁决，无论是终局裁决还是非终局裁决，专业技术人员（即劳动者），都可以自收到仲裁裁决书之日起15日内向人民法院提起诉讼。

第四节　劳动人事争议诉讼

一、劳动人事争议诉讼的性质和意义

对经过劳动人事争议仲裁的案件，专业技术人员仍然不服，对符合条件的案件，可以诉诸法院，由法院通过诉讼程序解决，即为劳动人事争议诉讼。

（一）劳动人事争议诉讼的性质

在我国有三类诉讼制度，即刑事诉讼、行政诉讼和民事诉讼，分别解决和处理不同类别的争议。刑事诉讼解决的是某一行为是否构成犯罪以及构成犯罪如何给予刑事处罚问题，行政诉讼解决的是因行政机关作出的行政行为引发的行政争议，而民事诉讼解决的是公民之间、法人之间、其他组织之间

以及他们相互之间因财产关系和人身关系引发的民事争议。

劳动人事争议诉讼在性质上属于民事诉讼范畴，应当适用《民事诉讼法》的规定。此外，《最高人民法院关于适用〈中华人民共和国民事诉讼法〉的解释》《最高人民法院关于民事诉讼证据的若干规定》等司法解释对民事诉讼相关问题作出规定。本部分对民事诉讼一般程序和规定不再进行详细介绍和分析，而侧重对劳动人事争议诉讼的特殊之处加以分析。

（二）劳动人事争议诉讼的意义

一是具有争议解决的强制性和最终性。劳动人事争议诉讼是由法院行使国家公权力即审判权介入争议和解决争议的，解决争议的“过程与结果具有强制性，其结果具有终局性确定当事人之间的权利义务关系的效力。与其他纠纷解决方式不同的是，不管被告是否自愿、是否放弃参与诉讼，其必须接受法院的裁判结果”。[①] 因此，一旦法院作出的裁判生效后，就意味着案件不具有可争议性。

二是民事诉讼程序有严格的规范性。民事诉讼有明确的程序规则和程序要求，这些程序规则和要求建立在公平、公正、有效解决民事争议的基础上，因此旨在保障民事诉讼的正当性和公正性。正是由严格的规范性作保证，民事诉讼在解决包括劳动人事争议在内的民事争议时具有权威性。

二、法院对劳动人事争议案件的受案范围

专业技术人员与工作单位形成的工作关系存在劳动关系与人事关系的不同，因此是否属于法院受案范围也存在不同。

（一）劳动争议范围

根据相关司法解释，以劳动者身份与用人单位之间发生的下列纠纷，属于劳动争议，当事人不服劳动争议仲裁机构作出的裁决，依法提起诉讼的，法院应予受理：

① 江伟. 民事诉讼法［M］. 4 版. 北京：高等教育出版社，2013：6.

（1）劳动者与用人单位在履行劳动合同过程中发生的纠纷。

（2）劳动者与用人单位之间没有订立书面劳动合同，但已形成劳动关系后发生的纠纷。

（3）劳动者与用人单位因劳动关系是否已经解除或者终止，以及应否支付解除或者终止劳动关系经济补偿金发生的纠纷。

（4）劳动者与用人单位解除或者终止劳动关系后，请求用人单位返还其收取的劳动合同定金、保证金、抵押金、抵押物发生的纠纷，或者办理劳动者的人事档案、社会保险关系等移转手续发生的纠纷。

（5）劳动者以用人单位未为其办理社会保险手续，且社会保险经办机构不能补办导致其无法享受社会保险待遇为由，要求用人单位赔偿损失发生的纠纷。

（6）劳动者退休后，与尚未参加社会保险统筹的原用人单位因追索养老金、医疗费、工伤保险待遇和其他社会保险待遇而发生的纠纷。

（7）劳动者因为工伤、职业病，请求用人单位依法给予工伤保险待遇发生的纠纷。

（8）劳动者依据《劳动合同法》第八十五条规定，要求用人单位支付加付赔偿金发生的纠纷。

（9）因企业自主进行改制发生的纠纷。

值得注意的是，下列纠纷不属于劳动争议：一是劳动者请求社会保险经办机构发放社会保险金的纠纷；二是劳动者与用人单位因住房制度改革产生的公有住房转让纠纷；三是劳动者对劳动能力鉴定委员会的伤残等级鉴定结论或者对职业病诊断鉴定委员会的职业病诊断鉴定结论的异议纠纷；四是家庭或者个人与家政服务人员之间的纠纷；五是个体工匠与帮工、学徒之间的纠纷；六是农村承包经营户与受雇人之间的纠纷。

（二）人事争议范围

专业技术人员以下列身份与工作单位发生的争议，当事人不服劳动争议仲裁机构作出的裁决，依法提起诉讼的，法院应予受理：

（1）聘任制公务员与实施公务员法的机关之间因履行聘任合同发生的争议。

（2）聘任工作人员与参照我国公务员法管理的机关（单位）之间因履行聘任合同发生的争议。

（3）建立人事关系的工作人员与所在的事业单位之间因终止人事关系以及履行聘用合同发生的争议。这里的终止人事关系指辞职、辞退。

（4）建立人事关系的工作人员与所在的社会团体之间因终止人事关系以及履行聘用合同发生的争议。这里的终止人事关系指辞职、辞退。

（5）聘用制文职人员与军队文职人员用人单位之间因履行聘用合同发生的争议。

（三）特殊情形

劳动争议仲裁机构以当事人申请仲裁的事项不属于劳动争议或人事争议为由，作出不予受理的书面裁决、决定或者通知，当事人不服依法提起诉讼的，人民法院经审查，对于属于劳动争议案件或人事争议案件的，应当受理。

劳动争议仲裁机构以申请仲裁的主体不适格为由，作出不予受理的书面裁决、决定或者通知，当事人不服依法提起诉讼，经审查确属主体不适格的，人民法院不予受理；已经受理的，裁定驳回起诉。

三、提起劳动人事争议诉讼的主体、时效与管辖

（一）诉讼主体

提起劳动人事争议诉讼之前应当经过了劳动人事争议仲裁，对于劳动人事争议仲裁裁决不服的，相关当事人才能提起劳动人事争议诉讼。由于仲裁裁决分为终局裁决和非终局裁决两种，相应的提起主体也有区别。

用人单位或工作单位只有对非终局裁决不服，才能提起诉讼，成为原告，而对终局裁决则不能提起诉讼，不能成为原告。仲裁裁决的类型以仲裁裁决书确定为准，仲裁裁决书未载明该裁决为终局裁决或者非终局裁决，用人单位不服该仲裁裁决向基层人民法院提起诉讼的，法院经审查认为该仲裁裁决

为非终局裁决的，基层人民法院应予受理。不过，经审查认为该仲裁裁决为终局裁决的，基层人民法院不予受理，但应告知用人单位可以自收到不予受理裁定书之日起30日内向劳动争议仲裁机构所在地的中级人民法院申请撤销该仲裁裁决；已经受理的，裁定驳回起诉。

对于专业技术人员而言，无论是终局裁决还是非终局裁决，都有权作为原告向法院起诉。

（二）时效

当事人应当自收到仲裁裁决之日起15日内向人民法院提起诉讼。

（三）管辖

管辖涉及的是向哪一级别、哪一地域的法院提起诉讼问题，因此分别为级别管辖和地域管辖。

我国法院分为基层人民法院、中级人民法院、高级人民法院和最高人民法院四级，劳动人事争议诉讼由基层人民法院管辖。

就地域管辖而言，劳动人事争议案件，由专业技术人员的用人单位（工作单位）所在地或者劳动合同（聘用合同）履行地的人民法院管辖。劳动合同（聘用合同）履行地不明确的，由用人单位所在地的人民法院管辖。如果遇有劳动者与用人单位均不服劳动争议仲裁机构的同一裁决，向同一人民法院起诉的，人民法院应当并案审理，双方当事人互为原告和被告，对双方的诉讼请求，人民法院应当一并作出裁决。在诉讼过程中，一方当事人撤诉的，人民法院应当根据另一方当事人的诉讼请求继续审理。双方当事人就同一仲裁裁决分别向有管辖权的人民法院起诉的，后受理的人民法院应当将案件移送给先受理的人民法院。

四、举证责任

民事诉讼采用“谁主张谁举证”的要求，即当事人对自己提出的主张，有责任提供证据。不过，在一些情形下应由用人单位承担举证责任。如因用人单位作出的开除、除名、辞退、解除劳动合同、减少劳动报酬、计算劳动者工作年限等决定而发生的劳动争议，用人单位负举证责任。与争议事项有关的证据属于用人单位掌握管理的，用人单位应当提供；用人单位不提供的，应当承担不利后果。如劳动者主张加班费的，应当就加班事实的存在承担举证责任。但劳动者有证据证明用人单位掌握加班事实存在的证据，用人单位不提供的，由用人单位承担不利后果。

当事人对自己提出的主张应当及时提供证据。人民法院根据当事人的主张和案件审理情况，确定当事人应当提供的证据及其期限。当事人在该期限内提供证据确有困难的，可以向人民法院申请延长期限，人民法院根据当事人的申请适当延长。当事人逾期提供证据的，人民法院应当责令其说明理由；拒不说明理由或者理由不成立的，人民法院根据不同情形可以不予采纳该证据，或者采纳该证据但予以训诫、罚款。

五、审理程序

我国民事诉讼实行两审终审制，在法院第一审后，当事人对一审裁判不服，可以依法提出上诉。第二审法院作出裁判，是终审裁判。

（一）第一审程序

人民法院审理第一审民事案件，除涉及国家秘密、个人隐私或者法律另有规定的以外，应当公开进行，但是涉及商业秘密的案件，当事人申请不公开审理的，可以不公开审理。对普通第一审民事案件，应由合议庭审理，合议庭由审判员、陪审员共同组成或者由审判员组成，合议庭的成员人数，必须是单数。合议庭组成人员确定后，应当在三日内告知当事人。适用简易程序审理的民事案件，由审判员一人独任审理。人民法院审理民事案件，应当在开庭三日前通知当事人和其他诉讼参与人。公开审理的，应当公告当事人姓名、案由和开庭的时间、地点。

开庭审理前，书记员应当查明当事人和其他诉讼参与人是否到庭，宣布法庭纪律。开庭审理时，由审判长核对当事人，宣布案由，宣布审判人员、书记员名单，告知当事人有关的诉讼权利义务，询问当事人是否提出回避申请。在法庭审理时，当事人有权进行辩论。法庭辩论按照下列顺序进行：原告及其诉讼代理人发言；被告及其诉讼代理人答辩；第三人及其诉讼代理人发言或者答辩；互相辩论。法庭辩论终结，由审判长按照原告、被告、第三人的先后顺序征询各方最后意见。

基层人民法院和其派出的法庭审理事实清楚、权利义务关系明确、争议不大的简单的民事案件，适用简易程序审理。在此范围之外的案件，当事人双方也可以约定适用简易程序。

人民法院审理民事案件，根据当事人自愿的原则，在事实清楚的基础上，分清是非，进行调解。人民法院进行调解，可以由审判员一人主持，也可以由合议庭主持，并尽可能就地进行。人民法院进行调解，可以用简便方式通知当事人、证人到庭。调解达成协议，必须双方自愿，不得强迫。调解协议的内容不得违反法律规定。调解达成协议，人民法院应当制作调解书。调解书应当写明诉讼请求、案件的事实和调解结果。调解书由审判人员、书记员署名，加盖人民法院印章，送达双方当事人。调解书经双方当事人签收后，即具有法律效力。调解未达成协议或者调解书送达前一方反悔的，人民法院应当及时判决。

（二）第二审程序

当事人不服地方人民法院第一审判决的，有权在判决书送达之日起十五日内向上一级人民法院提起上诉。当事人不服地方人民法院第一审裁定的，有权在裁定书送达之日起十日内向上一级人民法院提起上诉。

第二审人民法院应当对上诉请求的有关事实和适用法律进行审查，第二审人民法院对上诉案件，应当组成合议庭，开庭审理。经过阅卷、调查和询问当事人，对没有提出新的事实、证据或者理由，合议庭认为不需要开庭审理的，可以不开庭审理。第二审人民法院审理上诉案件，可以在本院进行，也可以到案件发生地或者原审人民法院所在地进行。

典型案例

陈某某与某社会科学院某研究所案[①]

2011年7月，陈某某入职某社会科学院某研究所，双方签订了为期五年的聘用合同。陈某某入职时在某实验研究室从事研究岗位工作，职级为专业十级。2013年12月，陈某某岗位级别由专业九级调整到专业七级。

2015年7月22日，某研究所作出《关于降低陈某某等同志专业技术职务资格的决定》，主要内容为决定对考勤未签到次数较多和依据《某研究所科研人员考核办法》年度科研考核得分不足30分的研究人员陈某某等同志进行降级处理，将其专业技术职务从副研究员降为助理研究员（不保留副研究员专业技术职务资格）。2015年8月25日，陈某某岗位级别由专业七级调整为专业八级，岗位工资也随之调整。

陈某某称其于2015年7月、11月分别递交了复议及申诉书，但单位并未按照国家规定时间给予回复；某研究所认可接到了相关申诉书，但因陈某某提出了人事争议仲裁和诉讼，故未就申诉作出处理结果。

一审法院经过询问，陈某某称某研究所分别于2015年7月22日和同年8月25日对陈某某进行人事处理行为，是指某研究所将其专业技术职务由副研究员调整为助理研究员的行为和将其岗位级别及岗位工资标准由专业七级调整为专业八级的行为。

一审法院认为，《事业单位人事管理条例》第三十八条规定："事业单位工作人员对涉及本人的考核结果、处分决定等不服的，可以按照国家有关规定申请复核、提出申诉。"《人事争议处理规定》第二条规定："本规定适用于下列人事争议：……（二）事业单位与工作人员之间因解除人事关系、履行聘用合同发生的争议。"《人事争议处理规定》第三十六条规定："因考核、职务任免、职称评审等发生的人事争议，按照有关规定处理。"本案中，陈某

---

① 北京市第三中级人民法院（2016）京03民终6639号民事裁定书，北京市朝阳区人民法院（2016）京0105民初6397号民事裁定书。

某诉称的某研究所分别于2015年7月22日和同年8月25日对陈某某作出的专业技术职务调整和岗位级别及岗位工资标准调整行为均源于某社会科学院某研究所委员会于2015年7月22日作出的《关于降低陈某某等同志专业技术职务资格的决定》，该决定事实上是对陈某某作出的处分决定，依照、参照上述法律法规规定，陈某某基于该处分决定提出的本案诉讼请求不属于人民法院受理人事争议的范围，其起诉应予驳回。据此，一审法院于2016年3月裁定驳回陈某某的起诉。

裁定后，陈某某不服，提出上诉，请求撤销一审裁定，指令一审法院审理本案。主要理由是：第一，某研究所从始至终没有对陈某某做过任何处分决定，而是采取变相行为对陈某某造成实质上的降低岗位等级的人事处分惩罚结果，同时导致陈某某与某研究所之间的聘任合同的变更；第二，2015年7月22日《关于降低陈某某等同志专业技术职务资格的决定》是某研究所对陈某某进行降级的一种“愿望”或建议，该决定转交给某研究所后，法定代表人拒绝执行且没有批准立案，并积极向上级党组织汇报情况；第三，某研究所对陈某某的人事处理是一种执行行为和变相人事处理，对陈某某的合法权益造成了直接侵犯。综上所述，源于某研究所内部相关人员违反法律法规采用变相人事处理方式对陈某某造成事实上的降低岗位等级的人事处分处罚结果，导致双方之间聘用合同被强制变更，故该案属于人民法院受案范围。

二审法院认为，该案争议的焦点是陈某某的诉讼请求是否属于人民法院民事案件受理范围。依据《事业单位人事管理条例》第三十八条规定，该案中陈某某的诉讼请求是基于某研究所对其作出的专业技术职务调整和岗位级别、岗位工资标准调整的行为，均源于某研究所于2015年7月22日作出的《关于降低陈某某等同志专业技术职务资格的决定》，该决定实质是对陈某某作出的处分决定。因此，陈某某的诉讼请求不属于人民法院受理人事争议的范围，一审法院对其起诉予以驳回，处理并无不当。综上，依据《民事诉讼法》裁定驳回上诉，维持原裁定。

【案例分析】

根据我国相关法律规定，可以纳入仲裁、诉讼解决的人事争议事项有清晰而严格的范围规定。此案涉及的是事业单位的专业技术人员，根据法律规定，事业单位与其建立人事关系的工作人员之间因终止人事关系以及履行聘用合同发生的争议，即事业单位与其工作人员之间因辞职、辞退及履行聘用合同所发生的争议，可以依法进行仲裁和诉讼。但是，不包括事业单位对事业单位工作人员的考核结果、处分决定等，对这些事项事业单位工作人员不服可以按照国家有关规定申请复核、提出申诉。

典型案例

彭某某与某某大学劳动争议案①

2014 年 8 月 28 日，彭某某入职某某大学，双方签订《某某大学青年教师聘用合同》，约定合同期限为 2014 年 8 月 28 日至 2017 年 8 月 27 日，彭某某在某某大学二级单位资源及环境科学学院从事教学科研工作。2016 年 6 月至 2017 年 5 月，彭某某发表了一篇三区论文、两篇四区论文，按某某大学制定的相关办法规定，资源及环境科学学院应支付彭某某津贴 40 300 元。按照某某大学文件规定，某某大学就论文部分也应给予彭某某津贴。某某大学制定了《某某大学资源及环境科学学院第六轮设岗聘用专任教师津贴发放办法》，该办法规定国外科技专著核算为 60 分/本，明确学术专著类为某某大学作为唯一或第一作者单位的学术专著（不含编著、教材类著作和论文集），其中一本国外科技专著对应的奖励金额应为 90 000 元。2016 年 8 月 5 日，彭某某在国外出版社出版了一本外文书籍，2016 年 11 月 9 日，彭某某在国外出版社出版了一本外文书籍，后该两本外文书籍通过了某某大学的科研信息管理系统中的学院审核和学校审核。2017 年 3 月 29 日，某某大学另一名教师在国外出

① 重庆市第一中级人民法院（2019）渝 01 民终 1180 号民事判决书，重庆市沙坪坝区人民法院（2018）渝 0106 民初 7546 号民事判决书。

版社出版了一本外文书籍，也是经某某大学的科研系统学院和学校审核后，获得学院津贴 90 000 元。彭某某认为其出版的两本外文书籍与该教师的外文书籍均为国外科技专著，按某某大学的规定，学院应按每部绩效 60 分支付其津贴共计 186 000 元，学校部分应按每部 10 000 元支付其津贴共计 20 000 元。一篇三区论文和两篇四区论文的学院应支付其津贴 40 300 元，学校部分应支付其津贴为 16 000 元。论文和专著学院和学校共应支付的奖励津贴为 262 300 元。2018 年 5 月 1 日，彭某某辞职，后某某大学通过了彭某某的辞职审批，离职前彭某某尚未获得某某大学的正式人事编制。

2018 年 5 月 13 日，彭某某向某市某区劳动人事争议仲裁委员会申请仲裁，2018 年 5 月 21 日，某市某区劳动人事争议仲裁委员会超过五个工作日未作出受理决定，彭某某向某市某区人民法院提起诉讼，要求某某大学支付两本国外科技专著的学院津贴 186 000 元。

一审法院经审理，依照《劳动合同法》第三十条、《民事诉讼法》第六十四条的规定，判决被告某某大学于本判决发生法律效力后十日内向原告彭某某支付津贴 180 000 元，驳回原告彭某某的其他诉讼请求。某某大学不服，提出上诉。

某市第一中级人民法院经审理认为，本案的争议焦点为：一是本案是否适用劳动仲裁前置程序，二是某某大学是否应当支付彭某某津贴 180 000 元。关于本案是否适用劳动仲裁前置程序的问题，《最高人民法院关于人民法院审理事业单位人事争议案件若干问题的规定》第三条规定，人事争议是指事业单位与其工作人员之间因辞职、辞退及履行聘用合同所发生的争议。某某大学属于事业单位，彭某某与某某大学签订了聘用合同，但彭某某并未取得事业编制，因此双方因履行聘用合同发生的争议属于劳动争议，不是人事争议。彭某某向某市某区劳动人事争议仲裁委员会申请仲裁并无不当。对某某大学提出本案未经过劳动仲裁前置、程序瑕疵的意见不予采纳。

关于某某大学是否应当支付彭某某 180 000 元津贴的问题。《劳动合同法》第三十条规定：“用人单位应当按照劳动合同约定和国家规定，向劳动者及时足额支付劳动报酬。”根据某某大学的陈述，其对外文科技专著应当按照每本90 000元的标准发放津贴无异议，但认为彭某某所著两本外文书籍不符合津贴发放标准。根据双方陈述及一审举示的证据，在某某大学任教期间，彭某某所著的两本外文科技书籍经国外出版社出版，彭某某是唯一作者，某某大学是唯一作者单位，两本书籍已经分别通过某某大学科研信息管理系统的学校和学院审核，具备某某大学下属学院制定的《某某大学资源及环境科学学院第六轮设岗聘用专任教师津贴发放办法》等文件规定的外文科技专著津贴发放标准，某某大学依照其规定应向彭某某发放津贴，一审判决某某大学支付彭某某180 000元津贴并无不当。对某某大学提出法院干预其学术自治，无事实和法律依据，不予采信。法院判决驳回上诉，维持原判。

【案例分析】

专业技术人员因所在单位性质不同，其身份地位也有所区别，即使在同一性质或同一单位的专业技术人员，其身份地位也会有所不同。此案即是后一种情形的典型例证。通常而言，专业技术人员在大学获得正式人事编制，与工作单位之间形成了人事关系，但也有如此案中的彭某某尚未获得正式人事编制，因而与工作单位形成的则是劳动关系。二者的关系虽在争议处理上有相同之处，但在适用依据等方面有重大差异。

思考题

1. 人事关系与劳动关系的主要区别是什么？
2. 专业技术人员的劳动人事争议范围有哪些？
3. 解决劳动人事争议有哪些主要途径及其关系？
4. 申请劳动人事争议仲裁的基本要求是什么？
5. 请分析提起劳动人事争议诉讼的主体、时效与管辖。